本专著得到工商管理黑龙江省国内一流

U0602867

数字化赋能
红色旅游资源与
思政育人融合发展

DIGITALIZATION EMPOWERS INTEGRATED DEVELOPMENT OF
RED TOURISM RESOURCES AND
IDEOLOGICAL & POLITICAL EDUCATION

韩 雪 褚凌云 　著

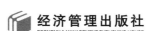

经济管理出版社
ECONOMY & MANAGEMENT PUBLISHING HOUSE

图书在版编目（CIP）数据

数字化赋能红色旅游资源与思政育人融合发展／韩雪，褚凌云著. --北京：经济管理出版社，2024.

ISBN 978-7-5096-9784-9

Ⅰ.F592.3；D64

中国国家版本馆 CIP 数据核字第 2024KC8364 号

组稿编辑：杨　雪
责任编辑：杨　雪
助理编辑：付姝怡
责任印制：许　艳
责任校对：陈　颖

出版发行：经济管理出版社
　　　　　（北京市海淀区北蜂窝 8 号中雅大厦 A 座 11 层　100038）
网　　址：www.E-mp.com.cn
电　　话：（010）51915602
印　　刷：北京晨旭印刷厂
经　　销：新华书店
开　　本：720mm×1000mm/16
印　　张：12.5
字　　数：231 千字
版　　次：2024 年 8 月第 1 版　　2024 年 8 月第 1 次印刷
书　　号：ISBN 978-7-5096-9784-9
定　　价：78.00 元

前　　言

红色旅游资源反映了我国长达几十年的革命历史，是中国革命历史文化的重要组成部分，蕴含着丰富的革命精神和革命传统，是中国特有的一类旅游资源，拥有着深厚的文化和历史内涵。红色旅游资源是高校开展思想政治教育工作的重要载体，因此在新时代传承红色基因、弘扬红色文化、培育和践行社会主义核心价值观，对培养担当民族复兴大任的时代新人具有重要意义。

红色旅游资源是能够通过旅游活动，向游客传达革命历史、革命精神、革命风貌、革命文化等内容的文化资源。这种文化资源不仅可以带给人们视觉、听觉上的感受，也可以使人们在情感和精神上受到深刻的启迪，因此红色旅游资源是高校开展思想政治教育的鲜活教材，具有丰富的人文价值和教育功能。红色旅游资源以历史真实性为基础，以情感体验为载体，通过身临其境的体验，创造了一种突破时间和空间的生动教育氛围，为我们的育人事业提供了一种全新的教育机会，具有重要的思政育人价值。

在网络技术日益发展的当今社会，数字化已经悄然走进人民群众的生产生活，红色旅游资源与思政育人在发展过程中融入数字化技术势在必行。数字技术的广泛应用，为红色旅游资源的创新发展带来了新机遇，也给红色旅游资源的思想政治教育工作带来了新挑战。红色旅游资源作为中华优秀传统文化的重要组成部分，是革命精神的重要载体，也是大学生理想信念教育的重要阵地。数字化赋能红色旅游资源与思政育人相融合，是指利用数字化技术深入挖掘红色旅游资源蕴含的思想政治教育元素，为红色旅游资源赋予新的价值内涵，推动其在红色旅游景区内进行有效传播，拓展其传播渠道和方式，将传统思想政治教育模式从线下转移到线上，以提升思想政治教育成效的创新实践，充分发挥红色旅游资源在思政育人方面的重要作用，将红色文化融入学校教育教学中，丰富学校教育资源和教学内涵，提升育人质量和效果，以达到思政教育目的。这一新型思政育人模式，不仅丰富了红色旅游资源思政育人的内容和形式，也为红色旅游资源思政育人提供了新途径。

本书通过红色旅游资源数字化的应用，能够促进红色旅游资源的开发、传播、管理等，为高校思政育人提供基础设施和共享平台，实现对红色历史文物和历史故事的保存与呈现，以及对革命精神的弘扬和传承。红色旅游资源蕴含着丰富的革命精神和厚重的历史内涵，具有重要的思政育人价值，以数字化赋能红色旅游资源，构建新时代红色旅游资源数字化思政育人模式，实现红色旅游资源思政育人效果和提升育人水平。本书提出了数字化赋能红色旅游资源与思政育人融合发展的实施路径，提升了研究成果的落地可行性。

全书具体分工如下：前言，第1章，第3章的3.1节、3.2节、3.3节以及第6章由韩雪撰写，第2章，第3章的3.4节、第4章，第5章以及参考文献由褚凌云撰写。本书为教育部人文社会科学研究项目"'大思政'视域下东北抗联精神与大学生思想政治教育协同育人研究"（项目编号：22JDSZ3040）、黑龙江省经济社会发展重点研究课题（外语学科专项）"黑龙江省属高校研究生学术英语素养发展影响机制研究"（项目编号：WY2021019-B）、哈尔滨商业大学博士科研支持计划"黑龙江省边境城市语言景观与旅游深度融合路径研究"（项目编号：24BQ35）的阶段性研究成果。

由于笔者水平有限，时间仓促，所以书中错误和不足之处在所难免，恳请广大读者批评指正。

目　　录

第1章 概述

1.1 红色旅游资源

1.1.1 红色旅游资源的内涵

红色旅游资源是指红色旅游景点、红色文化遗址、革命纪念馆、红色节庆等具有红色文化价值的资源，反映了我国长达几十年的革命历史，是中国革命历史文化的重要组成部分。红色旅游资源的内涵非常丰富，蕴含着大量的感人故事和英雄事迹，这些故事和事迹激发人们的爱国情感和革命精神，有着深刻的历史意义和文化价值，为传承中华优秀传统文化，弘扬革命精神和爱国主义提供了重要的思想与精神支持。红色旅游资源凭借着各种优势吸引了很多游客，成为一种备受关注的旅游文化资源。

红色旅游文化是在一定的历史阶段，随着人的社会行为形成的文化现象。这种文化现象对历史及当今社会的形成产生了有形和无形的正能量价值，同时这种红色文化是一座城或者一个乡村的第三产业的支撑点。它所承载的革命历史、文物、精神都是组织旅游者学习、纪念的一种有价值的文化活动。红色文化是近代一种重要的文化历史产物，红色旅游为红色文化传承创造了重要条件，是红色文化传承方式的创新。红色文化则是红色旅游的核心和灵魂，是红色旅游的生命力之源，传承红色文化是红色旅游的主要目的，离开红色文化谈红色旅游没有任何实际意义。红色旅游文化是红色文化与旅游文化有机结合的一种文化形态。它表现为物质文化、精神文化和行为文化三种形态，其中以革命历史、革命事迹，尤其是革命精神为主要内容的精神文化形态是最活跃、最具生命力的核心内容和贯穿始终的灵魂。红色旅游文化是一种新型的第三产业形式，以旅游服务产业带动红色革命文化发展，让后辈更多地了解中华民族取得胜利的艰辛。具体可将红色旅游资源的内涵分为以下五点：

1.1.1.1 历史内涵

红色旅游资源反映了我国长达几十年的革命历史，是中国革命历史文化的重要组成部分。革命圣地、纪念地、纪念物等特殊的文化遗迹类旅游资源承载了中国共产党为了中国人民幸福生活不懈奋斗的革命历史和过程，是红色旅游的依托。通过发展红色旅游，可以使人民更加了解中国共产党带领中国人民群众奋斗、革命的历史进程，对革命历史文化遗产的价值有更深一层的认识。红色旅游把我们党的光辉历史、革命先辈的崇高精神和英雄事迹作为开展思想道德建设的珍贵教材，使广大人民群众，特别是青少年更加深刻地理解历史和人民是怎样选择了中国共产党，选择了社会主义制度，这对于帮助大家形成正确的世界观、人生观、价值观，树立拥护共产党领导、走社会主义道路的坚定信念，具有十分重要的意义。

1.1.1.2 文化内涵

中国革命史，是中国历史的重要组成部分；中国革命精神，是中华民族精神的重要组成部分，也是中华历史文化传统的生动体现。中国革命斗争遗留的各种纪念物，不仅具有政治意义，也具有丰富的历史内涵和人文价值。红色旅游的过程，既是观光赏景的过程，也是学习历史、增长知识、陶冶情操、提高修养的过程。通过发展红色旅游，了解革命历史知识，挖掘革命精神内涵，赋予新的时代特色，培育新的时代精神，推动广大公民思想道德的升华，是建设社会主义先进文化的有效途径。红色旅游资源包含丰富的革命文物、革命遗址、革命文化场所，是我国革命文化的集中体现。红色旅游资源具有重要的历史价值和文化价值，它是我国历史文化的重要组成部分，可以促进人们对传统文化的认识和传承。红色旅游资源是一种非常好的思想教育资源，它可以通过游览、参观等方式，激发人们对爱国主义、革命精神等社会主义核心价值观的认识和感悟。红色旅游将旅游与思想政治教育联系起来，寓教于游，通过组织旅游者缅怀先烈、学习知识、参观游览，对旅游者施行生动的革命传统与理想信念教育。红色旅游资源深入弘扬和培育民族精神，对新时期的思想政治教育工作起到进一步加强和改进的作用，进而促进社会主义先进文化建设。

1.1.1.3 精神内涵

红色旅游资源中蕴含着大量的感人故事和英雄事迹，这些故事和事迹激发着人们的爱国情感和革命精神。红色旅游承载着无数中国共产党为人民谋幸福的奋斗历史，也从中衍生出了井冈山精神、长征精神、延安精神、西柏坡精神等，共同铸造出了以改革创新为核心的时代精神。不论是在课本中，还是在身边人的讲述中，革命先辈的伟大革命精神都体现在无数的革命事迹中，彰显了不屈的道德品质和坚毅的人格。在革命斗争过程中，优秀而伟大的民族精神得以发扬光大，不断涌现出正能量的事迹、榜样。旅游者通过在红色旅游过程中的身体力行，对革命先辈艰苦的生活环境、坚持不懈的斗争经历感同身受，使革命的优良传统深入人心，代代传承，为中华民族的伟大复兴注入深厚的精神滋养。

1.1.1.4　政治内涵

红色旅游具有政治指向性，通过中国共产党艰苦卓绝的奋斗史、波澜壮阔的革命史和可歌可泣的光荣史来影响旅游者，弘扬以爱国主义为核心的民族精神，提高旅游者的思想政治素质，使其在中国共产党的领导下团结一心走中国特色社会主义道路，实现中华民族伟大复兴。中国共产党领导中国人民推翻帝国主义、封建主义和官僚资本主义的革命斗争，是一段光荣历史，也是一条光辉道路。重温革命历史，重走胜利之路，有助于人们感受中国共产党艰苦卓绝、波澜壮阔的奋斗历程，有助于人们理解在中国革命伟大征途中形成的井冈山精神、延安精神、红岩精神和西柏坡精神。大力发展红色旅游，充分开发、利用、保护这些精神财富和宝贵资源，就是要把中国共产党和中国人民的奋斗足迹深深地印在华夏沃土上，深深地铭刻在民众心坎里，引导广大群众，特别是青少年热爱党、热爱祖国、热爱社会主义，进一步坚定在党的领导下，走中国特色社会主义道路、实现中华民族伟大复兴的理想和信念。实践证明，寓教育于旅游之中，是丰富生动和切实有效的。

1.1.1.5　经济内涵

红色旅游作为一种特殊的旅游形态，对于助推革命老区乡村振兴具有重要的经济内涵。红色旅游的发展为当地居民提供了大量的就业机会，包括旅游服务、餐饮住宿、交通运输等相关行业。通过参与红色旅游产业链的各个环节，农民可以直接或间接地增加收入，提高生活水平。红色旅游与当地特色农业、手工艺品制作、文化创意产业等相结合，推动了乡村产业结构的优化升级。通过红色旅游的带动，可以发展"红色+生态农业""红色+休闲康养"等新型产业模式，增强乡村产业的综合竞争力。同时，为了满足红色旅游的需求，政府和企业会增加对旅游基础设施的投资，如改善交通条件、提升公共服务水平、建设旅游信息平台等。这些投资不仅提升了游客的旅游体验，也为当地居民带来了实实在在的利益。此外，红色旅游的兴起吸引了大量游客，特别是年青一代，他们的到来带动了旅游消费的增长，包括门票、导游服务、纪念品购买等。这种消费模式的扩大有助于形成强大的国内市场，促进经济内循环。红色旅游目的地通过打造独特的红色文化品牌，提升了地区的知名度和吸引力。这种品牌形象的提升有助于吸引更多的投资和人才，促进地区经济的发展。

1.1.2 红色旅游资源的特点

红色旅游资源拥有深厚的文化和历史内涵，具有以下特点：

1.1.2.1 历史性

红色旅游资源是多年革命岁月的见证，具有历史性。这些资源中蕴含的大量历史信息，涵盖了我国革命斗争的各个阶段，为人们理解革命历史提供了重要的实证素材。

1.1.2.2 丰富性

红色旅游资源包含大量的文化遗产、文物、文化场所、红色旅游景点、英雄纪念馆等，形式多样、种类繁多，具有极高的丰富性。

1.1.2.3 感染力

红色旅游资源充满了革命精神、爱国情怀和英雄主义精神，具有强大的感染力。在红色旅游资源中，人们可以领略到在革命战争年代先辈们坚韧拼搏、勇往直前的精神风貌。

1.1.2.4 教育性

红色旅游资源作为一种特殊的教育资源，具有很强的教育性。通过对红色旅游资源的游览和参观，人们可以加深对革命历史和党的理论知识的认识和理解。

1.1.2.5 启迪性

红色旅游资源可以激发人们的爱国情怀和革命精神，启迪人们的思想和灵魂，引导人们正确对待自己的国家和民族，积极投身祖国的建设和发展。

1.1.2.6 继承性

红色旅游资源是中华优秀传统文化的重要组成部分。在革命文化的传承与弘扬中，红色旅游文化资源发挥着重要作用，同时为其他传统文化的传承和创新提供了重要的反思素材。

1.1.3　红色旅游资源的分类

红色旅游资源是反映我国革命历史及其相关的遗址、纪念馆、革命传统景区等的资源。它是中国传统文化和当代文化的重要组成部分，也是极具特色和魅力的旅游资源，更是继承和弘扬中华优秀传统文化、培育和升华中国特色社会主义先进文化的基础和重要手段。红色旅游资源以其独特的文化气息和时代精神滋养着人们的心灵，成为重要的公民道德教育和爱国主义教育资源。各种不同类型的红色旅游资源为旅游业的发展注入了新的力量和活力，也带动了全国旅游经济和相关行业的多层次发展。红色旅游资源根据资源的形态、遗址类型、地理位置及主题等方面可以进行不同的分类。

1.1.3.1　形态分类

红色旅游资源按形态可分为有形资源和无形资源。

（1）有形资源

包括革命旧址、纪念馆、伟人故居，以及革命战争时期涌现出的大批有代表性的革命遗址等。

（2）无形资源

包括革命报刊和书籍、领袖人物和革命先烈的经典著作和书信诗词、老区红歌、革命人物典故及所形成的革命精神等。

1.1.3.2　遗址类型分类

根据遗址的性质不同，红色旅游资源又可以分为不同的类型，其中主要包括：

（1）红军遗址

红军遗址主要是红军活动和战斗的历史遗址，如井冈山、瑞金等。

（2）党的遗址

党的遗址主要是指中国共产党人生活和工作的地点，如中央革命根据地、遵义会议会址等。

（3）英雄纪念馆

英雄纪念馆主要是指革命先烈的纪念场所，如邓子恢将军纪念馆、白求恩纪念馆等。

（4）红色文化景区

红色文化景区是指以红色旅游为主题的综合性景观，其中包括苏区风光、红军长征、延安革命历史和红色旅游区等。

1.1.3.3 地理位置分类

根据红色旅游资源的地理位置，又可以分为不同的区域，如华北、华中、东北、西南、西北等不同的地理区域。其中，华北地区的红色旅游文化资源特别丰富，涵盖了许多抗日战争和全民抗战时期的红色景点，如晋察冀边区、豫西抗日根据地、冀南抗日根据地等。

1.1.3.4 主题分类

根据不同的主题和性质，红色旅游资源也可以分为不同的类别，如全国爱国主义教育示范基地、中国革命的摇篮、中国文化名城、中国县史文化名城等具有特殊性质和重要意义的红色旅游资源。

1.1.4 红色旅游资源的功能

红色旅游资源是中国特有的旅游资源。它不仅具有极高的文化价值和历史价值，还拥有重要的经济价值和社会价值。以下是红色旅游资源的功能：

1.1.4.1 爱国主义教育功能

红色旅游资源是培育和弘扬爱国主义精神的重要载体。通过参观游览红色旅游景点，人们可以深刻体验革命先烈为祖国和人民付出的巨大牺牲和无私奉献精神，从而激发人们的爱国之情、责任感和使命感。同时，参观游览红色旅游景点使人们对爱国主义、革命传统、民族精神等社会主义核心价值观有了更加深入的理解和认识。

1.1.4.2 景区推广功能

红色旅游资源的丰富性、多样性、独特性极具魅力，成为推动景区旅游业的重要引擎。许多红色旅游景点具备了较强的市场号召力，吸引着各种类型的游客，推动了旅游业的繁荣发展。

1.1.4.3 经济推动功能

红色旅游文化资源的开发可以带动当地餐饮、住宿、购物等服务业的发展，从而有效促进当地旅游业和相关产业的发展。同时，旅游资源的开发、营销和管理的过程中，需要投入一定的资金和人力资源，从而促进投资和消费的增长，助推经济的转型和升级。

1.1.4.4 科学普及功能

红色旅游资源也有着非常重要的科学普及功能。通过红色旅游文化的教育和普及，人们可以了解和认识与革命文化相关的历史知识、地理知识及其他人文知识。此外，红色旅游文化资源的传承和宣传，也有利于传承中华民族的传统文化。

1.1.4.5 文化殊荣性功能

红色旅游资源的开发和宣传可以助推区域文化的发展，为打造当地文化的精品创造契机。在这一过程中，红色旅游资源可为当地的文化发展和社会形象升级以及当地社会和经济的发展做出极大的贡献。

综上所述，红色旅游资源在社会、经济、科学、文化、人文等方面都具有广泛的功能，成为中国旅游文化产业的重要组成部分。尽管当下旅游业面临着诸多挑战和机遇，但是依托红色旅游资源，中国旅游业，尤其是红色旅游业仍然具有极强的生命力、竞争力和发展潜力。

1.2 红色旅游资源与思政育人

1.2.1 红色旅游与思政育人的内在逻辑关系

红色旅游与思政育人之间存在着紧密且深刻的内在逻辑关系。首先，两者在核心理念和目标上呈现内在一致性，共同致力于弘扬民族精神、传承红色文化，以及培养具有高尚道德情操和坚定理想信念的公民。其次，思政育人在红色旅游中扮演着至关重要的角色，思政育人不仅是红色旅游活动的重要组成部分，更是红色旅游核心和灵魂。通过红色旅游实践，思政育人得以生动具体地展现出来，使游客在感受红色历史、体验红色文化的同时，深化对社会主义核心价值观的理解与认同。最后，红色旅游为思政育人提供了丰富的实践载体，让抽象的理论教育在具体的旅游活动中得以具象化、生活化，从而更有效地引发共鸣，促进个体成长和社会进步。因此，红色旅游与思政育人之间的融合是相互促进的，对于培养时代新人、推动社会主义文化繁荣具有重要意义。

1.2.1.1 红色旅游与思政育人具有内在一致性

红色旅游与思政育人之间存在着紧密的内在一致性，这种一致性体现在红色旅游资源中蕴含的深厚历史文化内涵与思政教育目标的高度契合。红色旅游资源不仅是一种自然景观或文化遗产，它更是中华民族革命历史、红色文化的重要载体。通过挖掘和利用红色旅游资源，我们可以向公众传递革命先烈的崇高精神，传承红色基因，弘扬民族精神。同时，思政教育致力于培养具有高度社会责任感、坚定理想信念和正确价值观的公民，这与红色旅游资源的价值不谋而合。因此，将红色旅游资源与思政育人相结合，不仅能够丰富思政教育的内容和形式，还能够通过具体的历史文化和现实案例，使思政教育更加生动具体、具有说服力，从而更有效地实现育人目标。

红色旅游与思政育人之间存在着多方面的内在一致性，这些一致性体现在理论、历史、实践和价值等多个维度上。首先，从理论逻辑来看，红色旅游和思想政治教育都深深植根于马克思主义理论和社会主义核心价值观之中，它们共同关注个体对于社会、历史和文化的理解，强调对于民族精神、爱国主义和集体主义的培育，从而在理论层面呈现高度的一致性。其次，从历史逻辑来看，红色旅游是对中国共产党革命历史和红色文化的传承与弘扬，而思想政治教育则是对这一历史的深入学习和理解。两者共同承载着传承红色基因、铭记历史使命的责任，因此在历史逻辑上具有内在的一致性。再次，从实践逻辑来看，红色旅游为思政教育提供了生动的实践平台，让游客在亲身体验中感受革命历史的厚重与伟大。同时，思政教育为红色旅游注入了丰富的文化内涵，使红色旅游不仅是简单的旅游活动，更是一次心灵的洗礼和思想的升华。这种实践与教育的相互促进，体现了两者在实践逻辑上的内在一致性。最后，从价值逻辑来看，红色旅游和思政教育都致力于培养具有高尚道德情操、坚定理想信念和正确价值观的公民。两者共同关注人的全面发展，强调人的社会责任和历史使命，从而在价值层面展现出高度的一致性。下面详细阐述红色旅游与思政育人之间在理论、历史、实践和价值等多个维度的一致性。

（1）红色旅游与思政育人的理论逻辑的内在一致性

理论逻辑是探讨内在要素之间必然性联系的基石，理论逻辑具有动态的连续性和体系的完整性的特点，理论逻辑研究的重点是"应当如何"，旨在揭示事物存在合理性的本质问题。因此，分析红色旅游与思政育人理论逻辑的目的是揭示红色旅游与思政育人之间不可分割的必然联系。

首先，马克思主义理论作为红色旅游和思政育人共同的理论逻辑基础，为两者提供了深厚的理论支撑和明确的方向指引。它不仅揭示了社会发展的基本规律，也为红色旅游的资源开发和思政育人的实践活动提供了有力的理论支撑和明确的指导思想。

红色旅游作为一种特殊的旅游形式，其核心在于展示中国革命的历史文化，传承红色基因，弘扬革命精神。在这一过程中，马克思主义理论起到了至关重要的作用，它指导我们如何正确理解革命历史，如何从历史的视角去评判革命事件和革命人物。红色旅游不仅是对历史遗迹的参观，更是对革命精神的体验和传承；而马克思主义理论正是我们理解和体验革命精神的重要工具，它让我们能够更加深刻地理解革命的意义，更加坚定地走好新时代的长征路。

思政育人作为高等教育的重要任务之一，其核心在于培养具有高度政治觉悟、道德素质和文化素养的社会主义建设者和接班人。在这一过程中，马克思主义理论同样发挥了不可替代的作用，它为我们提供了科学的世界观和方法论，帮助我们认识世界、改造世界。思政育人不仅要传授知识，更要培养学生的独立思考能力和批判精神，让他们能够在纷繁复杂的世界中坚守初心、担当使命；而马克思主义理论正是我们实现这一目标的强大武器，它让我们能够更加清晰地看到社会发展的趋势和规律，更加自觉地肩负起时代赋予我们的责任和使命。

将红色旅游和思政育人相结合，以马克思主义理论为共同的理论逻辑基础，具有重要的意义。一方面，通过红色旅游的实践活动，可以让学生更加直观地感受到革命历史的厚重和革命精神的伟大，从而激发他们的爱国情感和民族自豪感。红色旅游也可以成为思政育人的生动教材，让学生在亲身体验中深化对马克思主义理论的理解和应用。另一方面，通过思政育人的教学活动，可以进一步巩固和深化红色旅游的成果，让学生在理论学习的基础上更加深入地理解和把握革命历史和文化。这样不仅可以提高学生的理论素养和综合素质，还可以为学生未来的发展打下坚实的基础。

其次，马克思主义理论作为红色旅游和思政育人共同的理论逻辑基础，还为我们提供了广阔的研究空间和发展前景。我们可以进一步探索如何将马克思主义理论与红色旅游和思政育人相结合，如何更好地发挥马克思主义理论在红色旅游和思政育人中的指导作用。同时，我们可以通过研究红色旅游和思政育人的实践经验，为马克思主义理论的发展和创新提供新的思路和方向。

最后，文化自信是红色旅游和思想政治教育理论逻辑共同的理论逻辑精髓。文化自信作为中华民族的深厚底蕴和灵魂，支撑着我们民族的繁荣与发展，构成了红色旅游和思政育人理论逻辑的核心精髓。红色旅游可以让游客追寻和缅怀革命先烈的英勇事迹，在亲身体验中感受那份坚定不移的革命信念和无私奉献的精神，从而增强对中国特色社会主义道路的文化自信。而思政育人则通过系统的理论教育和实践引导，帮助学生树立正确的世界观、人生观和价值观，培育他们成为具有高度文化自信的新时代青年。因此，无论是红色旅游还是思政育人，其共同的理论逻辑精髓都是文化自信，这种自信不仅是对中华优秀传统文化的自豪，更是对中国特色社会主义道路、理论和制度的坚定信念。

（2）红色旅游与思政育人历史逻辑的内在一致性

红色旅游与思政育人历史逻辑的内在一致性体现在对革命历史的追溯、对红色精神的传承及对当代青年全面教育的重要价值上。这两种形式虽在表现形态上有所不同，但它们在历史的长河中相互促进，共同构成了中国特色社会主义教育事业的重要组成部分。

红色旅游与思政育人的历史逻辑的内在一致性在于：它们都强调了对革命历史的追溯和对红色精神的传承。在红色旅游中，游客们通过实地参观和亲身体验的方式，深入了解革命历史、感受红色精神；在思政育人中，学生们通过系统的理论学习和实践锻炼，深入了解革命历史、领悟红色精神。这种一致性使红色旅游和思政育人相得益彰。红色旅游为思政育人提供了丰富的历史资源和教育素材，使得思政教育更加生动、具体、深入；而思政育人则为红色旅游提供了深刻的思想内涵和理论支撑，使得红色旅游更具教育意义和文化价值。

红色旅游与思政育人的历史逻辑内在一致性还体现在它们对当代青年全面教育的重要价值上。红色旅游不仅是对革命历史的回顾和红色精神的传承，更是一种爱国主义教育、理想信念教育和道德品质教育。通过红色旅游，青年们可以更加深刻地认识到自己的历史使命和社会责任，更加坚定地拥护党的领导、走中国特色社会主义道路。而思政育人则通过系统的理论教育和实践引导，培养青年们的创新精神和实践能力，为青年们未来的人生道路奠定坚实的基础。

（3）红色旅游与思政育人的实践逻辑的内在一致性

从红色旅游与思政育人的现实内容分析，红色文化是红色旅游和思政育人的共同内容。红色旅游与思政育人作为两个独立却又紧密相连的教育实践领域，其现实内容的核心共同指向了红色文化。

红色文化是红色旅游的核心吸引力所在。红色旅游通过组织游客参观革命历史遗址、纪念馆、博物馆等，让游客亲身感受波澜壮阔的革命历史，领略革命先烈们的英勇无畏和坚定信念。红色旅游不仅是一次简单的旅行，更是一次心灵的洗礼，让游客在领略红色文化的过程中，深刻体会到今天的幸福生活来之不易，从而更加珍惜当下，更加坚定地拥护党的领导。

与此同时，思政育人也深深扎根于红色文化之中。思政育人旨在培养学生的爱国情怀、民族精神和社会责任感，而红色文化正是这些品质的最好教材。通过系统学习红色文化，学生们可以了解到中国共产党领导人民进行革命斗争的艰辛历程，感受到革命先烈们的崇高精神和坚定信念。这种教育不仅能够增强学生的历史认同感和文化自信心，还能够激励他们积极投身到社会主义现代化建设的伟大事业中去。

在深入分析红色旅游与思政育人的现实模式时，我们不难发现红色教育作为一种独特的育人方式，在二者之间起着桥梁与纽带的作用，成为了它们共同的形式。

红色旅游，不仅仅是一种简单的观光活动，更是一种深度的文化体验。游客们通过实地探访革命遗址、纪念馆，聆听先烈们的故事，接受红色教育的熏陶。这种沉浸式的教育模式，使红色旅游成为了一种生动的历史课堂，让人们在游览中自然而然地接受了红色教育。

与此同时，思政育人也高度重视红色教育的应用。思政教育致力于培养学生的爱国主义情怀、历史使命感和社会责任感，而红色教育正是实现这一目标的重要途径。在思政课堂上，教师通过讲述革命故事、分析历史事件，引导学生深入了解红色文化的内涵，理解红色精神的核心价值。这种理论结合实践的教育模式，使红色教育在思政育人中发挥着不可替代的作用。

（4）红色旅游与思政育人的价值逻辑的内在一致性

红色旅游与思政育人作为两种不同的教育实践方式，其背后的价值逻辑却呈现深刻的内在一致性。这种一致性不仅体现在它们对红色文化的传承与弘扬上，更在于它们对于个体精神成长、国家意识塑造及社会主义核心价值观培育的共同追求。

从价值逻辑的角度来看，红色旅游与思政育人具有高度的内在一致性。它们都注重通过红色文化的传承与弘扬来培育人们的爱国情怀和民族精神。红色旅游通过体验式教育的方式，让人们在实践中感受红色文化的魅力；而思政育人则通过系统的理论教育，让人们从理论上理解红色文化的内涵和价值。两种方式虽然形式不同，但目标一致，都致力于培养具有高度文化素养和道德情操的新时代青年。

红色旅游与思政育人还在推动社会主义核心价值观的培育上发挥着重要作用。社会主义核心价值观是当代中国精神的集中体现，它凝聚着全体人民共同的价值追求。红色旅游和思政育人通过传承和弘扬红色文化,让人们在体验和学习中深刻理解社会主义核心价值观的内涵和要求。这不仅有助于提升人们的道德素质和文化素养,还有助于推动社会主义核心价值观在全社会范围内的广泛传播和深入践行。

1.2.1.2 思政育人是红色旅游的首要功能

思政育人在红色旅游中占据着核心地位,其首要功能体现在多个方面。首先,思政育人是红色旅游主导价值的体现。思政育人的这一功能使红色旅游成为传播正能量、弘扬革命精神的重要载体。其次,思政育人为红色旅游的延续与创新发展提供动力。红色旅游要想保持持久的生命力和吸引力,就需要不断地进行内容和形式的创新,而思政育人正是推动红色旅游创新发展的重要力量。最后,思政育人效果是评价红色旅游实际效果的重要体现。红色旅游的目的是传承红色文化、弘扬革命精神,而思政育人的效果则是这一目的的直接体现。

第一,思政育人是红色旅游主导价值的体现。在红色旅游的多重价值中,思政育人无疑占据了主导地位,深刻体现了其核心价值所在。红色旅游不仅是一次历史的回溯和文化的体验,更是一次思想的洗礼和精神的升华。通过参观革命遗址、纪念馆,游客们能够亲身感受革命先烈的英勇事迹和崇高精神,从而激发内心的爱国情怀和民族自豪感。这种体验式的学习过程,正是思政育人的重要体现,使游客在感受历史的同时,更加深入地理解社会主义核心价值观的内涵,更加坚定地走在中国特色社会主义的道路上。因此,思政育人是红色旅游主导价值的集中展现,它让红色旅游不仅是观光旅游,更是一次心灵之旅和信仰之旅。

第二,思政育人为红色旅游延续与创新发展提供动力。思政育人为红色旅游的延续与创新发展提供了源源不断的动力。红色旅游作为一种独特的旅游形态,其生命力在于能够不断适应时代的变化,保持其历史内涵的同时,实现形式与内容的创新。思政育人的融入,不仅深化了红色旅游的文化内涵,还为红色旅游注入了新的活力。通过思政教育,人们能够更深入地理解红色文化的精髓,从中汲取智慧和力量,推动红色旅游在传承中创新,在创新中发展。思政教育的丰富内容和多元化形式,为红色旅游提供了丰富的素材和灵感,推动其不断创新旅游产品和服务,满足游客日益增长的多元化需求。因此,思政育人是红色旅游持续发展的重要支撑,为其延续与创新发展提供了不竭的动力。

第三,思政育人效果是评价红色旅游实际效果的重要体现。在评估红色旅游的实际效果时,思政育人的效果是至关重要且不可或缺的体现。红色旅游不仅是一种历史文化的体验，更是对游客进行思政教育的重要途径。游客在参与红色旅游的过程中，通过实地参观、互动学习，能够深刻感受到红色文化的独特魅力和革命精神的伟大力量，这种心灵上的触动和认知上的提升正是思政育人效果的体现。

思政育人效果的好坏，直接关系到红色旅游是否能够真正达到其预期的教育目的。只有当游客在红色旅游中真正受到思政教育的熏陶，汲取了正能量，坚定了信念，红色旅游的实际效果才能得到真正的体现。因此，评价红色旅游的实际效果时，需要重点关注思政育人的表现效果，看是否真正实现了对游客的思政教育，是否提升了游客的思想政治觉悟，是否推动了社会主义核心价值观的传播与践行。这样的评价方式不仅更加全面客观，也更能体现红色旅游的真正价值和意义。

1.2.1.3　红色旅游是思政育人的实践载体

红色旅游作为思政育人的实践载体，其重要性不容忽视。首先，红色旅游具备实践载体的客观性，这是因为红色旅游通过真实的历史遗址、纪念馆等场所，为思政教育提供了具体、客观的素材和场景。其次，红色旅游具有实践载体的承载性。通过红色旅游，我们可以将思政教育的内容与具体的历史事件、人物相结合，使抽象的理论知识具体化、生动化，从而更易于被游客们所接受和理解。最后，红色旅游还具有实践载体的中介性。通过红色旅游，思政教育得以以更加生动、直观的方式传递给游客，同时让游客在参与的过程中更深入地体验和理解思政教育的内容，实现理论与实践的有机结合。

第一，实践载体的客观性。红色旅游作为思政育人的实践载体，其显著特点之一就是实践载体的客观性。这一客观性体现在红色旅游所依托的丰富历史资源和真实遗迹上。通过参观革命圣地、历史博物馆、战争遗址等，游客们能够亲身感受到那些曾经发生过的历史事件和英雄人物的真实存在。这些实体化的历史印记不仅为思政教育提供了直观的教材，还让游客在沉浸式的体验中深刻理解到革命先烈的英勇无畏和崇高精神。这种基于客观历史的思政教育，更具说服力和感染力，有助于游客在内心深处产生对红色文化的认同和敬仰，从而实现思政育人的目标。

第二，实践载体的承载性。红色旅游作为思政育人的实践载体，展现出了其强大的承载性。红色旅游不仅是一个简单的旅游项目，更是承载着红色文化和思政教育深刻内涵的重要平台。通过红色旅游，我们可以将丰富的红色资源、革命历史及先烈事迹转化为生动的教学材料，使游客在游览的过程中自然而然地接受到思政教育。这种承载性体现在红色旅游的多维度内容上，无论是革命遗址的参观、历史博物馆的展览，还是革命故事的讲解，都能够将思政教育的内容与具体的历史场景相结合，让游客在亲身体验中深化对红色文化的理解，增强对社会主义核心价值观的认同。因此，红色旅游的承载性为思政育人提供了广阔的实践空间，使思政教育更加生动、具体和有效。

第三，实践载体的中介性。红色旅游作为思政育人的实践载体，凸显了其中介性的特质。通过红色旅游这一形式，革命历史和红色文化的精神内核得以具象化地展现在游客面前，使思政教育不再局限于课堂和书本，而是能够在真实的历史场景中生动展开。游客在参观革命遗址、纪念馆的过程中，通过沉浸式的体验，能更深入地感受到革命精神的力量，进而将所学所思转化为实际行动，促进个人品格的提升和社会责任的强化。红色旅游的中介性不仅丰富了思政教育的形式，也增强了思政教育的感染力和影响力，使得思政教育更加贴近实际、贴近生活，更加深入人心。

综上所述，红色旅游与思政育人之间存在着深厚的内在联系和一致性，这主要体现在以下几个方面：首先，从理论逻辑上看，红色旅游与思政育人共同根植于马克思主义理论，这一共同的理论基础为两者提供了坚实的理论支撑和明确的方向指引。同时，文化自信作为红色旅游和思政育人的共同精髓，强调了对红色文化和革命历史的认同与传承，为两者的结合提供了深厚的文化土壤。其次，从历史逻辑上看，红色旅游通过实地参观、亲身体验的方式，让游客们深入了解中国革命的历史进程和伟大意义，这与思政育人的历史教育目标高度契合。红色旅游与思政育人对当代青年全面教育的重要价值也体现了它们在历史逻辑上的内在一致性。再次，从实践逻辑上看，红色文化是红色旅游和思政育人的共同内容，红色教育作为独特的育人方式在两者之间起到了桥梁与纽带的作用。红色旅游的实践活动不仅为思政育人提供了丰富的素材和场景，也为其提供了生动的教学案例和实践平台，使思政教育更加具体、生动和有效。在价值逻辑上，红色旅游与思政育人展现出了高度的内在一致性。思政育人是红色旅游的首要功能，通过红色旅游的实践活动，游客们能够受到思政教育的熏陶，提升思想政治觉悟，坚定理想信念。最后，思政育人效果也是评价红色旅游实际效果的重要体现，只有真正实现了对游客的思政教育，红色旅游才能达到其预期的目的。此外，红色旅游作为思政育人的实践载体，具有客观性、承载性和中介性的特质。其客观性体现在红色旅游依托的真实历史资源和遗迹上，为思政教育提供了具体、客观的素材和场景；其承载性体现在红色旅游能够承载丰富的红色文化和思政教育内容；其中介性则体现在红色旅游作为思政教育与游客之间的桥梁和纽带，能够将思政教育的内容与具体的历史场景相结合，让游客在亲身体验中深化对红色文化的理解和认同。

1.2.2 红色旅游资源的思政育人价值

红色旅游资源是一种能够通过旅游活动，向游客传达革命历史、革命精神、革命风貌、革命文化等内容的文化资源。这种文化资源不仅可以带给人们视觉、听觉上的享受，也可以使人们在情感和精神上受到深刻的启迪，具有丰富的人文价值和教育功能。红色旅游资源以历史真实性为基础，以情感体验为载体，使人们通过身临其境的体验，创造了一种突破时间和空间的生动教育氛围，为高校的育人工作提供了全新的机会，具有重要的思政育人价值。

1.2.2.1 高校开展思想政治教育工作的重要载体

红色旅游资源是一种具有革命精神和革命传统的宝贵文化资源，它不仅是中国革命的重要标志，也是中华民族的宝贵财富。红色旅游资源是高校开展思想政治教育工作的重要载体，因此对在新时代传承红色基因、弘扬红色文化、培育和践行社会主义核心价值观，培养担当民族复兴大任的时代新人具有重要意义。

（1）高校培育和践行社会主义核心价值观的重要载体

要把社会主义核心价值观融入高校思想政治教育全过程，融入思想道德建设和文化建设各方面，不断提高思想政治教育亲和力和针对性。社会主义核心价值观的培育和践行，是一个长期的、贯穿整个大学生成长成才阶段的过程。红色旅游资源作为一种典型的文化符号，具有一定的内涵、形式和内容，蕴含着丰富的红色文化。同时，红色旅游资源作为社会主义核心价值观的载体，其蕴含的丰富的精神内涵与社会主义核心价值观相契合，是开展大学生思想政治教育的鲜活教材。高校开展红色旅游教育活动，能够有效地引导大学生接受红色文化熏陶，增强学生对社会主义核心价值观的认同。此外，通过丰富多样的红色旅游活动形式和内容，培养学生爱国主义精神和民族精神，树立正确的世界观、人生观和价值观。因此，在高校开展红色旅游教育活动能有效地发挥红色旅游资源在培育和践行社会主义核心价值观方面的重要作用。

（2）高校开展"三全育人"的重要载体

高校思政工作的根本任务是立德树人，以文化人，以文育人，对大学生开展思想政治教育，必须依靠全方位的育人体系。在"三全育人"工作过程中，突出强调要用好课堂教学这个主渠道、用好校园文化这个主阵地、用好网络空间这个新平台。红色旅游资源是重要的教育资源，也是高校思想政治工作的重要载体，高校要充分发挥红色旅游资源的育人功能，推进"三全育人"综合改革，引导大学生增强"四个自信"。通过红色旅游资源开展思想政治教育活动，能够形成教育合力。要充分发挥课堂教学、校园文化、网络空间等主渠道作用，运用红色旅游资源开展实践教育活动，将思想政治工作融入红色旅游活动之中，让学生在参与中接受思想政治教育，在感受中受到启迪和教育。同时，要依托网络空间开展思政工作，开辟思政工作的新阵地。

（3）高校坚定理想信念教育的重要载体

理想信念对于大学生具有重要的作用。作为新时代的青年，大部分大学生本身具有坚定的理想信念和正确的价值观念。理想信念是人们对未来事物的美好憧憬和追求，是人们的世界观、人生观和价值观在奋斗目标上的集中体现。理想信念教育是思想政治教育的核心内容，也是高校开展思想政治教育工作的关键环节。理想信念教育关系到广大青年大学生的成长成才，关系到国家和民族的前途命运，是高校开展思想政治教育工作的重中之重。红色旅游资源蕴含着丰富的革命精神和革命传统，能够在大学生心中筑起一座红色信念之塔。大学生通过参观革命遗址、纪念地、纪念场馆等，能够深刻体会中国共产党在艰难困苦中铸就的革命精神和光荣传统，感受到老一辈无产阶级革命家顽强奋斗、百折不挠、勇于牺牲的革命精神。这对大学生树立正确的世界观、人生观和价值观，增强其对社会主义和共产主义的信念和信心有着重要意义。因此，红色旅游资源是高校坚定理想信念教育的重要载体。

1.2.2.2　为高校实现立德树人根本任务提供强大支撑

"培养什么人，怎样培养人"是高校必须回答的重大问题。高校肩负着为党育人、为国育才的重要使命，"培养什么人"是教育的首要问题。

（1）为高校思想政治教育提供丰富的理论素材

思想政治教育是指教育者有目的、有计划、有组织地对受教育者施加影响，引导受教育者在一定的社会思想意识影响下，形成符合一定社会要求的思想品德的社会实践活动。红色旅游资源集中反映了中国共产党领导全国各族人民实现中华民族伟大复兴的奋斗历程和伟大成就。它不仅是中国革命、建设和改革时期宝贵的精神财富，还是社会主义核心价值观和中华优秀传统文化的重要组成部分。红色旅游资源中蕴含着丰富的革命精神和革命传统，既有老一辈无产阶级革命家艰苦奋斗、英勇斗争、无私奉献的伟大精神，又有当代共产党人顾全大局、坚定信仰、甘于奉献等崇高品格，为高校思想政治教育工作提供丰富的理论素材。

（2）是高校思政工作的鲜活教材

红色旅游资源具有历史、文化、社会等多方面的价值，其中蕴含着丰富的革命精神和革命传统，这些都是高校开展思想政治教育的鲜活教材。首先，红色旅游资源是开展思政教育的宝贵资源。红色旅游资源不仅是革命历史文化的重要组成部分，更是中国共产党带领全国各族人民进行革命斗争所形成的宝贵财富。红色旅游资源不仅能够满足广大师生的爱国主义教育需求，而且在弘扬爱国主义精神方面也具有重要作用。比如，井冈山精神、延安精神，都能为高校开展思想政治教育提供鲜活的教学内容和教育方式。其次，红色旅游资源可以在大学生中起到引领作用。随着经济社会的快速发展和多元文化的影响，大学生所处的文化环境也变得复杂起来，在这种背景下高校大学生容易受到一些错误价值观影响。红色旅游资源不仅可以使大学生正确认识和对待各种思想文化现象，而且能够促使他们形成正确的价值观、人生观和世界观。

（3）丰富高校思想政治教育方式

高校开展红色旅游教育活动，能够使大学生在游览红色旅游景点的过程中接受精神洗礼，陶冶情操，提高思想境界，丰富精神文化生活。高校通过组织学生参观革命旧址、纪念馆等红色旅游资源，使学生在参观活动中接受教育，将中国革命历史教育与个人成长相结合。在参观过程中，大学生们能够真切地感受到中国革命先辈为了民族独立、人民解放而浴血奋战的伟大精神，这些伟大的革命精神时刻激励着他们为实现中华民族伟大复兴而努力奋斗。高校通过开展红色旅游教育活动，能够充分利用红色旅游资源的思想政治教育功能，将其作为高校思想政治教育的生动教材和鲜活载体，不仅能够使大学生对社会主义核心价值观有更直观、更深刻的了解，也能增强高校思想政治教育的针对性和实效性。

1.2.2.3　为高校开展思想政治教育提供有效途径

红色旅游资源承载着厚重的革命历史文化和红色基因，为高校思想政治教育工作提供了丰富而又鲜活的内容。在新时代背景下，依托红色旅游资源可以创新思政工作机制，完善思政课程体系，促进课程思政与思政课程同向同行；可以创新教学模式，用好红色资源，丰富教育教学形式；可以创新实践教学模式，将红色旅游资源与社会实践相结合；可以创新校园文化建设模式，充分挖掘红色文化元素；可以创新思政工作评价模式，全面考核评价育人成效。

（1）创新思政工作机制，完善课程体系

高校思政工作要与区域经济发展和国家战略结合起来，创新思政工作机制。一方面，高校要重视红色旅游资源的挖掘、保护和利用，注重将红色旅游资源与思想政治教育内容相结合，实现思政课程与其他课程的协同作用。另一方面，高校要推动红色旅游资源进教材、进课堂、进头脑，将红色旅游资源融入大学生思想政治教育中，完善思政课程体系。推动红色旅游与思想政治理论课、形势与政策课、专业课程等思政课程同向同行。此外，高校还要积极开展红色文化资源社会实践活动，在实践中引导学生了解革命历史和英雄人物事迹，增强学生对中国特色社会主义的信心、信念和底气。通过实践活动激发学生的爱国情怀、民族精神和奋斗精神。

（2）创新教学模式，用好红色旅游资源

在思想政治教育中，红色旅游资源具有丰富的内容和鲜明的特色，是开展思想政治教育的生动素材，在教育教学中有着独特的育人价值。在课堂教学中，红色旅游资源作为重要的教学资源，能够为思政课教师提供生动的案例，丰富课堂教学内容；在课外实践中，通过红色旅游资源，引导学生走进革命纪念馆、历史遗址等场所，可以让学生亲身体验革命历史、感受革命精神，从而激发学生对革命历史和革命先辈的敬仰之情。同时，将红色旅游资源与课堂教学相结合、与社会实践相结合，既有利于培养学生的爱国主义精神、增强学生的民族自豪感和自信心，又有利于激发学生对红色旅游资源的兴趣和探索欲，增强思想政治教育的感染力。

（3）提升教师素质，融入日常教学

定期组织思政课教师参加红色文化相关的专业培训和研修活动，包括红色历史、革命精神、党史研究等领域。这些培训可以帮助教师深化对红色文化的理解，提升其教学内容的深度和广度。鼓励教师参与红色教育基地的实地考察和教学实践，通过亲身体验和现场教学，增强教师对红色文化的感受力和教学的感染力。教师可以将这些实践经验融入课堂教学，使教学内容更加生动和贴近学生。促进思政课教师与历史学、文学、艺术学等其他学科教师的交流与合作，共同开发与红色文化相关的教学内容和方法。这种跨学科的合作有助于教师从多角度理解和讲授红色文化，丰富教学资源。鼓励教师进行红色文化教育相关的教学研究、撰写教学案例及论文、参与学术交流，不断提升自身的研究能力和教学水平。同时，教师应定期反思教学实践，总结经验教训，不断优化教学策略。教师需掌握并运用现代教育技术，如多媒体、网络资源、虚拟现实技术（VR）等，使红色文化教学更加直观、生动。这些技术手段可以帮助学生更好地理解红色文化，增强学习的趣味性和实效性。教师要以身作则，传承红色基因，弘扬红色精神，以高尚的师德影响和激励学生。

1.2.2.4　弘扬红色文化，提升思政育人质量

红色文化是中国共产党在革命、建设和改革中形成的具有鲜明政治特色和伟大精神价值的先进文化，是中国共产党执政理念、执政精神的集中体现，是社会主义先进文化的重要组成部分。红色文化既包括了中国共产党领导全国各族人民在革命、建设和改革过程中形成的革命精神、革命传统等宝贵的精神财富，也包括了党和国家在社会主义建设时期形成的政治思想、理论制度、道德规范等先进文化。高校要充分发挥红色文化在立德树人中的重要作用，提升思政育人质量。

（1）有利于提升学生的文化自信

党的二十大报告强调"必须坚定历史自信、文化自信"，"不断提升国家文化软实力和中华文化影响力"。这表明我们党对自身文化建设有着清醒的认识，也是我们党坚持马克思主义在意识形态领域指导地位和根本制度的重要体现。大学阶段是学生世界观、人生观和价值观形成的关键时期，而红色旅游资源作为中国革命和建设时期留下的珍贵历史文化遗产，通过其丰富多样的形式和内容，能够深刻地影响学生的思想意识和精神面貌。因此高校开展红色旅游教育活动，能够让学生在潜移默化中接受红色文化的熏陶，进一步提升大学生的文化自信。红色旅游作为一种重要的旅游形式，以其独特的教育功能和价值成为促进大学生全面发展、提升大学生文化自信的重要载体。在红色旅游教育活动中，通过开展爱国主义教育、革命传统教育等主题活动，可以帮助学生了解我国革命和建设时期所形成的丰富而深厚的红色文化，激发学生对传承发扬中华优秀传统文化和革命文化的责任感和使命感。

（2）有利于强化大学生的爱国意识

爱国主义是中华民族的民族心、民族魂，是中华民族最重要的精神财富，是我们国家统一和民族团结的思想基础，更是实现中国梦的强大动力。当前，中国正处在发展关键期，在面临各种挑战和考验的同时，爱国主义依然是引领我们不断前进的强大动力。红色旅游资源作为我国革命战争时期革命先辈留下的精神财富，是中国共产党领导全国人民经过长期艰苦斗争所取得的宝贵成果。这些红色旅游资源包括了许多红色旅游景区（景点），如井冈山革命烈士陵园、井冈山会

师旧址、西柏坡纪念馆等。这些红色旅游景点既是珍贵的历史文化遗产，也是宝贵的精神财富，蕴含着丰富的思想政治教育资源。因此，我们可以充分利用这些红色旅游资源来对大学生进行爱国主义情感培养。首先，红色旅游资源可以让大学生了解革命先辈艰苦奋斗、英勇斗争、不畏牺牲的革命精神和无私奉献精神；其次，红色旅游资源可以让大学生看到革命先辈为了中华人民共和国成立所做出的巨大牺牲和努力；最后，红色旅游资源可以让大学生感受到中华人民共和国成立以来取得的伟大成就。大学生作为我国社会主义事业的建设者和接班人，是红色旅游资源的主要目标受众群体，对他们开展红色旅游教育活动，不仅能够提高他们的思想道德素质，而且能够增强他们对我国历史文化、革命传统、革命精神的了解，使他们更加热爱祖国。

红色旅游作为一种典型的文化符号，是在特定历史时期所产生的一种社会文化现象，它不仅能够反映当时社会的政治经济状况、精神风貌和文化传统，而且能够反映出社会的伦理道德、价值取向和人文精神。高校开展红色旅游教育活动能够让学生在游览红色旅游景点时，重温革命战争时期党领导人民进行革命斗争的艰辛历程，感受革命先辈英勇不屈的斗争精神和他们为中国革命胜利而献身的伟大精神。通过实地参观考察、亲身体验和感受，让大学生对红色旅游资源产生亲近感、认同感和自豪感，从而更加热爱祖国。

（3）引导大学生树立正确的人生观、价值观

大学生正处于人生观、价值观形成的关键时期，他们需要学习的知识很多，需要解决的问题也很多。教师要引导大学生树立正确的人生观和价值观，而红色旅游教育就是一个非常好的切入点。通过红色旅游教育，大学生可以了解到中国共产党是如何从一个小小的组织逐渐发展壮大成为一个拥有几千万党员的大党，可以感受到中国是如何从一个落后的农业国变成了现在的工业强国，可以看到中国共产党是如何带领全国各族人民共同团结奋斗、不断创造辉煌成绩的。在了解历史的过程中，大学生会产生对历史的认同感和自豪感，从而会从内心产生对党和国家、对中国特色社会主义事业的坚定信心，从而树立正确的人生观和价值观。红色旅游资源承载着中国革命先辈艰苦奋斗、顽强拼搏、无私奉献等优秀品质。这些品质都是社会主义核心价值体系建设所倡导的，也是大学生应该学习和弘扬的。这些品质能够使大学生体会到自己作为一个中国人应该做什么、不应该做什么，从而形成正确的世界观、人生观、价值观。例如，在红色旅游资源中，大学生可以了解到红军长征在艰难困苦中坚持下来是因为有坚定的理想信念；抗

日战争时期,中国共产党之所以能够取得最终胜利是因为有强大的群众基础和先进思想引领;解放战争时期,人民获得解放是因为有坚定信念,坚持奋斗。这些都能让大学生认识到只有将个人理想与国家和民族事业紧密结合起来,才能实现自己的人生价值。总之,红色旅游资源中蕴含着丰富而深刻的思政教育内容。通过学习这些内容,大学生能够深入了解中国共产党及中国特色社会主义事业所取得的辉煌成就,从而在潜移默化中受到感染和熏陶,形成正确的世界观、人生观和价值观。

1.3 数字化赋能红色旅游资源与思政育人融合发展

1.3.1 数字化赋能红色旅游资源与思政育人融合发展的内涵和特点

1.3.1.1 内涵

数字技术的广泛应用,既为红色旅游资源的创新发展带来了新机遇,也给红色旅游资源的思想政治教育工作带来了新挑战。红色旅游资源作为中华优秀传统文化的重要组成部分,是革命精神的重要载体,也是大学生理想信念教育的重要阵地。数字化赋能红色旅游资源与思政育人相融合,是指利用数字化技术深入挖掘红色旅游资源蕴含的思想政治教育元素,为红色旅游资源赋予新的价值内涵,推动这些思想政治元素在红色旅游景区内进行有效传播,并拓展其传播渠道和方式,将传统思想政治教育模式从线下转移到线上,以提升思想政治教育成效的创新实践,充分发挥红色旅游资源在思政育人方面的重要作用,将红色文化融入学校教育教学中,丰富其教育资源和内涵,提升其育人质量和效果,以实现思政教育目的。这一新型思政育人模式,不仅丰富了红色旅游资源思政育人的内容和形式,也为红色旅游资源思政育人提供了新途径。

1.3.1.2 特点

(1)内涵更加丰富

数字化赋能红色旅游资源,为红色旅游资源思政育人提供了丰富的内涵,使红色旅游资源与思政育人相融合的内涵更加丰富。在红色旅游资源数字化建设中,可以进一步挖掘红色旅游资源蕴含的价值内涵,将具有历史价值、教育价值、审美价值等特点的红色旅游资源通过数字化技术进行有效整合，使其融入学校教育教学中，让学生通过学习与理解，充分体会其蕴含的历史文化价值。同时，数字化加强了红色文化与学生之间的联系。例如，利用 VR 技术将革命历史场景重现，为学生提供一个更加直观的学习环境，使学生在感受革命历史文化氛围的同时接受革命传统教育。数字化赋能红色旅游资源与思政育人相融合，可以加强红色旅游资源与学生之间的情感交流。利用大数据、云计算等技术对学生的学习行为进行分析和挖掘，建立具有个性化特征的数据库，并根据数据库内容将红色旅游资源融入学校教育教学中。

（2）形式和方法更加多样

当前，数字技术的发展和进步，为红色旅游资源与思政育人相融合提供了良好的技术支撑。随着 5G、物联网、云计算、大数据和人工智能（AI）等新一代信息技术的发展，红色旅游资源也得到了数字化的赋能。数字技术可以通过图像识别、语音识别等多种方式对红色旅游资源进行数字化处理，构建红色旅游资源数据库，使红色旅游资源与思政育人融合的形式和方法更加多样化。在实践中，可以利用数字技术将红色旅游资源进行数字化处理，建设红色旅游资源数据库，将分散在各地的红色旅游资源进行整合，构建红色旅游资源数据库。在此基础上，运用数字化手段对红色旅游资源进行深度挖掘、分析和研究，将红色文化融入教育教学中，使红色旅游资源与思政育人融合的形式和方法更加多样化。

（3）"第二课堂"功能增加

"第二课堂"功能是指数字化技术与红色旅游资源相融合，丰富了红色旅游资源思政育人的内容和形式，使其更好地融入学校教育教学中。学生在参观游览红色旅游景点时，受到了精神上的洗礼，产生了对红色精神的认知和认同，从而达到对红色文化的认同。学生通过"第二课堂"了解到红色旅游资源背后所蕴含的革命故事，接受革命历史教育、国情教育和爱国主义教育。例如，在"重走红军路"主题活动中，学生可以通过网络进行参观学习和互动交流，了解红军在长征中不畏艰难险阻的战斗历程，以及革命先辈艰苦奋斗的优良传统。通过数字化技术的引入，使红色旅游资源与思政育人融合的空间得到了扩展，突出了红色旅游资源"第二课堂"思政育人功能。

（4）社会实践性提高

红色旅游资源蕴含着丰富的革命精神和厚重的历史文化内涵，是高校开展思政教育的优质资源，对提高大学生思想政治素质和文化素养具有重要作用。把红色旅游资源融入学校教育教学中，一方面发挥其思想政治教育功能，使红色旅游资源成为学生了解历史、感受革命精神的重要途径；另一方面充分利用数字化技术，以学校课堂教学为基础，结合社会实践活动，使学校教育和社会实践达到有效衔接。这就需要高校建设数字校园、优化校园信息化服务、完善学校数字化基础设施。通过将校园网络与红色旅游资源相结合，让学生能够随时随地登录学校数字平台学习红色文化知识、了解红色文化故事、聆听红色文化宣讲。此外，还需要丰富红色旅游资源的展示内容，提高数字平台的服务功能；在数字平台上展示更多的红色旅游景点，为学生提供更多选择空间。数字技术在实现校园信息化的基础上，也为高校开展社会实践活动提供了更加丰富的资源。高校还要充分发挥好社会实践基地作用，鼓励学生走进社会实践基地开展实践活动。

1.3.2 数字化赋能红色旅游资源与思政育人融合发展的必要性

在信息化时代，数字技术的发展和数字化产品的广泛应用，不仅为人们带来了便捷的生活，也使数字化技术不断融入教育领域。近年来，"互联网+"教育模式不断涌现，教育信息化、数字化已成为教育现代化发展的必然趋势。红色旅游是一种综合性资源，包含革命历史文化资源、革命精神资源等。将红色旅游与思政教育相结合，既能充分发挥红色旅游资源的育人功能，又能不断丰富思政教育内容与形式。将数字化赋能红色旅游资源，利用新媒体、新技术打造沉浸式体验红色旅游活动，既是对"互联网+"背景下红色旅游发展模式的创新探索，也是对思政教育的有益补充。

1.3.2.1 对红色文化传承的重要推动作用

（1）能够对红色资源实施有效保护

红色旅游主要是指以中国共产党领导人民在革命和战争时期建立丰功伟绩所形成的标志物、纪念地为载体，以其所承载的革命历史、革命遗迹和革命精神为内涵，组织接待旅游者开展缅怀学习、参观游览等主题性旅游活动。其中蕴含着丰富的红色资源，如红色遗址、革命文物、革命事迹、革命精神等，承载了中国共产党的光荣历史和共产党人的崇高精神，是传承红色文化的珍贵载体，是党史学习教育的生动教材。很多红色遗址和革命文物防灾抗灾能力弱，受到自然环境侵蚀和人为活动影响，会出现损毁破坏；一些革命事迹和红色记忆随着时间流逝，变得难以保存和考证。而将红色旅游资源数字化可以完整、准确、真实地永久保存文物信息，对红色资源开展抢救性保护和预防性保护，提升红色资源防灾抗灾能力。例如，3D扫描技术可以对革命遗址、建筑和文物等进行扫描记录，获得精准信息并加以保存，后期经过深度挖掘加工，可形成海量数字化成果，为后续研究提供丰富数据库。3D影像、增强现实、虚拟现实、投影沙盘、多点触摸等技术可以将红色资源以影像资料、图片、文字等形式进行数字化、立体化存储展示，长久地传承下去。

（2）能够促进红色文化的广泛传播

数字信息易于检索、方便保存、节省空间、用户使用成本较低，具有比传统宣传媒介更广泛的传播力。官方网站、微信公众号、APP、数字图书、云展馆等平台以及短视频、影视剧、网络游戏等传播方式能够拓宽红色文化传播渠道，以大众喜闻乐见的方式传播红色文化。线上红色教育方式能够有效打破时空阻隔，提高有限资源的普惠化水平，满足广大群众的精神文化需求，让群众足不出户就能感受丰富的红色文化，领悟崇高的革命精神，极大地促进了红色文化广泛传播。

（3）能够增强红色教育的学习实效

红色教育目前只局限于采用实地参观、专题讲座、书本阅读等方式，而数字化赋能红色旅游资源可以丰富教育方式和载体，推动党史学习教育常态化、长效化。纪念馆和展览馆利用虚拟仿真技术，可以让历史事件场景重现，增强党史学习教育的实效性、互动性和趣味性。数字化赋能红色旅游资源可以打破实地参观学习的时空限制。比如，纪念馆推出线上展览，参观者可以根据需要自由安排线上参观时间，降低学习成本，提高学习效率。

（4）能够推动红色旅游的优质发展

当前，参观纪念馆、展览馆、名人故居、革命旧址等已成为人们旅游出行的重要选择。我国红色旅游资源分布广泛、形式多样，红色旧址众多，革命故事丰富，有发展红色旅游得天独厚的优势。我国部分地区基础设施建设不足，经济实力较弱，经济增长点较单一。数字化赋能红色旅游资源可以加快数字景区建设，有效整合丰富多元的红色文化元素，将无形、抽象的红色精神打造成为有内容、有载体的红色记忆空间，丰富游客感官体验，提升游客参与度和满意度，提升红色旅游质量，带动当地经济发展，让红色旅游成为拉动经济增长的重要动力。

1.3.2.2　时代发展的必然产物

在信息化时代，数字技术的发展和数字化产品的广泛应用，不仅为人们带来了便捷的生活，也使数字化技术不断融入教育领域。近年来，数字化教育模式不断涌现，教育信息化、数字化已成为教育现代化发展的必然趋势。红色旅游资源是一种综合性资源，包含革命历史文化资源、革命精神资源等。将红色旅游与思政教育相结合，既能充分发挥红色旅游资源的育人功能，又能不断丰富思政教育内容与形式。以数字化赋能红色旅游资源，利用新媒体、新技术打造沉浸式体验红色旅游活动，既是对数字化背景下红色旅游发展模式的创新探索，也是对思政教育的有益补充。

（1）数字化赋能为红色旅游与思政教育提供新思路

数字化赋能是指通过现代数字技术与信息技术，将数字信息与实体资源进行结合，形成具有特定功能的数字化产品，从而使资源得到有效利用的过程。在数字化背景下，高校思政教育不断变革，紧跟时代潮流，通过数字化形式展现内容。在数字化赋能红色旅游资源的过程中，通过网络媒体、VR 等技术将革命历史文化资源、革命精神资源等进行数字化呈现，构建沉浸式体验场景，使其具有更强的感染力与吸引力，让学生感受到与以往不同的红色旅游体验。这种方式不仅可以提高学生学习的积极性和主动性，还能使红色旅游资源得到充分利用与开发，从而推动红色旅游产业不断发展壮大。此外，数字化赋能红色旅游资源也是对思政教育内容与形式的丰富与创新，可以使红色旅游资源的呈现方式更加多样化、具体化、可视化。这种数字化呈现方式不仅可以丰富思政教育内容与形式，还能为学生带来全新的视觉体验。通过对红色旅游资源的数字化呈现方式进行创新和开发，使思政教育内容与形式更加生动有趣、富有内涵。

（2）数字化背景下，红色旅游与思政教育融合创新是大势所趋

在数字化背景下，如何运用新媒体、新技术，将红色旅游与思政教育融合创新，为红色旅游注入新的活力，是亟待解决的问题。一是要强化红色旅游资源的内涵挖掘。在数字化背景下，要进一步丰富红色旅游资源内涵，依托先进科技手段对红色旅游资源进行深层次挖掘和利用，全面提升红色旅游资源的育人价值。二是要创新红色旅游活动形式。在数字化背景下，要将红色旅游与思政教育相结合，必须从思政教育的视角出发，从理论与实践两方面入手，探索新形式、新方法、新路径，实现红色旅游与思政教育的深度融合。三是要创新数字化赋能方式。一方面，在数字化背景下，要充分利用互联网技术和大数据分析等技术手段，不断创新红色旅游活动方式。另一方面，在对思政教育内容进行挖掘与整合的基础上，还要不断丰富数字化赋能方式。而红色旅游与思政教育融合创新是新时代背景下发展的必然趋势。利用数字化赋能红色旅游资源能够更好地发挥红色

旅游资源的育人功能，也将进一步推动我国思政教育工作的开展和创新。当前，"互联网+"不断融入各行各业中，这给思政教育带来了新的机遇和挑战。面对数字化时代的挑战，思政教育工作者应该不断创新教育方式方法，提升自身业务能力和综合素养。

（3）增强思政教育的实效性

随着新时代信息化技术的发展，数字化赋能红色旅游资源，为思政教育提供了更多新的方式。在数字化赋能红色旅游资源过程中，一方面，通过线上平台和线下场馆的联动，突破了时空限制，在空间上实现了对红色旅游资源的深度挖掘；另一方面，利用数字化技术和沉浸式体验设计，结合线下游览路线和实景体验，增强了思政教育的感染力与吸引力。通过沉浸式体验活动，让人们身临其境地感悟红色精神、传承红色基因、坚定理想信念。这种线上与线下相结合的思政教育模式既能提升红色旅游资源思政育人的实效性，也能让人们在娱乐中接受思政教育。数字化赋能红色旅游资源是对思政教育全过程、全方位育人的有益补充。将数字化赋能红色旅游资源与思政教育相结合，有利于推动思政教育内容和形式的创新与变革，提高思政教育的吸引力和感染力。

第2章 理论基础与研究现状

2.1 理论基础

数字化赋能红色旅游资源与思政育人融合发展的理论基础，基于价值共创理论和共生理论。价值共创理论提供红色旅游资源与思政育人融合的外生动力，主要观点是企业和消费者共同创造企业价值。消费者不仅是价值的使用者，还是价值的创造者，消费者通过参与产品或者服务的开发、设计和生产过程，依托在消费领域的经验和知识，与企业深度合作，创造出令自己满意的产品或者服务。该理论强调在数字化时代，消费者参与产品或服务的创造过程，与企业共同创造价值。对于红色旅游资源与思政育人的融合，可以通过数字化手段激发游客和学生的参与热情，共同挖掘红色旅游资源的思政教育价值。共生理论最早起源于生物学研究，强调生物之间的融合生存，在引入经济学领域的研究之后，共生理论强调通过不同产业之间的合作与融合，解决产业利益共生的问题。共生理论关注不同主体间相互依存、互利共赢的关系。

红色旅游资源和思政育人融合发展，可以实现资源共享、优势互补，推动红色旅游与思政教育共同发展。因此，价值共创理论和共生理论可以用来解释数字化红色旅游资源与思政育人的融合发展。

2.1.1 价值共创理论

价值共创理论强调顾客与企业共同创造价值。价值共创本质上是抽象的过程，在经济学、管理学等研究领域，仍然是全新的研究视角。通过梳理文献可以看出，国内外研究者从不同角度和不同维度解构价值共创的内涵，认为价值共创是一个价值链，在链条上的所有利益相关者，均可以参与到价值的创造过程及价值创造的构思中,依托价值网络,利益相关者通过相互沟通和资源共享实现价值的共同创造和价值增值,然后利用有效的价值机制分配共同创造的价值。价值共创理论提供数字化红色旅游资源与思政育人融合发展的外生动力。

2.1.1.1 价值共创的概念界定

(1) 互动视角的价值共创内涵

从互动的视角出发,可以明确价值共创的概念,价值共创是体验共创的过程,消费者和组织通过价值链的节点之间的差异性互动共同创造价值。随着顾客体验成为营销领域研究的重点,价值共创也成为该领域研究的前沿和热点。同时,价值共创的研究视角发生了转向,从以往的管理和经济视角向服务主导逻辑视角转变。产品和服务的价值创造过程也从传统的组织单独创造转向组织和消费者共同努力创造。

(2) 客户导向逻辑的价值共创内涵

依托客户导向逻辑的角度,为了响应客户的个性化的需求,组织应该与客户合作,建立共同合作、信息交流的价值网络。社会经济的发展经历了两个阶段,一是商品经济发展阶段,二是产业经济发展阶段。而随着大数据的发展,经济发展也逐渐向体验经济和共享经济持续发展。体验经济和共享经济不断发展持续增强企业和消费者共同创造价值的趋势。在这样的背景下,价值共创理论研究和价值共创活动逐渐成为学术研究的前沿和重点。国际市场的不断繁荣,市场的供求关系也由传统单一的供给侧或者单一的需求侧,转变为供需关系平衡。企业和消费者的价值共创可以为企业的高质量持续发展提供强大的驱动力,同时满足消费者多样化的需求。价值共创存在于客户与组织之间的良性互动,客户贡献自己的需求,与组织沟通;组织合作开发和设计让客户满意的产品和服务,提升客户对产品和服务的价值感知和体验。

(3) 服务科学逻辑的价值共创内涵

基于服务科学逻辑的价值共创理论,认为价值共创的行为发端于差异化的服务生态系统,生态系统中的不同资源在共创过程中持续整合,同时系统中的服务不断进行交换。所以,在资源重新整合和分配的过程及服务的交换过程中,价值的互动能够实现价值共创。有研究以服务逻辑为研究视角,提出了基于服务逻辑的价值共创理论,认为价值共创本质是一个由不同主体构成的复杂网络,价值过程的实现则由网络中的各主体共同完成。另有研究从服务逻辑的维度,构建了价值共创理论体系,认为组织通常会在消费过程中创造一些潜在价值,消费者则会将这些潜在价值转化为真实价值，该过程被称为价值共创。而其他研究则从服务生态系统逻辑的角度阐释价值共创，该理论提出价值共创是价值网络要素资源的持续整合，同时在价值网络服务的交换中，价值共创通过服务交换的互动得以开展。本书提出了基于服务生态系统逻辑的价值共创理论，认为基于内外服务生态系统结合互动的价值共创视角进一步拓展到基于松散耦合的时空网络关系的更复杂的价值共创视野，其中价值共创活动主要是通过生产、服务和互动的系统和技术等因素的联动进行的。

在此基础上，价值共创理论持续得到完善，认为服务生态系统阐释下的价值共创是在社会制度和规范的框架下，各主体通过要素整合和互动活动共同创造价值。在国内，以服务导向为逻辑的价值共创理论应用于营销领域的研究，有学者将其应用于品牌价值共创的相关研究，通过定性研究（如访谈）和定量研究（如问卷调查）相结合的方法，分析出价值共创的重要维度，进一步检验了品牌价值共创的影响路径。

（4）消费者体验逻辑的价值共创内涵

从消费者体验逻辑的视角研究的价值共创理论，基于企业战略规划和参与竞争的微观视角，建构价值共创理论，应用于指导企业战略规划和竞争策略制定的企业实践活动。还有研究基于服务主导逻辑的角度，从宏观经济发展模式演进的视角，阐释价值共创理论，指出产品生产者、服务提供者和消费者等主体参与的价值共创活动主要发生在产品和服务的消费阶段。有的研究基于服务主导逻辑，从客户主导逻辑的视角解释了价值共创理论，指出价值共创活动既包括企业主体也包括客户主体，指出企业经营目标由传统的追求利润最大化转为保持企业经营业绩的持续增长；由纯粹的目的和结果导向转为兼顾结果导向和过程导向；聚焦将小企业的经营灵活性与大企业的规模优势相结合的重要性和可行性；提升企业管理意识，重视网络经营意识；企业经营也更加注重人性化管理。

2.1.1.2　价值共创的演进逻辑

价值共创理论中的演进逻辑源于企业与消费者之间价值共创的前提条件即互动，企业和消费者是价值共创的主体。在旅游领域中，价值共创的演进逻辑可以分为以下三个阶段：在产品主导逻辑阶段，旅游组织被视为唯一的价值创造者。通过提供附加值（如服务），可以提升实体产品的价值。旅游产品或服务作为价值的载体交付给游客，游客被动地接受产品或服务。在这个过程中，旅游产品处于主要地位，服务次之。在以消费者为主导的逻辑的阶段，旅游消费者的角色发生了根本性变化，从被动的接受者转变为价值的共同创造者，对旅游产品和服务的创新和提升起到了关键作用。在服务主导逻辑的阶段，价值是由游客和旅游组织共同创造的。游客成为合作生产者，并参与到价值的创造过程中，实现生产和消费过程的互相融合。

随着实践环境的变化，价值共创的演进逻辑也在不断发展。例如，随着网络经济的发展，价值创造的主体变得更加复杂，包括供应商、合作者等。此外，随着研究的深入，价值共创的视角也从二元关系扩展到更广泛的社会网络关系。总的来说，价值共创的演进逻辑是一个不断发展和深化的过程，反映了社会和经济的变迁。下面将对价值共创的三个阶段进行详细阐述。

（1）价值共创中以商品为导向的逻辑

从传统意义上来说，价值创造是指产品或者服务的提供商专注于提供有形商品的，以商品为导向的逻辑。在以商品为导向的逻辑下，产品始终处于中心，而与产品相关的服务则被认为是"次优"的产出。新古典经济学将其对价值的关注从中世纪哲学家的使用价值转向了交换价值，在交换价值中，目标交换单位的产出成为人们聚焦的热点和衡量国家财富的重要指标。提升社会财富积累的具有生产性的商品占据中心地位，而对国民财富没有贡献的非生产性服务则被定义为非商品产出，因此被认为是"次优"。在以商品为主导的逻辑下，产品提供商是价值创造中的关键参与者，消费者则是价值的实际使用者。工业化的持续发展，倒逼传统手工生产转向以标准化和专业化为特点的大规模生产，原材料或劳动通过固有的价值链在被逐渐生产成商品的过程中价值在不断增加。

以商品为主导的价值创造中，消费者的角色主要是企业生产出来的商品的接收者，没有实际参与产品的生产过程和活动，因此处于产品价值链系统之外的位置，消费者在消费产品以满足个人需求的过程中，产品的使用价值不断被消耗。此外，在以商品为导向的逻辑下，企业利用与消费者的信息差，任意操弄产品价格，获取经营业绩，提升企业利润和收益，导致顾客满意度下降。企业依据历史交易记录和描述性数据努力了解消费者的需求，同时利用信息不对称性，维护企业在信息上的优势，而消费者由于被抽离在生产过程之外，对产品的生产过程一无所知，对产品信息也是一知半解，无法做出明智的购买决策，消费者难以获得真正满意的产品，最终导致消费者满意度降低。

在以商品为导向的逻辑下，市场买卖双方所持有的资源和各种商品都变成了经营性资源，该过程的核心在于提高产品的价值，而不是将消费者的需求和感知作为价值创造的核心。随着市场交易的发展，原有的以商品和技术为中心的情况逐渐转向以知识和技能为中心的情况，消费者价值创造的逻辑也发生了新的变化。

（2）价值共创中以消费者为主导的逻辑

随着市场的不断变化和发展，在以消费者为主导的逻辑下，即在以需求为主导的市场环境下，消费者处于主导的地位，企业则成为价值创造的合作伙伴。国外有学者在研究中指出：在以消费者为主导的逻辑下，研究者需要充分考虑服务的使用价值、服务的体验和服务的场景三个要素，因为这三个要素组成了服务价值创造的过程。在此基础上，通过联系消费者的日常消费实践，研究者进一步提出：虽然企业和消费者是价值共创的主体，但是企业生产服务的过程和消费者使用服务的过程是相对独立的。

在以消费者为主导的逻辑下，消费者体验发挥着重要的作用，是实现价值创造的关键途径。消费者体验产品或者服务的过程，从本质上来说是全面利用企业提供的资源和技术，消费者依托自身所具有的相关知识及主观经验，结合当时所处的具体情境，通过消费者体验，共同创造价值的过程。在以消费者为主导的逻辑下，消费者在价值共创的过程中发挥着主要作用，更倾向于以自己需求为依托，获取满意的体验过程，进而构建身份认同，并在此基础上，提升对企业产品和服务的依赖程度，进而增强产品黏性和品牌忠诚度。

在以消费者为主导的逻辑下，消费者的关注点聚焦因为消费而产生的关系互动上，产品的使用价值逐渐淡化，转为产品的联结价值，消费者社区成为实现消费者联结价值的重要途径，对消费者体验情感和消费者行为都会产生影响。消费者会根据共同的联结价值或者共通情感构建社区网络，主动参与产品的生产、研发、设计，互相交流使用体验并根据自身体验对提升产品的使用价值提出改进建议。消费者社区的各种活动可以有效地增强企业与消费者之间的联系，改善两者关系，增强消费者对品牌的忠诚度；消费者体验能够作为划分细分市场的标准，企业可据此为客户量身定做产品，是企业获取利润的重要途径。

在以消费者为主导的逻辑下，消费者可以依据各自不同的日常习惯等方面，通过使用叙事分析框架，自愿把自身形象设计、活动目标和自身的价值主张、生活规划等与企业提出的价值主张相匹配，创造性地设计和构思能够提供更高满意度的产品，这么做的主要目的是在产品中加入消费者自己的价值观和价值主张，使产品对于消费者自身而言更具有象征意义。此外，消费者处于特定的消费场景和社会文化，通过将产品赋予个性化的象征意义，消费者的角色发生了转化，即从传统的一般产品或服务的使用者转化为产品生产的参与者。同时，在消费社区中，消费者之间的交流互动及消费者的评论都构成了价值共创的一部分。通过消费代理活动，企业实际生产与消费者的预期之间的差距逐渐缩小，企业员工通过与消费者的沟通，对于消费者的需求更加了解，并依据消费者的实时需求，设计新产品的研发思路和营销策略。

除此之外，在消费者主导逻辑下发生的消费抵制也能够成为价值共创的路径。消费者通过更改产品或者服务的结构或者内容、提升产品的使用方式，努力挣脱企业的操纵和控制，最终在产品中建构自身身份辨识，从而提升消费体验和消费者满意度。与此同理，企业在追逐细分市场利润的时候也要估计部分消费者的另类需求，这样做可以帮助新产品更精准地定位市场，营销目标人群。

（3）价值共创中以服务为导向的逻辑

以服务为导向的逻辑破除了传统企业与消费者之间简单的互动关系，提出价值并非由企业单独创造，强调在价值创造过程中，企业和消费者作为价值创造主体均参与其中，参与价值创造的主要途径是利用价值网络，多方主体进行资源整合，从而共同创造价值。以服务为导向的价值共创根据发展阶段可以划分为发展初期的以服务为导向的逻辑、服务科学和近期发展产生的服务生态系统的价值共创。以服务为导向的价值共创以服务为基础。以产品为导向的工业经济时代，服务被认为是无形产品，并且在价值创造中处于次要的位置，但是在新经济日益发展的时期，单一的产品不能够满足消费者日益多样化的需求，因此为了满足消费者对产品的个性化需求，以服务为导向的逻辑要求产品不能独立存在，应该成为企业向消费者传递服务的载体，向消费者提供情境价值。因此，国外学者的研究重新定义了"服务"的概念，认为服务是过程，新经济的本质就是服务经济，服务经济要求多元主体共创价值，而价值共创的基础就是以服务交换服务。

在以服务为导向的逻辑下，价值网络中的资源是价值共创的载体。相较于聚焦自然资源禀赋和物质资源等对象性资源的商品主导逻辑，以服务为导向的逻辑聚焦于服务（工具性资源），以服务为导向的逻辑认为服务与服务的交换是价值网络上利益参与者的价值共创的过程，在此过程中，服务的作用在于工具性资源的利用与交流，价值创造主体通过对特定对象资源使用工具性资源，同时整合社会上现有的资源，在价值网络体系中，所有的利益参与者共同发挥作用，旨在提供具有差异化竞争优势的服务。

2.1.1.3　价值共创的影响因素

从总体上来看，价值共创影响因素的研究分析视角可分为企业视角和消费者视角。

（1）企业视角下价值共创影响因素的分析

基于企业视角的价值共创影响因素的分析，其研究内容主要包括企业的价值导向、企业管理的创新、企业资源和能力的升级等。从资源视角或消费者视角的研究指出价值共创关键影响因素是企业内部的资源和能力所形成的整合。基于企业和消费者共同视角，国内有学者阐释了价值共创过程中各参与者发挥影响的机制。通过采集互联网企业、电子商务企业、文创企业的数据，对价值共创的过程和作用机制进行研究，结果表明企业的组织能力是获取消费者需求的主要途径。企业的组织能力主要涉及企业的核心竞争力、企业开发信息技术能力及企业整合资源的能力，目的是帮助企业获得消费者的个性化需求，然后将这些个性化需求进行提炼和归纳，使其成为细分市场的普遍需求，并利用这些共通的需求影响消费者的感知，提高消费者对企业和产品的忠诚度和对品牌的信任度，最终提升价值共创的绩效。该研究结果指出企业的组织能力和消费者的价值感知是影响价值共创的两个因素，它们会对价值共创产生显著的正向影响。此外，通过分析国内企业的案例，发现在企业发展和决策制定的关键时期，例如在企业需要精准分析市场需求的阶段，以及开发和营销新产品的阶段等，企业挣脱现有资源束缚的能力和创新管理模式的能力都会显著影响价值共创的活动与过程。

在某种关系互动的场景中，企业可以利用场景中的具体线索引导消费者，据此提升消费者价值共创的意愿。随着大数据和信息技术的发展，平台和技术成为企业互动的主要场景，并有效提升与消费者价值共创的能力。选定中国市场为研究对象，有研究详细阐释了企业和消费者的价值共创和企业获得竞争优势的影响因素，指出价值共创的效果及企业竞争优势等会受到以下因素的显著影响：例如，企业利用平台进行信息交互的能力，价值共创参与者形成的价值共创网络和由企业搭建，企业和消费者参与的平台的信息交互流畅性。在此基础上，聚焦于企业搭建，企业和消费者参与的社交媒体互动场景阐释了其对价值共创的影响，提出企业有责任构建全球化的数字互动平台的观点。

（2）消费者视角下价值共创影响因素的分析

我们还可以从消费者的角度阐释可能影响价值共创的因素。通常聚焦于消费者感知、消费者情感、消费体验、互动行为及消费者心理特征等。将企业和消费者之间的互动行为划分为从企业角度开展的互动及从消费者角度开展的互动。企业主导的互动主要包括企业与消费者之间的互动及企业与企业之间的互动,在这两种互动活动中,企业与消费者之间的互动是价值共创的重要途径之一。从消费者角度开展的互动研究认为,此类互动主要涉及消费者与消费者之间的关系互动、消费者与信息平台之间的互动、消费者与社交媒体之间的互动、消费者与产品服务互动等方面。此外,对价值共创过程中参与主体的互动行为进行的研究指出,影响企业营销策略的因素之一是个体之间的互动行为,随着互联网的广泛使用,个体之间的互动从传统的面对面的方式转为通过平台进行人际互动。在以服务为导向的逻辑及价值共创大幅发展的背景下,对互动的研究成为学界的热点和前沿,互动成为价值共创网络体系的动力机制。学者们纷纷对消费者互动行为所引起的价值共创进行了阐释,并建议对此继续加大研究力度,进行深度探索。

在消费者互动行为所引起的价值共创的研究方面,学者指出此类型的互动发生在价值共创过程中各参与主体之间的互动是主体之间具有社会性的、持续发生的、动态性的互动。国内学者在充分分析价值共创过程中具体的特征后,进一步划分消费者互动类型,创新性地提出了情境互动、人际互动和仪式互动三种类型。但是,国内外学界并未对消费者互动类型形成统一的意见。同时,消费者互动类型的分类涉及互动的内容,因此类型的分类也随着研究内容不同而产生差异。虽然互动类型的分类并未形成共识,但是研究者们认为此类型互动具有一致的目标,互动是为了价值共创,利益主体均需要参与价值共创的过程。进一步地,研究结果提出为了更好地实现企业与消费者之间的价值共创,需要建立企业与消费者价值共创互动行为的协调机制,这主要是因为在通常情况下,企业与企业员工及消费者之间的互动主要基于消费场景,这种互动行为属于浅表式的交流,价值共创则需要各参与方深度参与产品的设计和生产过程,这种互动是深层次的双向互动或者多项互动,因此需要价值共创的多元主体积极主动参与,而对价值创造真正产生重要影响的是各主体间的高度双向互动,因此建立互动机制可以保障互动行为的有效性,提升价值共创效果。

在价值共创中消费者感知和消费体验影响研究方面,大多数研究更加关注消费者行为、消费者个体特征和消费者角色所产生影响的分析和阐释。基于认知—情感—行为的逻辑进行分析,消费者认知是消费者参与价值共创的决定性因素,而消费者在使用产品或者服务之后所产生的感知和体验又反过来强化消费者的行为。在参与价值创造的过程中，消费者对价值共创的参与度受到消费者自身情感和角色的显著影响。在价值共创的过程中，企业和消费者都参与了产品的设计和生产的过程：企业提出主张，消费者根据自身的经验和认知提出相关改进意见，最终实现互惠互利的价值共创。因此，可以说消费者与企业的互动过程就是消费者与企业的价值共创活动。

2.1.1.4　价值共创理论视角下融合发展的外生性动力

（1）价值共创理论内涵解释融合发展的动力

通过对价值共创理论内涵的梳理，可以看出以服务生态系统为导向的价值共创理论契合我国目前数字化红色旅游资源与思政育人融合发展的现实，所以此类研究逐渐成为我国价值共创研究领域的前沿。以服务生态系统为导向的价值共创理论的应用场景主要是经济发展和路径演化，这主要是因为以服务生态系统为导向的价值共创理论聚焦于价格共创过程的动态性、系统性和网络价值。该理论认为在价值共创活动的过程中，重点应放在开放互动、融合发展、需求导向、关系协调，以及制度和社会规范上。价值共创的系统性体现在关系互动层面，关系互动的系统性是价值共创理论的基础结构。

以服务生态系统为导向的价值共创理论契合我国目前数字化红色旅游资源与思政育人融合发展的现实主要是因为：首先，数字化与红色旅游融合发展本质上是经济发展和路径演化的问题；其次，旅游产业链涉及多个利益参与者，各利益参与者之间的作用关系呈松散耦合的网状结构，因此与以服务生态系统为导向的价值共创理论相适配，以服务生态系统为导向的价值共创理论无论在理论发展前沿，还是现实问题的解决都与数字化与红色旅游融合发展相契合。

价值共创中以消费者为导向的逻辑可以很好地解释数字化红色旅游资源与思政育人融合发展。在这一逻辑下，思政教育者（教师）和思政受育者（学生）均作为游客和红色旅游资源的消费者，其需求和期望成为推动融合发展的关键因素。

首先，师生作为消费者，对红色旅游资源有着特定的需求和期望。数字化技术使师生能够更加方便地获取红色旅游资源的信息，并对其进行筛选和个性化定制。通过数字化手段，师生能够更加深入地了解红色历史和文化，并获得更加丰富和深刻的体验。这种体验不仅满足了思政育人的需求，还进一步提升了师生对红色旅游资源的认知和情感认同。其次，在价值共创中以消费者为导向的逻辑下，师生作为消费者共同参与到红色旅游资源的开发和推广中。通过分享自己的故事和体验，为红色旅游资源注入新的价值；通过创新教学方式和内容，为红色旅游资源与思政育人的融合提供新的思路和方法。这种互动和合作使红色旅游资源和思政育人得以相互促进、共同发展。最后，从以消费者为导向的逻辑视角出发，思政育人者和思政受育者都与红色旅游资源开发者展开了积极的互动。思政教师将红色文化融入课程内容，利用红色旅游资源为学生提供生动、具体的教学案例，引导学生深入理解红色精神的内涵。同时，学生作为思政受育者，通过参与红色旅游活动，亲身感受革命历史的厚重，增强爱国主义情感和民族精神。红色旅游资源开发者则根据思政教育的需求，有针对性地开发红色旅游产品，提供丰富的教育素材和实践平台。

价值共创中以消费者为导向的逻辑为数字化红色旅游资源与思政育人融合发展提供了有力的理论支撑和实践指导。在这一逻辑下，师生作为消费者的需求和期望成为推动融合发展的关键因素，数字化技术则为其提供了实现的基础和可能，红色旅游资源开发者则根据师生的需求，提供红色旅游资源与思政育人融合发展所需的产品和平台。三方之间的这种互动，不仅推动了红色旅游资源的有效利用，也促进了思政教育的创新发展，共同为实现中华民族伟大复兴的中国梦贡献力量。

（2）价值共创的演进逻辑对融合发展的解释

价值共创中以服务为主导的逻辑可以用来解释数字化红色旅游资源与思政育人融合发展。在以服务为主导的逻辑下，关注点在于为消费者创造和交付价值，强调消费者参与和合作生产。对于数字化红色旅游资源与思政育人的融合发展，以服务为导向的逻辑主要体现在：第一，增强用户体验：数字化技术可以提供更为个性化、互动性强的红色旅游体验。通过虚拟现实、增强现实等技术，师生可以沉浸在历史场景中，获得更为真实、深入的体验。这种体验不仅提高了师生的兴趣和参与度，还有助于他们在情感和认知层面与红色文化产生共鸣。第二，创新服务模式：数字化技术推动了红色旅游服务模式的创新。例如，通过移动应用、社交媒体等平台，师生可以更方便地获取信息、规划行程、分享体验。这不仅提升了师生的满意度，还为红色旅游资源的推广和传播提供了新的渠道。第三，深化思政教育：思政教育者可以利用数字化技术提供的互动性和沉浸感，创新思政教育的方式。例如，通过虚拟现实技术，学生可以在模拟的历史场景中亲身体验，这比传统的课堂讲授更为生动有力。这种体验式的学习有助于学生更深入地理解和认同红色文化，提升思政教育的效果。第四，促进共同参与：数字化技术降低了参与门槛，使更多的人可以参与到红色旅游资源的开发和推广中。通过在线平台和社交媒体，每个人都有机会成为价值的共同创造者，为红色旅游资源注入新的活力。

价值共创中以服务为导向的逻辑为数字化红色旅游资源与思政育人融合发展提供了有力的理论支撑和实践指导。在这一逻辑下，数字化技术作为一种服务手段，有助于提升游客和思政教育者的体验、参与度和价值共创。

（3）价值共创的影响因素对融合发展的影响

价值共创的消费者影响因素和企业影响因素在数字化红色旅游资源和思政育人融合中起着至关重要的作用。从消费者角度来看，影响因素主要包括需求满足、参与动机和价值感知。当游客认为数字化红色旅游资源能够满足其学习、体验和社交需求时，他们会更加积极地参与其中，并产生情感共鸣。游客的参与动机也影响着价值共创，他们可能出于对红色历史的兴趣、对思政育人的认同或者对创新的追求而参与其中。此外，价值感知也是影响消费者参与价值共创的重要因素，游客对于数字化红色旅游资源和思政育人融合的满意度和评价直接影响着他们是否愿意继续参与。

从红色旅游资源开发者角度来看，影响因素主要包括资源投入、创新能力、品牌形象和组织文化。红色旅游资源开发者在数字化红色旅游资源和思政育人融合中的资源投入，如技术、人力和资金等，是实现价值共创的基础。同时，红色旅游资源开发者的创新能力可以激发消费者的参与热情，对于推出具有吸引力的产品和服务至关重要。品牌形象和组织文化也影响着价值共创的效果，红色旅游资源开发者的品牌形象是否与红色旅游和思政育人的定位相符，以及组织文化是否鼓励开放、合作和创新，都影响着消费者对于红色旅游资源开发者及其产品的认知和评价。

消费者影响因素和红色旅游资源开发者影响因素在数字化红色旅游资源和思政育人融合中的共同作用影响着价值共创的效果。红色旅游资源开发者需要深入了解消费者的需求和心理，提供有针对性的产品和服务，同时注重自身的资源投入、创新能力、品牌形象和组织文化建设，以促进数字化红色旅游资源和思政育人融合的价值共创。

综上所述，价值共创理论在解释数字化红色旅游资源与思政育人融合中，强调了参与者之间的互动与合作，解释了两者融合的外生性驱动力。在数字化背景下，红色旅游资源的呈现方式得以拓展，思政课教师和学生的参与度也大大提高。通过数字化手段，师生作为消费者和游客既可以更深入地了解红色旅游资源的背景和意义，也可以通过互动和分享，共同创造和实现价值。

在红色旅游资源与思政育人的融合过程中，价值共创理论体现在多个方面。首先，数字化技术提供了丰富的互动体验，使思政育人主体能够更加深入地了解红色历史和文化，从而增强他们的思政意识。其次，通过线上与线下互动，师生以消费者的身份参与到红色旅游资源的开发和推广中，实现资源共享和优势互补。最后，数字化技术也促进了作为游客的思政教师和学生与红色旅游资源开发者之间的交流和互动，使得他们能够更加深入地了解彼此的观点和想法，进一步促进价值共创。

因此，价值共创理论为数字化红色旅游资源与思政育人融合提供了重要的理论支撑和实践指导。通过价值共创，我们可以更好地实现红色旅游资源和思政育人的有机融合，推动红色旅游和思政教育共同发展。

2.1.2　共生理论

基于共生理论演化的数字化红色旅游资源与思政育人融合的内生逻辑主要体现在共生单元的相互依存、共生环境的互动融合、共生模式的协同进化及共生机制的自我完善等方面。通过这些方面的相互作用和演化，数字化红色旅游资源和思政育人得以实现深度的融合发展，共同推动红色文化传承和思政教育的进步。

2.1.2.1　共生的概念界定

共生的概念由生物学家德贝里率先提出，根据生物学研究的特点，共生的最初定义为不同物种之间形成某种物质联系共同生存、进化或抑制的关系。随着共生理论的不断发展，共生理论的应用场景早已跨越生物学的领域，无论在管理学、经济学、社会学还是哲学等领域，共生理论都具有一定的理论和实践的指导意义。在国内，有学者提出共生是在一定的共生环境中，共生单元之间按某种共生模式形成的关系。在关系形成的过程中，主要有以下三个要素发挥关键的作用：共生单元、共生模式和共生环境。其中，共生单元是关系形成过程中的基础，共生模式是关系形成过程中的关键，共生环境则为关系形成提供必需的外部条件。在自然界中，共生是自发形成的，且具有宏观有序的特点，是具有共生特性的个体为了寻求生存自发形成的行为。

共生单元的定义是共生体或共生关系形成所需的基本能量生产和交换单位，是共生关系形成的基础。比如，一个家庭的共生单元是家庭中的每一位成员，一个产业的共生单元是该产业中的每一家企业。共生环境是指共生单元所处的外部环境条件，自然界中的共生环境比比皆是，如空气、水等；在社会环境中也存在共生的现象，如经济、文化或者企业等，研究表明共生环境会对共生单元的发展产生正向或者负向的显著影响。共生模式是指共生单元互动或结合的方式及形式，反映了单元之间的信息流动和能量转换特点。学界普遍认为共生模式可分为共生组织模式和共生行为模式。共生组织模式反映了共生的组织程度，共生行为模式则反映了一种行为方式。共生组织模式包括点共生、间歇共生、连续共生和一体化共生。共生行为模式包括寄生、偏利共生、非对称互惠共生、对称互惠共生。

20 世纪 50 年代，学者将共生理论引入国内，随后将其应用在管理学和经济学领域的研究中，研究结论指出共生单元之间最常见的行为模式包括：

1）寄生模式。这是最典型的一种共生模式，存在寄生关系的两方中，一方受益，另一方受损，且总收益不发生改变。

2）偏利共生模式。在该模式下产生的所有收益由一方获得，另一方不受损，但因为获利方占少数，因此该模式一般很难维持。

3）非对称互惠共生模式。该模式下共生单元之间以分工为基础，产生的收益归两方所有，但收益分配是非对称的。但并非共生关系都只是双边的交流，多边交流也广泛存在，包括物质、信息和收益等多方面的交流。由于分配的不对称性，导致共生关系下的每个单元无法同步发展。

4）对称互惠共生模式。这种共生形态是最为理想的，因为这种共生关系是最为稳定和有效的。共生存在的基础同样是分工和合作，这能够使共生双方产生共同的收益，并且在该模式下产生的所有收益，均按对称性原则进行分配，即每个共生单元都有同等的收益机会，若共生关系中交流为多方的，还会大大增加收益并降低共生成本。这种模式的风险也是最大的，因为一旦共生界面发生变化，这种共生模式的稳定性必然发生改变。共生理论强调的是一种新型合作关系，而这种合作关系包含了两方的相互竞争甚至冲突，即在竞争中谋合作，在冲突中谋发展的新关系；共生关系一旦建立，也就意味着同一界面下的每一个共生单元都不可能达到一种很高的水平；共生是一种途径，帮助共生单元找准自我定位；共生理论强调对彼此的充分尊重和理解，包括但不限于文化、风俗习惯、种族、宗教信仰，并使自身的共享领域进一步扩大。

2.1.2.2　共生理论在旅游领域的应用

共生理论在旅游领域有广泛的应用，主要涉及旅游开发、旅游管理、旅游规划等方面。以下是共生理论在旅游领域的一些具体应用：区域旅游合作、旅游景区管理、旅游目的地建设、旅游资源保护与开发、旅游产业融合及旅游可持续发展。在旅游资源的保护与开发过程中，运用共生理论可以平衡经济效益和生态保护之间的关系，实现旅游资源的可持续利用。通过科学规划和管理，可以促进旅游业与生态环境的和谐共生。共生理论有助于推动旅游业与其他产业的融合发展，形成新的业态和经济增长点。例如，旅游业与农业、文化产业、体育产业的融合，可以促进产业的协同创新和升级转型。共生理论为旅游业的发展提供了重要的理论支撑和实践指导。通过应用共生理论，可以实现旅游领域的协调和可持续发展，提升旅游业的社会效益和经济效益。

（1）共生理论在区域旅游合作中的应用

共生理论为区域旅游合作提供了理论基础，通过促进地区之间的互利共生，可以实现旅游资源的优化配置和整体发展。在区域旅游合作中，各方应遵循共生原则，消除恶性竞争，共同制定发展规划，实现互利共赢的目标。从宏观的角度来看，旅游业的快速发展使各旅游地区意识到在相互竞争的同时，应有适当的相互合作。因此，加强区域之间的共生合作已成为区域旅游发展的必经之路。而共生理论在区域合作及整合资源方面的应用已引起学者们的兴趣，并且成为较流行的问题。共生是一种在旅游地区内和区际达成合作的经营方式，其必要的条件是参与者的自主意识，共生是面对全部的（或者部分的）两个目标，即市场预想中的目标和总体来讲的经营之后想要实现的一个结果。而最终我们想要实现的是，这样的一种共生是能够产生剩余的。旅游共生思想最占优势的一点是其打破了竞争观念的局限，使得参与者能够通过在价值链等各环节进行合作，最终达到共赢。

（2）共生理论在旅游景区管理中的应用

共生理论首先可以帮助旅游景区实现资源、设施等方面的共享，从而降低成本，提高效益。同时，共生理论可以协调景区与当地居民、企业、政府等相关利益方的关系，促进各方和谐共生，提升旅游景区的综合效益。

旅游业要健康发展，就需要全方位地分析与利益相关联的问题——政府、当地社区、旅游人士、非政府组织、学术界及有关机构、多媒体、多方面的援助机构等相关因素，社区居民和游客等主体的参加是旅游业可以很好发展并且壮大的根本原因之一，所以旅游业到底能不能达到可持续发展的水平，关键还是要看各方面的利益能不能得到完美的调和。

（3）共生理论在旅游资源保护和开发研究中的应用

如何保护和开发旅游资源是一个永恒的课题。而如何应对不同旅游资源的保护和旅游的加速发展等难题，政府和学者们至今还没有更好的应对方法。在旅游资源的保护与开发过程中，运用共生理论可以平衡经济效益和生态保护之间的关系，实现旅游资源的可持续利用。通过科学规划和管理，可以促进旅游业与生态环境的和谐共生。

（4）共生理论在旅游目的地建设中的应用

共生理论在旅游目的地建设中有着重要的应用。首先，共生理论为旅游目的地建设提供了新的思路。传统的旅游目的地建设往往只关注单个旅游目的地的需求和特点，而忽略了与其他地区的竞争与合作关系。然而，共生理论强调区域间的合作与共赢，认为不同地区可以通过合作实现资源共享、客源互换，从而提升整个区域的竞争力。其次，共生理论有助于推动旅游目的地的创新发展。在竞争激烈的旅游市场中，旅游目的地需要不断创新以吸引游客。共生理论鼓励不同地区之间进行知识、技术、人才等方面的交流与合作，共同研发新产品、新服务和新业态，提升整个区域的创新能力。再次，共生理论有助于提升旅游目的地的品牌形象。通过与其他地区的合作，可以共同打造具有特色的旅游品牌，提升整个区域的知名度和美誉度。例如，可以联合推出旅游线路、举办大型活动、加强宣传推广等，以提升整个区域的品牌形象和市场影响力。最后，共生理论还有助于优化旅游目的地的资源配置。不同地区之间的资源禀赋和优势各不相同，通过共生理论的应用，可以实现资源的优化配置和互补性利用，避免资源的浪费和重复建设。例如，可以共享旅游基础设施、交通网络、人才等资源，降低成本、提高效益。

共生理论在旅游目的地建设中具有广泛的应用前景。它可以为旅游目的地建设提供新的思路和路径，促进区域间的合作与共赢、创新发展、品牌形象建设和资源配置优化等方面的发展。

（5）共生理论在旅游产业融合中的应用

共生理论在旅游产业共生中也有着重要的应用。首先，共生理论为旅游产业提供了新的发展思路。传统的旅游产业往往只关注自身的利益，而忽略了与其他产业的合作关系。然而，共生理论强调不同产业之间的相互依存和共同发展，认为不同产业可以通过合作实现资源共享、优势互补，从而提升整个产业的竞争力。其次，共生理论有助于推动旅游产业的转型升级。随着经济和社会的发展，人们对旅游的需求不断升级，这就要求旅游产业不断进行创新和转型升级。共生理论鼓励不同产业之间进行交叉融合和创新，形成新的业态和商业模式，从而推动旅游产业的转型升级和高质量发展。再次，共生理论有助于提升旅游产业的可持续发展能力。旅游产业是一个资源消耗较大的产业，需要不断优化资源配置和提升可持续发展能力。共生理论强调生态环境、社会文化和经济利益之间的平衡与协调，可以帮助旅游产业实现可持续发展，促进经济、社会和环境的和谐共生。最后，共生理论还有助于优化旅游产业的营商环境。通过与其他产业的合作，可以共同打造良好的营商环境，吸引更多的投资和优质企业入驻，从而推动旅游产业的快速发展。共生理论也可以协调各利益相关方的关系，减少矛盾和冲突，为旅游产业的健康发展提供保障。

共生理论在旅游产业中具有重要的应用价值。它可以为旅游产业提供新的发展思路、推动产业转型升级、提升可持续发展能力和优化营商环境等。通过应用共生理论，可以促进旅游产业的健康可持续发展，为人们提供更好的旅游服务和体验。

（6）共生理论在旅游可持续发展中的应用

共生理论在旅游可持续发展中也有着重要的应用。首先，共生理论为旅游可持续发展提供了理论支持。旅游可持续发展强调旅游发展与环境保护、社会文化传承等方面的协调和平衡，这与共生理论的核心理念相契合。通过应用共生理论，可以更好地理解和处理旅游发展中的各种利益关系，促进旅游与环境、社会的和谐共生。其次，共生理论有助于推动旅游产业的绿色转型。在可持续发展的背景下，旅游产业需要不断降低对环境的负面影响，实现绿色转型。共生理论鼓励旅游产业与其他产业进行合作，共同研发环保技术，推广绿色理念和产品，促进资源的节约和环境的保护，推动旅游产业的绿色转型和升级。再次，共生理论有助于提升旅游目的地的社会文化价值。旅游可持续发展不仅关注经济的增长，还强调社会文化和环境的保护与传承。共生理论可以帮助旅游目的地更好地挖掘和利用当地的社会文化资源，提升旅游目的地的文化内涵和特色，促进文化传承和创新。最后，共生理论还有助于构建旅游可持续发展的保障机制。通过与其他相关产业的合作和协调，可以共同制定和实施可持续发展的政策和措施，建立有效的监管机制和利益共享机制，保障旅游产业可持续发展的顺利进行。

共生理论在旅游产业可持续发展中具有广泛的应用前景。它可以为旅游可持续发展提供理论支持，推动旅游产业的绿色转型，提升旅游目的地的社会文化价值和构建保障机制。通过应用共生理论，可以更好地实现旅游的可持续发展，促进经济、社会和环境的和谐共生。

2.1.2.3　共生理论视角下数字化红色旅游资源与思政育人融合发展的内生逻辑

共生理论视角下，数字化红色旅游资源与思政育人融合发展的内生逻辑主要体现在以下几个方面：

第一，相互依存与共同发展。数字化红色旅游资源和思政育人之间存在相互依存的关系。红色旅游资源为思政育人提供了丰富的教学素材和实践场所，而思政育人的推进也有助于更好地挖掘和传播红色旅游资源中的文化内涵和价值。两者之间的融合，旨在实现共同发展，实现共赢的目标。

第二，资源共享与优势互补。数字化技术的应用使红色旅游资源得以更广泛地传播和共享，同时为思政育人提供了更生动、立体的教学方式。通过资源共享和优势互补，数字化红色旅游资源和思政育人可以相互促进，形成互惠互利的共生关系。

第三，创新驱动与协同进化。数字化红色旅游资源和思政育人之间的共生关系应该是协同进化的模式。在这一模式下，双方应积极探索创新路径，共同推进红色文化传承和思政教育的改革与创新。通过创新驱动，双方可以实现更深度的融合发展，提升红色文化传承和思政教育的整体水平。

第四，在动态平衡与适应性调整共生过程中，数字化红色旅游资源和思政育人之间的关系处于不断的变化和发展中。双方应保持动态平衡，不断适应外部环境的变化和挑战，调整共生策略和方式，以实现长期稳定的共生关系。

通过以上四个方面的内生逻辑分析，可以明确数字化红色旅游资源和思政育人融合发展的关键要素和方向。在共生理论的指导下，双方应加强资源共享、创新驱动和动态平衡等方面的合作与协调，共同推动红色文化传承和思政教育的持续发展。

2.2　国内外研究现状

2.2.1　红色旅游资源研究

国内外学术界对于红色旅游资源的研究呈现多元化的态势。这些研究不仅为红色旅游业的发展提供了可靠的理论支持和实践指导，也为推动文化旅游的发展和保护提供了一定的理论和实践基础。

2.2.1.1　国内研究现状

红色旅游资源已成为中国旅游文化的重要组成部分，国内学者对红色旅游资源的研究呈现多样化的态势，主要集中在红色旅游资源的类型和属性、红色旅游资源的开发和管理、红色旅游资源与文化传承、红色旅游资源与世界遗产等方面，为红色旅游业的发展和完善提供了理论和实践基础。红色旅游资源具有多种类型和属性，包括革命历史纪念馆、纪念碑、革命遗址、革命纪念园、革命文物等。此外，红色旅游资源还具有极为丰富的文化内涵和历史背景。红色旅游资源的开发和管理问题与旅游业的可持续发展密切相关。目前，学者们主要关注红色旅游资源的开发模式、旅游产品设计、营销策略、旅游环境建设、管理机制等方面的问题，以消除旅游资源利用中可能蕴藏的隐患和问题，提升红色旅游的附加值。红色旅游资源对中国文化传承具有重要的意义。学者们对红色旅游资源与文化传承的关系进行了深入的探讨，包括红色旅游资源的价值识别、文物保护、教育传承、知识创新等方面，以推动中国文化的传承和发展。红色旅游资源和世界遗产之间存在着一定的交叉，学者们认为，红色旅游资源应充分利用世界遗产认证的契机，进一步提升红色旅游资源的价值指数和创新点，促进旅游业的可持续发展。

同时，研究者对游客在旅游过程中的主观体验进行了分类，包括红色旅游文化资源的体验。研究发现，游客很关注红色旅游景点的文化价值和历史意义，在评价中强调了对于这种旅游资源的认知和体验。有研究者比较了具有游客点评功能的四个主要网站，即驴妈妈旅游网、同程旅行、马蜂窝、携程旅游，发现红色旅游景点在这些网站上得到的关注度非常高。游客们往往会通过点评表达他们对于这些景点的情感和认知。也有研究者分析了中国红色旅游业的发展现状，并探讨了红色旅游业的创新化发展路径。研究表明，在未来的红色旅游业中，需要注重开展多样化的旅游活动、开发丰富的旅游产品、提升服务质量水平等。还有研究者探讨了中国红色旅游作为文化遗产旅游的重要意义。研究表明，红色旅游资源是中国本土独有的旅游资源，具有多重的文化和历史价值，对于传承中华文化及提升中国旅游业的国际影响力具有重要的作用。

2.2.1.2　国外研究现状

红色旅游资源已成为国际旅游业的研究热点之一，国外学者对于红色旅游资源的研究主要集中在红色旅游资源的历史文化价值、经济价值、开发和管理、国际比较研究等方面，为国际红色旅游业的发展和完善提供了理论支持和实践启示。国外学者普遍认为，红色旅游资源具有不可替代的历史文化价值，具有教育意义、传承意义和研究意义。学者们主要关注红色旅游资源的文化内涵、历史背景和意义，以提升旅游文化价值。学者们认为，红色旅游资源可以为地方经济带来显著的经济效益和旅游收益，主要关注红色旅游资源的经济利益、产业链构建、旅游业的作用和地方经济的发展等问题。学者们关注红色旅游资源的开发和管理问题，包括旅游产品开发、营销策略、管理机制、环保标准等方面，以保证旅游资源的合理利用及其保护和可持续发展。学者们比较研究了中国和其他国家的红色旅游资源差异和各自价值，以推动国际红色旅游业的发展，同时，也探讨了红色旅游资源对于国家形象建设和文化传承的作用。

2.2.2　数字化赋能红色旅游资源研究

2.2.2.1　国内研究现状

2016 年，国务院出台的《"十三五"旅游业发展规划》明确提出了信息化与旅游业相结合，促进旅游信息化的快速发展，是新的生产力和发展方向。许多地区将旅游业作为战略支柱产业和经济高质量发展的重要引擎。2018 年由中共中央办公厅和国务院办公厅共同发布的《关于实施革命文物保护利用工程（2018—2022 年）的意见》提出，建立革命文物大数据库，推进革命文物资源信息开放共享，为红色资源的数字化管理、修复、研究提供基础支撑。2021 年 12 月由国务院印发的《"十四五"旅游业发展规划》强调了旅游业作为国民经济战略性支柱产业的地位，并提出了创新驱动发展战略，还提到要加快推动大数据、云计算、物联网、区块链及 5G、北斗系统、虚拟现实、增强现实等新技术在旅游领域的应用普及，以科技创新提升旅游业发展水平。大力提升旅游服务相关技术，增强旅游产品的体验性和互动性。因此，推动新一轮科技革命和产业变革深入发展，将深刻影响旅游信息获取、供应商选择、消费场景营造、便利支付及社交分享等旅游全链条。要以科技创新提升旅游业发展水平，包括红色旅游。这些政策共同构成了中国红色旅游数字化发展的顶层设计，不仅推动了红色资源的保护和传承，也为红色旅游产业的创新发展提供了政策支持和方向指引。通过数字化手段，红色旅游资源得以更好地服务于公众教育、旅游体验和地方经济发展，进一步激发了红色旅游的活力和潜力。

国内的相关研究大致可分为以下三个方面：一是红色旅游资源数字化开发、

整合和保护。胡潇文等（2022）利用数字赋能手段，从供需层面提出新时期红色旅游资源开发的路径；吴志才等（2021）以平台思维为引领，通过整合和盘活红色旅游资源，形成资源共享共生的"数字生态圈"；李伯华等（2022）基于信息空间理论，构建了红色旅游资源数字化信息空间模型，并据此推出保护技术路径，保证红色旅游资源活态化发展；麻钱钱和卢丽刚（2019）基于大数据背景，以高铁沿线红色旅游资源为研究对象，剖析了发展问题，并提出了融合创新策略。二是红色旅游数字化宣传。红色旅游宣传的研究大多是内宣方面，杨明珠（2019）提出在"数字中国"建设背景下，应注重网络传播数字化，打造红色文化网络传播阵地；谢忠强（2021）认为需搭建虚拟旅游平台，对山西抗战文化资源进行数字化推广、传播，促进红色旅游高质量发展。随着我国文化自信的增强，红色旅游外宣工作正在提上日程，张艳和杨识意（2021）提出构建多模态双语语料库，通过数字化平台，形成红色文化传播链，让中国故事在国际传播，传达健康、积极的红色声音。三是红色主题展演的数字化设计，包括展馆和实景演艺的数字化设计。徐琳（2017）利用虚拟现实技术构建三维模型，再用 Unity3D 完善文化场景，丰富了韶山红色文化展演的表现形式；刘明（2020）提出着眼于交互语境，依托数字化交互技术（VR 和 AI），刺激不同感官来提升展馆参观者的互动体验感；宋昌耀等（2021）提出红色旅游需要秉持场景思维，培育场景能力，充分利用数字科技，将纪念馆和博物馆打造为沉浸式体验新空间；王贞（2017）提出通过数字化设计，不断提升韶山地区红色文旅实景演艺的多维体验，培育数字经济链。

综上所述，红色旅游数字化已成为大势所趋，红色旅游得到高度重视，数字化发展成为各地共识；但目前我国关于红色旅游数字化的总体研究较为薄弱，现有研究大多从单个角度入手进行阐述，很少从宏观角度对红色旅游数字化的创新发展进行整体把握。基于此，本书以数字化为研究视角，分析红色旅游创新发展的基础、需要破解的问题及发展路径，以期促进我国红色旅游在"十四五"时期高质量发展。

2.2.2.2 国外研究现状

近年来，国内外学者均对旅游数字化进行了探讨，但研究的侧重点不同。国外学者普遍认为，数字技术的发展不仅改变了旅游行业的进入门槛和行业结构，而且在很大程度上提高了旅游服务质量（Assaf, 2018; Aboush, 2013），他们的相关研究主要集中在消费者对旅游数字化的需求迭代、数字技术的创新演化路径和数字技术的旅游应用三个方面。

国外研究数字化赋能红色旅游资源的现状，主要体现在两个方面：一是利用虚拟技术，对红色旅游资源进行展示与传播；二是通过数字化手段对红色旅游资源进行监测、评估与管理。国外学者研究发现，在虚拟现实技术（VR）的应用方面，不同地区红色旅游资源数字化呈现不同的发展模式：在欧洲，一些地区通过 VR 技术展现了革命遗址、历史博物馆等红色旅游资源，观众可身临其境地体验革命历史；在美国，一些地区以 VR 技术为媒介，在虚拟空间中还原革命历史场景。在数字化技术的应用方面，不同国家的做法也不尽相同。在欧洲，VR 技术主要是用于展示和传播革命历史、战争文化等；而在美国，VR 技术主要用来提升革命博物馆的沉浸式体验、拓宽红色旅游宣传渠道、促进游客与博物馆之间的互动等。在数字化监测、评估与管理方面，不同国家的做法也不尽相同。

从国外的研究来看，VR 技术应用于红色旅游资源的研究主要有两个方面：一是数字孪生技术，二是 VR 技术与传统地理信息系统（GIS）相结合。数字孪生技术是对传统数字化信息进行深度加工和重组，通过可视化手段将物理世界中的各种事物映射到数字空间中，形成一个可交互的虚拟世界。通过数字孪生技术将红色旅游资源打造成虚拟旅游景点、体验场景、营销媒介等，使红色旅游资源的开发和保护更具沉浸式体验效果。虚拟现实技术与传统地理信息系统相结合，是指将 VR 技术应用于 GIS 领域，以实现更加沉浸式和直观的地理信息体验。这种结合利用 VR 技术模拟真实的地理环境，使用户能够以全新的方式探索、分析和理解地理数据和空间关系。它不仅为用户提供了一种全新的地理信息体验方式，也为多个领域带来了创新的应用可能，同时也推动了 GIS 技术的发展和创新。

2.2.3　数字化赋能红色旅游资源与思政育人融合研究

2.2.3.1　国内研究现状

数字技术作为新一轮科技革命的核心驱动，正深刻地影响和改变着人们的生活方式和价值观念。要运用新技术手段，让文物活起来，推动中华优秀传统文化创造性转化、创新性发展。2022 年 1 月，国务院印发了《"十四五"数字经济发展规划》，提出深入推进智慧教育；2022 年全国教育工作会议明确提出要实施教育数字化战略行动，提出"教育数字化转型是教育信息化的特殊阶段，要实现从起步、应用和融合数字技术，到树立数字化意识和思维、培养数字化能力和方法、构建智慧教育发展生态、形成数字治理体系和机制"。国内学界关于数字化赋能红色旅游资源与思政育人融合的研究总体上起步晚，方向主要集中在红色旅游资源与思政育人融合的研究上，具体有以下三个方面：一是关于红色旅游资源思政育人的内涵、理论依据、路径与方法等相关问题，其中在内涵方面主要集中于红色旅游资源的概念界定、理论基础及本质要求等，在路径与方法方面主要集中于红色旅游资源思政育人的原则和途径等，在存在的问题和优化对策方面主要集中于红色旅游资源与思政育人融合的对策及路径等。二是关于红色旅游资源与思政育人融合的实践探索。三是红色旅游资源与思政育人的机制建设。而有关数字化赋能红色旅游资源与思政育人融合的研究较少。党的二十大报告中强调了用好红色资源、赓续红色血脉的重要性，提出要通过文化和旅游的深度融合，推动红色旅游产业发展，提升红色旅游的综合竞争力，实现文化与经济双重发展效益。要创新展陈方式、打造精品陈列，创作优秀文艺作品、讲好红色故事，探索与时俱进的传播方式，推进红色资源数字化。这表明，红色旅游资源的利用不仅要保护其原有的历史价值，还要通过创新的方式，使其更加生动、直观地展现在公众面前，增强其教育功能和吸引力。

2.2.3.2　国外研究现状

在国外的研究文献中，数字化赋能红色旅游资源与思政育人融合的相关研究大多集中在发达国家的红色旅游资源。进入 21 世纪以来，随着信息技术的不断发展，数字化赋能红色旅游资源思政育人的研究逐渐兴起并成为热点。从研究主题来看，国外研究者虽关注数字化赋能红色旅游资源思政育人的时代意义和价值，但对其具体实践研究较少；数字化赋能红色旅游资源思政育人的路径探索，多集中在如何利用数字技术加强红色旅游资源的信息化建设水平和信息化服务水平。

第3章 数字化赋能红色旅游资源与思政育人融合的应用研究

3.1 数字化赋能红色旅游资源的应用

3.1.1 红色旅游资源的数字化开发

红色旅游资源是我国文化资源的重要组成部分，是一种历史记忆和革命精神的载体，是中华民族宝贵的精神财富，也是新时代党的思想政治教育的生动素材。在数字时代，红色旅游资源的数字化开发有利于提高红色旅游资源的传播效率、保护和传承红色文化、推进社会主义核心价值观建设、提高国民素质和社会文明程度、促进红色旅游经济发展。但是，现阶段的数字化技术对红色旅游资源的开发利用仍存在一定的局限性，开发过程中还存在着一些问题和不足。随着新技术的不断发展，数字化技术正成为推动红色旅游发展的重要动力，为解决红色旅游资源开发中存在的问题提供了新的思路，也为加强红色旅游资源的开发提供了借鉴和参考，要将数字技术更好地应用到红色旅游资源的开发中去，进而推动红色旅游资源高质量开发。

3.1.1.1 意义

（1）有利于保护和传承红色文化

红色旅游资源是中国共产党在革命、建设和改革进程中形成的重要历史文化遗存，具有重要的历史价值和教育价值。在开发过程中，一些红色旅游资源遭到了不同程度的损坏，甚至一些珍贵文物出现了损毁、流失现象。通过数字化技术对红色旅游资源进行保护和开发，可以实现对红色旅游资源的科学管理，有利于对其进行有效保护。此外，通过数字化技术可以将红色旅游资源打造成一个完整的文化产业链，使其得到充分开发和展示。在数字化技术的作用下，红色旅游资源不再是一个独立存在的个体，而是融入了现代科技手段，可以实现更加丰富、立体、形象的展示。

（2）有利于促进经济社会发展

随着数字化技术的快速发展，红色旅游产业也迎来了新的发展机遇。通过数字化技术对红色旅游资源进行保护和开发利用，不仅可以拓展红色旅游产业发展的广度和深度，还能够使其获得更多资金支持并得到更好发展。此外，通过数字化技术对红色旅游资源进行开发利用可以推动文化产业和旅游业的深度融合发展。将红色旅游与当地文化产业相结合，打造出特色鲜明、优势互补的文旅产品，同时可以推动当地旅游业由门票经济向产业经济转变，实现从传统旅游业向现代旅游业的转型升级。

（3）有利于丰富游客数字化旅游体验

通过数字化技术对红色旅游资源进行开发利用，不仅可以使游客更好地了解到红色旅游资源蕴含的历史文化背景、革命英雄事迹、革命精神等方面的内容，还能够使游客获得更加丰富的数字化旅游体验。例如，"一部手机游云南"平台不仅可以让游客虚拟游览到云南各地独具特色的旅游景点，还能够通过视频、语音、图文等多种形式让游客感受到云南各地不同的自然风光、人文景观和民俗风情，使游客得到更加丰富的数字化旅游体验。此外，通过数字技术对红色旅游资源进行开发利用，还可以让游客获得更加身临其境的体验。通过数字化技术将红色旅游资源与现代科技手段相结合，可以使游客更加直观地了解和感受红色文化资源的魅力和价值，从而不断提升对红色旅游资源的重视程度。

（4）为红色旅游资源的保护和利用提供了新路径

在国家大力推动"互联网+旅游"发展的大背景下，以"互联网+旅游"为代表的数字技术已成为推动旅游业发展的重要动力。对红色旅游资源进行数字化开发，可以有效解决当前红色旅游资源开发利用过程中存在的一些问题，为红色旅游资源的保护和利用提供新路径。一是数字技术可以实现对红色旅游资源的数字采集、储存、管理和分析，提高红色旅游资源数据的准确性和完整性，为红色旅游资源的保护提供技术支持。二是数字技术可以实现对革命文物的数字化展示和传播，以更加生动、形象、直观的表现形式，增强游客对革命文物的体验感和亲近感。三是数字技术可以实现对红色旅游资源的沉浸式体验，提升游客在游览过程中对革命故事的参与感，增强游客对红色文化和革命精神的认同感，从而达到保护和利用红色旅游资源的目的。

（5）促进了红色旅游资源的价值转化

红色旅游资源作为一种特殊的旅游资源，具有极强的经济价值、文化价值和社会价值，在社会主义核心价值观教育和传承方面发挥着重要作用。目前，我国红色旅游资源的开发利用还处于初级阶段，红色旅游资源的价值转化还存在较大的提升空间。在数字化开发过程中，运用数字化技术对红色旅游资源进行展示，使其"活"起来，有利于实现红色旅游资源的社会价值、文化价值和经济价值。通过数字技术和数字内容的深度融合，可以增强游客的体验感和互动性，让游客更好地理解红色旅游资源的文化内涵，并通过"互联网+"的方式实现对红色旅游资源的宣传推广，扩大影响力。同时，也有利于对红色旅游资源进行开发和利用，促进革命文物保护和革命精神的传承。

3.1.1.2　存在的问题

随着数字技术的不断发展，我国红色旅游资源的数字化开发工作取得了显著成效，但是也存在一些问题。例如，一些地方对红色旅游资源数字化开发重视程度不够；由于缺乏资金和专业人才等原因，许多红色旅游资源数字化建设停留在表层和初级阶段；红色旅游资源数字化开发的内容相对单一；部分地区在开发利用过程中存在一些不当行为，如过度商业化、同质化、低水平重复建设等。

（1）数字化建设停留在表层和初级阶段

目前，我国红色旅游资源数字化建设停留在表层，并且处于初级阶段，主要表现为缺乏顶层设计，不同地区红色旅游资源的数字化建设水平存在明显差异。究其原因，一是红色旅游资源数字化建设缺乏资金支持。如前所述，红色旅游资源数字化开发的投资成本较高，且后期维护费用也相对较高。而很多地区在红色旅游资源的数字化开发方面投入不足，导致有些红色旅游资源开发利用工作开展不平衡、不充分。二是红色旅游资源作为一种特殊的文化形态，具有很强的专业性。因此，在进行红色旅游资源数字化开发工作时，需要专业技术人才的参与。然而目前我国相关专业人才较为缺乏，红色旅游景区管理人员和技术人员更是匮乏。这在很大程度上制约了红色旅游资源数字化开发工作的开展。

（2）红色旅游资源数字化开发的内容相对单一

在数字化开发过程中，一方面，对红色旅游资源进行数字化开发是为了更好地保护和传承红色文化，这是红色旅游资源数字化开发的重要目的。目前我国部分地区红色旅游资源的数字化开发内容相对单一，主要集中在对革命历史事件、人物、革命遗迹的简单介绍，以静态展示为主，缺乏动态展示，不能让游客获得更好的体验。另一方面，对红色旅游资源进行数字化开发还存在一些问题，例如一些具有较高历史价值、文化价值的革命遗迹、遗址没有得到有效保护和利用。除此之外，由于技术问题或者资金问题，许多地区没有建设专门的数字化开发平台来展示革命文物、遗址等历史遗迹。且红色旅游资源数字化开发平台没有统一标准，一些开发平台存在标准不统一、数据不全面、资源利用率低等问题。例如，一些平台仅简单介绍了革命遗址的历史事件或人物，而没有具体介绍其相关信息。在这种情况下，如果游客想要了解更多革命文物、遗址的信息，就需要去其他网站上查找资料或进行现场参观。

（3）部分地区在开发利用过程中存在一些不当行为

一是过度商业化。商业化本是红色旅游资源开发利用过程中的一种常见现象，而过度商业化不仅会对革命文物的真实性和完整性造成损害，也会对游客产生不良影响。二是同质化现象严重。当前，许多红色旅游资源存在过度同质化现象，甚至出现"千城一面""一地多营"的现象。三是低水平重复建设。低水平重复建设会造成红色旅游资源投入的浪费。四是无序开发，主要表现在：①各地红色旅游资源的开发利用缺乏统一规划和协调；②存在"重开发、轻保护"的现象，忽视红色旅游资源的保护；③缺乏对红色旅游资源数字化建设的科学研究，造成资源浪费和重复建设等问题。

3.1.1.3 对策建议

（1）建立红色旅游资源数据库

建立红色旅游资源数据库，可以为红色旅游资源的开发和利用提供有力支持。随着科学技术的不断发展，数字化技术得到了广泛应用，尤其是在红色旅游资源开发和利用方面。通过数字化技术可以将红色旅游资源进行数字化处理，从而为游客提供更加全面、准确的信息服务。在建立红色旅游资源数据库时，要考虑到红色旅游资源的特殊性；在开发利用红色旅游资源时，要坚持以人为本、因地制宜的原则；还要注重红色旅游资源与其他行业之间的协调发展，以实现红色旅游资源的可持续利用。同时，要加大对红色旅游资源开发和利用的监管力度，注重对红色旅游资源的开发和利用过程进行监督和管理，避免出现过度开发、过度利用等问题。一方面，要完善数字景区建设，构建红色景区数据库。红色景区数据库是对红色景区内各景点信息进行收集、整理和管理的系统，包括基础信息、游客信息、红色景点介绍等内容，有利于实现对红色旅游资源的高效管理和科学开发。因此，在具体开发过程中要建立完善的数据信息系统，对各个景点的游客数量、地理位置、交通线路等信息进行系统管理。另一方面，要构建红色景点数字资源库，对各景点信息进行整合和展示。通过数字化技术对传统的红色资源进行保护和开发，可以使游客更直观地了解到革命历史、革命事迹、革命精神等方面的内容。因此，在数字化开发过程中要结合当地特色文化和旅游资源进行深入挖掘和展示，构建出具有地方特色的数字资源库。

（2）创新数字化红色旅游开发的宣传形式

在网络信息时代，人们获取信息的渠道不断拓宽，人们对旅游的需求也由观光型向休闲娱乐型转变。在这种背景下，红色旅游资源的宣传必须不断创新方式和方法。要坚持以人民为中心，突出宣传效果。在开发红色旅游资源时，要立足群众需求，把宣传的重点放在红色精神内涵和历史意义上，让广大人民群众认识到红色旅游的重要意义和时代价值。同时，要创新宣传方式，红色旅游资源开发是一项系统工程，涉及各方面工作，包括宣传工作、解说工作、讲解工作等。当前要把传统的宣传方式与数字化手段相结合，如线上与线下相结合、集中统一与分散自主相结合、静态展示与动态体验相结合等多种数字化红色旅游开发方式有机融合。红色旅游资源的宣传在理念上要从旅游资源向红色资源转变，从单纯的参观游览向综合的红色文化体验转变。要坚持把红色旅游资源宣传摆在重要位置，统一规划，统一组织，统一设计，不断丰富红色旅游资源的内涵。在宣传过程中要统筹好集中宣传和分散宣传，把红色旅游资源宣传与其他文化资源和社会资源相结合，形成合力。同时，在利用网络、报刊、电视等传统媒体进行宣传时要突出系统性，大力宣传党和国家事业取得的历史性成就、发生的历史性变革，充分发挥新媒体优势，通过新媒体传播红色文化内涵，展示革命历史事迹，弘扬革命精神。

（3）打造红色旅游资源开发的数字媒体平台

近年来，我国新媒体平台发展迅速，数字技术在红色旅游资源开发中的应用也越来越广泛，新媒体平台可以为红色旅游资源的宣传提供更加多样化的渠道和途径。例如，可以利用新媒体平台发布有关红色旅游资源的宣传片、微视频等，并对这些作品进行整合，使游客在欣赏视频的同时还可以了解到红色旅游资源的相关信息。此外，还可以利用微博、微信公众号等新媒体平台对红色旅游资源进行宣传和推广，使游客更好地了解红色旅游资源。新媒体平台使红色旅游资源开发利用更加高效，通过将传统媒体与新媒体平台有机融合，可以实现对红色旅游资源的全方位展示。一方面，要通过数字技术对红色旅游资源进行全方位的展示，实现对革命旧址、博物馆、纪念馆等景点的文物、文字、图片、视频等多种形式的立体展示；另一方面，要通过数字化技术，实现红色旅游资源信息共享、互动交流。在充分利用互联网信息技术的基础上，要根据不同游客群体的需求，打造具有自身特色的数字媒体平台。通过数字媒体平台与游客交流互动，实现红色旅游资源的智能化开发利用，为广大人民群众提供更加丰富、更加优质的红色旅游服务。

3.1.2 红色旅游资源的数字化传播

数字化传播是以网络为基础，通过计算机技术、通信技术、多媒体技术等现代信息技术手段，以信息数据为基础，在网络平台上实现信息传播和共享的一种全新传播形态。红色旅游是传播红色文化、红色精神的重要途径。随着数字技术和新媒体技术的发展，数字化传播在红色旅游资源的开发和利用方面发挥了重要作用。我国红色旅游资源数量巨大、类型丰富，红色旅游资源的数字化传播，有利于挖掘、整合、分析红色旅游资源中蕴含的内容，打造有价值、有影响力的新媒体品牌，拓宽红色旅游资源传播的渠道。

3.1.2.1 意义

(1) 提升了红色旅游资源的传播效率

红色旅游资源的数字化传播，主要是指借助数字技术和新媒体技术，对红色旅游资源进行信息采集、加工、处理，并通过数字化的方式传播出去，从而使红色旅游资源所蕴含的精神和文化得以广泛传播。近年来，随着信息技术的快速发展，人们已经进入了一个万物皆媒的时代，以互联网、人工智能为代表的数字技术不断应用于文化产业中，对文化产业的发展起到了积极的推动作用。数字技术在文旅行业中应用广泛，极大地拓展了文旅行业的发展空间。在把数字技术应用于文旅行业时，需要将数字技术和文旅资源相结合，开发出具有丰富内涵和时代特征的文旅产品。数字化传播作为一种新兴的传播方式，具有成本低、传播范围广、效率高、时效性强等特点。以红色旅游资源为例，数字化传播可以运用大数据技术对红色旅游资源进行采集和分析，挖掘其内涵和价值；同时可利用新媒体技术对红色旅游资源进行全方位展示和宣传，打造线上红色旅游产品。在数字化传播方式中，也需要运用 VR、AR、AI 等新一代信息技术对红色旅游资源进行沉浸式体验设计，通过虚实结合、动静结合、时空结合等多种方式展现红色旅游资源所蕴含的精神和文化内涵。除此之外，数字化传播还可以借助新媒体技术打造新的红色旅游产品。在将数字技术应用于红色旅游资源传播时，不仅可以对红色旅游资源进行数字化展示和传播，还可以让观众通过视频、图文等多种形式了解红色文化内容，并进行互动体验和交流讨论，进而极大提升红色旅游资源的传播效率。

（2）有利于实现红色文化与时代精神的融合

红色文化是中国共产党在革命和建设过程中所形成的精神财富，具有很高的历史价值和现实意义。在中国特色社会主义进入新时代的背景下，红色文化蕴含着丰富的精神内涵和时代价值，因此在数字化时代背景下，对红色文化进行数字化传播具有十分重要的意义。在数字技术广泛应用于文化产业之后，通过数字化传播红色文化可以让更多人了解中国共产党在革命和建设过程中形成的精神财富。在数字技术发展过程中，信息传播呈现多元化、碎片化、智能化等特点，人们可以通过不同的媒体形式了解红色文化所蕴含的精神内涵。总而言之，数字化传播作为一种新兴传播方式，既有利于实现红色文化与时代精神融合，也有利于提升红色旅游资源传播效率。利用数字化传播方式可以将红色文化以数字化的形式呈现出来，从而更好地将红色文化融入人们日常生活中。

（3）是红色旅游资源有效传播的重要途径

红色旅游资源的开发利用要以有效传播为出发点，数字传播则是实现有效传播的重要途径。随着现代科技的不断发展，数字技术正逐渐渗透到社会各个领域，特别是信息传播领域。数字技术的发展不仅改变了人们的生活方式，也改变了人们的思维方式和生活习惯，数字传播应运而生。数字传播具有虚拟性、互动性、即时性等特点，并以数字化手段完成信息传输和存储。数字技术既可以实现网络媒体上红色旅游资源的数字化展示，使受众可以通过网络了解红色旅游资源；也可以实现红色旅游资源中相关数据的收集、处理、分析等，并进行数据可视化展示；还可以利用网络技术构建红色旅游资源的虚拟平台，以数字技术为依托，实现红色旅游资源虚拟场景搭建、虚拟文物展示、虚拟博物馆等。

3.1.2.2　发展动态

（1）实现从传统传播到数字传播的转变

数字技术的发展为红色旅游资源的数字化传播提供了新的机遇。目前，数字技术在红色旅游资源传播方面的应用主要体现在红色旅游资源信息的收集、整理、储存、管理和保护等方面。具体而言，在数字化传播方面，可以通过数字化手段对红色旅游资源进行收集、整理和储存，实现对红色旅游资源信息的数字化保存；利用数字技术对红色旅游资源进行管理，使其实现数据化、信息化，并建立健全相关管理制度；在数字技术支持下对红色旅游资源进行传播，通过新媒体技术实现红色旅游资源信息的发布、传播和共享等。此外，还可以利用大数据对红色旅游资源进行分析和研究，为红色旅游资源的开发提供科学依据。数据库可以对游客在红色旅游景区参观时留下的各种影像资料、图片资料等进行存储，还可以对游客在网络上留下的各种评论、留言等进行存储。对于这些信息来说，只有充分挖掘其潜在价值才能发挥出更大的作用。随着数字技术的发展和应用，红色旅游资源数据库可以实现对游客数据的智能化处理和存储，从而提升红色旅游资源传播的效率。

（2）实现静态展示到动态体验的转变

在数字化传播模式下，红色旅游资源的展示和传播也发生了重大变化。传统的红色旅游资源主要以静态展示为主，随着数字技术和新媒体技术的发展，越来越多的红色旅游资源开始通过数字化手段进行展示和传播。随着新媒体技术和虚拟现实技术的发展，一些博物馆、纪念馆等传统的静态展示方式正在逐渐向动态体验模式转变，在进行静态展示时，可以通过数字化技术将红色旅游资源与特定场景相结合，以增强游客的体验感受。例如，在"中国共产党百年华诞"展览中，博物馆通过数字投影和互动装置等手段，让观众通过参观展览了解中国共产党建党 100 年来的重大历史事件、重要人物等。在一些纪念馆中，通过数字藏品等手段，可以将珍贵的历史文物进行数字化处理，使游客可以通过在线平台进行虚拟互动。在"党在我心中"主题展中，博物馆利用数字技术对主题展中的实物进行数字化处理和虚拟现实呈现。该展览利用 3D 扫描、数据采集、虚拟现实等技术手段，通过互联网与观众进行实时互动交流。这种数字展示方式既能增强观众的体验感，又能增强观众对红色旅游资源和革命历史文化的认知和了解。总之，数字化传播模式下的红色旅游资源展示和传播呈现从静态展示向动态体验转变的趋势。数字化技术为红色旅游资源传播提供了全新途径和新手段，为游客带来了全新体验。

（3）实现单向传播到互动体验的转变

从传播模式上看，传统红色旅游资源的传播方式是单向传输，即以旅游景区为中心，以游客为导向，由游客向外进行信息输出，而这种传播模式易形成信息的单向传输和单向接受。这种传播方式是以一种自上而下的传播方式展开的，这就造成了"信息茧房"效应，即游客只会被动接收旅游景区的信息，而对旅游景区其他方面的信息缺乏了解。因此，传统红色旅游资源的传播模式是单向灌输，而数字技术与新媒体技术的发展可以打破这种模式。数字技术和新媒体技术使红色旅游资源传播从单向传播转变为互动体验，实现了从自上而下到自下而上的传播模式转变。互动体验模式可以打破游客与红色旅游资源之间的隔阂，让游客参与其中，产生互动和情感共鸣。这种新模式不仅可以使红色旅游资源得到更好的传播与推广，而且能提升游客对红色旅游资源的认同感和参与度。

3.1.3　红色旅游资源的数字化管理

红色旅游资源的数字化管理，是指运用先进的信息技术手段对红色旅游资源进行分析、评估、预测，提供决策参考的过程。随着数字技术的发展，数字化管理模式已经成为红色旅游资源管理的主要方向，将数字技术与红色旅游相结合，是实现红色旅游资源高效管理的重要途径。

3.1.3.1　现状

我国红色旅游资源丰富，分布广泛，但由于长期以来的封闭管理，红色旅游资源信息分散在多个部门，甚至分散在各个乡镇。信息化程度低、红色旅游资源数字化建设不足、开发利用不充分等问题在红色旅游资源的保护和管理中普遍存在，影响了红色旅游的可持续发展。目前我国已建立起红色旅游数据库，但这些数据库分散在多个部门，功能不完整，没有实现信息共享。各地的红色旅游资源数据格式不同、内容不全，没有统一的标准和规范，且这些数据信息对社会公众开放程度不高，社会公众难以了解其所需的信息。红色旅游资源信息化面临建设经费不足、专业人才匮乏、技术手段落后等问题。

3.1.3.2　意义

随着我国经济社会的发展和人民生活水平的提高，人们对于精神文化生活有了更高要求。在新时代背景下，人们更加注重精神层面和文化内涵的发展。以数字技术为基础建立红色旅游资源数字化平台，能够有效整合、利用红色旅游资源，充分发挥数字技术在红色旅游资源管理中的优势和潜力。

（1）适应数字时代要求

当前，我国已经进入了以大数据为核心的数字时代，数字化技术也日益成为经济发展的新引擎，并将在未来主导社会经济发展。随着红色旅游产业的不断发展，红色旅游资源管理的数字化建设也将逐步深入红色旅游资源管理的各个环节，并最终形成集游客管理、教育宣传、基础设施管理于一体的数字化管理模式。

（2）提供坚实的技术基础

以云计算和大数据为代表的信息技术对各行各业都产生了广泛而深刻的影响，并逐渐成为提升社会效率、优化资源配置、促进经济社会发展的重要力量。数字技术以其自身的独特优势，在红色旅游资源管理中也有着巨大的应用潜力。以数字技术为基础，建立红色旅游资源管理数字化平台，可以使红色旅游资源管理从传统的人工管理转向数字智能管理，从而提高红色旅游资源的利用效率和服务水平。

（3）有利于推动红色旅游产业融合发展

在数字时代背景下，传统的红色旅游资源管理方式已经难以适应红色旅游发展的要求。数字化管理平台能够使红色旅游资源的管理实现标准化、科学化，使红色旅游资源开发更加高效和便捷。数字化管理平台也为红色旅游产业融合发展提供了技术支持。近年来，我国许多地区都将数字技术应用于红色旅游资源的管理中。随着数字技术在旅游领域应用的不断深化，数字化管理平台在红色旅游资源管理中的作用也将越来越突出。因此，在红色旅游资源管理中运用数字化技术可以有效促进红色旅游产业融合发展。

（4）提高公众参与度

随着社会公众对红色旅游的关注度不断提高，公众参与度也在不断提高。红色旅游资源数字化管理既可以满足公众对红色旅游资源的个性化需求，也能提高公众对红色旅游资源的关注度，增加公众参与度。通过数字化管理平台，可以让游客和社会公众更便捷地了解红色旅游资源信息，更好地保护红色旅游资源，从而实现红色旅游资源的可持续发展。通过对不同类别的红色旅游资源进行数字化管理，可以使游客更加全面地了解每一种类型的红色旅游资源及其历史背景、文化内涵和时代价值。同时，数字化管理还可以增强游客体验感和参与感。通过数字化管理平台，游客可以随时查询相关信息，了解各种类型的红色旅游资源的发展历史、文化内涵和价值意义，从而加深对红色旅游资源的认识和理解。此外，通过数字化管理平台还可以为游客提供虚拟体验，让游客身临其境地感受红色旅游资源带来的震撼。

3.1.3.3 对策建议

针对目前我国红色旅游资源数字化管理的现状，可以通过数字化技术来提升红色旅游资源管理的水平，使其成为具有中国特色的红色旅游资源管理系统。

（1）构建完善的红色旅游资源信息管理系统

要实现红色旅游资源的有效管理，必须借助现代化技术手段，打造数字化管理平台。红色旅游资源数字化管理的关键是构建完善的红色旅游资源信息管理系统，其中包括数字文化产品、数字虚拟展示、数字教育服务及数字安全防护等多个方面。在构建完善的信息系统时，要以游客为中心，不断优化各个模块功能。通过对游客的游览过程进行模拟、分析，让游客能够更加直观地了解景区的景点情况、服务设施和历史文化等。通过数字化平台建立起红色旅游资源数据库，各部门收集的数据要进行统一编码和标识，按照统一的格式进行整理和存储，对各部门的数据进行整合和共享。完善数字化平台建设，实现红色旅游资源信息的高效传递。在红色旅游资源数字化管理平台上开发智慧导览系统，可以为游客提供更便捷、更优质的服务。游客只需要扫描二维码或输入身份证号码就可以直接进入相关博物馆参观。智慧导览系统还可以对游客进行引导、介绍等服务，并在网上为游客提供网上支付、订票等服务，方便游客快速购买参观门票和预订餐饮住宿等。智慧导览系统还可以根据游客的浏览习惯、兴趣爱好等智能推荐相关博物馆的特色展览和热门活动，提高红色旅游资源的利用率。

（2）应用于景区导航或导游服务

随着旅游业的快速发展，游客数量持续增长，传统的管理方式已无法满足其需求，数字技术的应用可以为游客提供更好的服务。游客进入景区时，通过二维码扫描识别身份，然后将获得一张电子地图和一套可用于景区游览的 GPS 定位设备。游客可以通过手机或平板电脑进行游览轨迹查询，记录下每一个景点、每一个事件或每个地点的游览时间，还可以通过地图查询每条线路上所经过的景点及其相关历史事件。此外，游客可以通过智能手机应用程序获取最新旅游资讯。通过地理信息系统（GIS）技术可以为游客提供一个全方位的数字地图，并将景区的地理位置、环境、设施、交通等信息直观地显示出来。游客可以通过导航功能将自己从所处的位置导航到想要去的景点，还可以通过导游功能了解与景区相关的历史事件或历史人物。

（3）实现数据共享

红色旅游资源数字化管理中的数据共享是指将分散在不同部门的红色旅游资源进行整合，形成一种集中式数据库，并将数据共享到一个共同的平台上。该平台应包括数据交换、信息查询、信息管理和信息服务等功能。数据交换是指不同部门之间，或者不同组织之间，通过交换信息来完成各自业务的过程。通过数据交换，可以实现旅游部门和其他部门之间的信息共享。对于红色旅游资源来说，数据共享包括三种类型：第一种是旅游部门与其他部门之间的共享，主要包括文化、文物、环保、规划、园林等多个部门；第二种是红色旅游资源管理部门与其他部门之间的共享，主要包括文物部门和旅游管理部门；第三种是红色旅游资源管理部门与社会公众之间的共享，主要包括社会公众、学生、学校等。数据共享可以消除数字鸿沟，提高政府决策效率。通过数据交换平台可以将分散在不同部门的数据进行整合，提高政府决策的效率和准确度，从而实现资源共享。

3.2　数字化赋能红色旅游资源在高校思政育人中的应用

3.2.1　在高校传统课堂教学思政育人中的应用

为充分发挥红色旅游资源的思政育人功能，需要从多方面进行探索与创新，以数字化赋能为路径，把红色旅游资源与高校传统课堂教学有效结合起来，推动红色旅游资源融入高校课堂教学过程，创新教学方式方法，提高思政教育效果。

3.2.1.1　优势

（1）有助于大学生更好地学习理论知识

红色旅游资源是我国在革命战争时期留下的宝贵财富，为我们提供了丰富的历史资料，为我们研究历史提供了大量的素材。而在对红色旅游资源进行学习时，可以让大学生通过观看这些资料来了解革命时期的历史事件、人物等，使学生能够更好地学习和掌握理论知识。例如，在红色旅游资源中可以让大学生看到中华人民共和国成立后的农村改革、中华人民共和国成立初期的农业社会主义建设、改革开放时期的乡村建设等。这些资料都是从各个时期党领导下的红色旅游资源中挖掘出来的，它们反映了各个时期党领导下的人民群众在不同时期奋斗拼搏的精神。通过数字化平台能够将这些资料进行整理，并以视频、图片、文字等形式呈现出来。这样就能够使学生更好地掌握和了解这些红色资源，从而进一步加深对革命时期历史事件和人物的理解，也能让他们更加深刻地认识到当前生活的来之不易。

（2）有利于提高大学生网络信息素养

当前，信息时代的到来让人们获取信息的方式和渠道更加多样化。大学生是网络的主要使用群体，因此对于大学生来说，提升他们的网络信息素养，让他们掌握正确使用互联网的方式和方法是高校思想政治理论课教师需要重点关注的问题。将基于数字化的红色旅游资源融入高校传统课堂教学思政育人中，对于提高大学生网络信息素养具有重要意义。很多高校教师在教学过程中都会利用数字化平台开展思政教育活动，这不仅能够让学生更加直观、全面地认识和了解中国共产党领导下的红色旅游资源，还能够让学生掌握正确使用互联网的方式和方法。这对于大学生提升网络信息素养具有重要意义。

（3）有利于推动思政教育改革，提升思想政治教育教学效果

新时代高校思政教育要与时代同步，增强时代感和吸引力，使思政教育更好地服务于人才培养。近年来，国家对高校思想政治教育工作提出了新要求，要加强和改进高校思想政治工作。为更好地适应新形势和新要求，需要从理论上把握和回答当代中国特色社会主义的重大理论和现实问题。为此，必须改革传统的思想政治教育方式和手段。红色旅游资源具有浓厚的历史底蕴和独特的育人功能，将其融入高校思想政治教育是实现大学生思想政治教育与红色旅游资源有效融合的重要途径。一方面，可以将红色旅游资源融入高校传统课堂教学，借助红色旅游资源中蕴含的丰富内涵，以故事化、情境化等方式生动鲜活地讲述红色革命故事。另一方面，可以将红色旅游资源中蕴含的价值理念、精神品质等融入大学生思想政治教育内容之中。在此基础上，以数字化思维推进高校思想政治教育教学改革，充分利用数字技术和数字化手段为思政课堂教学注入新活力，有助于将传统的思政课堂教学与数字技术相结合，不断丰富思想政治教育内容，创新思想政治教育形式和载体，进一步激发大学生学习的主动性和积极性，提升思想政治教育教学效果。

3.2.1.2　实施路径

（1）将红色旅游资源内容进行数字化转化

红色旅游资源内容较为丰富，其蕴含着丰富的历史文化内涵，通过数字化技术，将这些红色资源内容进行数字化转化，有助于提升红色旅游资源的教学效果。要对红色旅游资源进行数字化转化，以保证其内容的真实性和完整性。首先，需要对其进行收集、整理和加工；其次，利用相关技术将这些红色旅游资源的内容进行数字化转化。在这个过程中，可以将红色旅游资源内容按照时间顺

序、空间分布等方式进行数字化处理。在利用相关技术将这些数字资源转化成相应的数字化成果之后，可以对其进行宣传推广。例如，可以制作"中国共产党发展史"网络课程、"中国共产党发展历程"视频课程、"中国共产党辉煌历程"图片展览、"中国共产党伟大成就"图片展等，这些数字化成果的制作可以进一步增强红色旅游资源的吸引力。此外，还可以利用微信公众号、微博等媒体平台发布一些关于红色旅游资源内容的相关文章。这样就可以使大学生在课余时间更好地了解到红色旅游资源的内容。当然，利用这些数字化成果制作出来的思政教育视频或者图片也可以在网络上发布。通过这些方式进行思政教育不仅能够让学生对红色旅游资源有更加深入的了解，还能让学生感受到红色文化的魅力并对其产生自豪感。

（2）构建红色旅游资源课程体系

在红色旅游资源的课程体系建设过程中，我们要借助数字化技术来构建红色旅游资源相关课程体系，这也是实现"三全育人"目标的重要途径。第一，在高校思政教育课程中加强红色旅游资源的内容建设。结合时代发展需要，高校要积极开展红色旅游资源的理论研究，充分挖掘红色旅游资源的思政教育价值，努力将其融入思政课堂教学当中。在具体实施过程中，要注意将红色旅游资源和思政教育有机结合起来。比如，在讲到井冈山革命斗争历史时，教师可以先带领学生参观井冈山革命博物馆和黄洋界哨口等革命遗址，并将其融入思政教育课程当中。第二，开展红色旅游资源相关的实践活动。比如，可以组织学生到井冈山、瑞金、遵义等地进行实地参观学习，还可以组织学生到井冈山革命博物馆、毛泽东故居等地开展现场教学活动。通过实践教学活动的开展，能够使学生深入了解革命历史及革命先辈的英雄事迹和崇高精神。第三，将红色旅游资源融入高校思想政治理论课教学中。教师要充分挖掘红色旅游资源蕴含的丰富思政教育资源，并将其融入思政教育课程当中。比如在讲到中国共产党的成立过程时，教师可以带领学生阅读和观看《共产党宣言》等相关书籍和影视作品，在讲解过程中可以采取现场讲解、PPT 展示、视频播放等多种方式。这样不仅能够使学生更好地了解中国共产党成立的历史背景及重要意义，还能够提升学生的政治素养和思想水平。比如，在讲到红军长征时可以组织学生到遵义会议会址、四渡赤水纪念馆等地开展研学活动。通过研学活动的开展，学生能够更好地了解红军长征经过地区的红色历史及红色文化。此外，教师还可以组织学生到革命老区参观学习、到革命老区开展实践活动等形式多样的文化活动来丰富思政教育内容，使学生受到红色文化的熏陶和感染。

（3）将数字技术与传统课堂教学结合起来

将数字技术与传统课堂教学结合起来，能够更好地提升学生学习红色旅游资源的兴趣。因此，高校在进行传统课堂教学时，可以将数字技术引入课堂教学。借助数字技术能够更加生动地展现红色旅游资源，也能够更加形象地展现红色旅游资源中的人物和场景。在传统课堂教学中，教师可以运用多媒体技术将红色旅游资源进行数字化转化，这样不仅能够让学生更加形象地了解红色旅游资源，也能更好地激发学生的学习兴趣。在具体实施过程中，教师还可以将数字技术融入传统课堂教学，比如在讲到中国共产党的发展历程时，教师可以运用多媒体技术将革命先烈和英雄人物的图片、文字、声音等数字化，并转化为三维模型等形式呈现在学生面前，让学生更加直观地感受到革命先烈和英雄人物的崇高精神。此外，在传统课堂教学中还可以运用数字技术开展网络授课、线上互动、在线研讨等活动。通过将数字技术融入传统课堂教学，能够让学生在线上进行互动交流和知识学习，也能够让教师在线下进行红色旅游资源的讲解。所以说，将数字技术融入传统课堂教学，是对传统课堂教学的创新和变革，能够让学生更好地感受红色旅游资源中的人物形象和场景，进而激发学生对红色旅游资源的兴趣。

3.2.2　在高校思政课堂教学育人中的应用

3.2.2.1　优势

思政课是高校思想政治教育的主渠道，发挥好思政课的作用至关重要。在数字化时代，传统思政课教学方式正受到巨大挑战。当前，思政课的传统教学方式主要是灌输式教学，即教师在课堂上讲什么，学生就记什么；教师在课堂上怎么讲，学生就怎么听。这种教学方式虽然使学生对知识的理解更深入、更透彻，但却无法实现情感态度与价值观的培养和升华。而数字化技术所具有的开放性、交互性、共享性等特点与思政课教学理念相契合。在数字化赋能下，思政课教师可以将红色旅游资源引入课堂教学中，打破传统思政课的时空限制，以信息化技术为支撑，充分利用现代教育技术手段创新教学模式，使学生能够主动参与到课堂活动中来，提高课堂教学效果。同时，通过数字化技术将红色旅游资源与思政课相结合，可以提高学生对思政课的学习兴趣和主动性。

（1）打破时空限制，拓宽思政课教学空间

数字化时代，数字信息技术广泛应用于社会各个领域，为人们提供了一种全新的生活方式。在数字信息技术的支撑下，高校可以打破传统思政课的时空限制，将红色旅游资源与思政课有机结合，从而拓宽思政课的教学空间。首先，通过数字信息技术将红色旅游资源数字化后，可以丰富思政课教学内容。其次，通过数字信息技术将红色旅游资源数字化后可以使学生随时随地进行学习，不仅突破了传统教学空间的限制，而且也为学生提供了更加广阔的学习空间。最后，利用数字信息技术可以将红色旅游资源与思政课进行有机融合，从而激发学生的学习兴趣。例如，在讲到《南湖红船》时，学生通过观看红色视频和学习相关文字资料后，对"红船精神"有了更加深入的了解。因此，数字化赋能可以拓宽思政课教学空间，激发学生的学习兴趣。

（2）引入信息技术，丰富课堂教学内容

在数字化时代，思政课的教学内容不再仅仅是课堂上的理论知识，还包括了教师对学生的情感态度、价值观等方面的影响。红色旅游资源是一种生动形象的、鲜活的教育资源，蕴含着丰富的爱国主义、集体主义、社会主义和中华民族精神等内容。因此，将红色旅游资源引入思政课课堂教学，有助于帮助学生树立正确的价值观念。思政课教师可以利用信息技术手段，将红色旅游资源以视频、图片、音频等形式呈现出来，运用多媒体手段制作课件，激发学生对红色旅游资源的兴趣和热情。利用多媒体信息技术插入视频、图片等内容，可以使枯燥乏味的教学内容变得生动有趣，提升课堂教学效果。例如，在学习马克思主义基本原理这一内容时，可以通过多媒体技术将红色旅游资源展示给学生看，可以插入一些红色旅游资源的图片和视频等内容，让学生身临其境地感受革命先辈在艰苦卓绝的革命斗争中为民族独立、国家富强所做出的贡献。通过这种方式，学生可以更好地理解课堂知识内容。同时，还可以通过多媒体信息技术来实现红色旅游资源与传统教学方法的有机融合。例如，教师可以通过多媒体信息技术来展示革命先辈在战争中使用过的武器、服装和生活用品等内容。不仅可以有效地提升课堂教学效果和教学效率，而且能满足学生对红色旅游资源的好奇心。

（3）创新教学模式，提高学生学习的主动性

创新教学模式是指通过引入新的教育技术和方法，在教学形式、教学手段、教学方法等方面进行优化，以更好地完成教学目标的过程。创新教学模式有利于调动学生的积极性和主动性，激发学生学习兴趣，提高学习效果。当前，思政课的传统教学模式主要以讲授式为主，即教师单向地传授知识给学生，这种教学方式虽然可以帮助学生理解相关知识，但不能很好地调动学生的积极性。而在数字

化赋能背景下，思政课教学可以通过引入线上线下相结合的翻转课堂等形式来实现。在线上，通过信息化技术将相关红色旅游资源以视频、音频等形式上传至网络平台，学生可以在线观看并学习相关内容。在线下，可以组织学生进行现场体验式学习活动。比如，在讲到井冈山革命根据地时，教师可以将井冈山革命博物馆的讲解员带到学校现场讲解并进行视频播放，也可以组织学生到井冈山革命纪念馆和井冈山革命烈士陵园等红色旅游景点开展现场体验式学习活动，还可以组织学生到革命旧址开展实地参观学习等。通过线上与线下相结合的方式开展课堂教学，既能提高学生学习的主动性，又能使学生对相关知识进行深入理解。

（4）搭建交流平台，实现师生共同成长

红色旅游资源在思政课堂教学中的应用，需要教师和学生之间进行有效沟通。教师可以利用数字化技术建立师生交流平台，学生可以通过该平台及时反馈自己的学习情况，教师可以对学生的学习进行针对性指导。因此，该平台就成为了师生之间良好的互动交流媒介。通过该平台，师生之间能够进行实时交流，打破时空限制，形成教学共同体，提高学生的学习积极性和主动性。在数字化赋能下，思政课堂教学模式由灌输式向互动式转变，不仅能够调动学生的积极性、主动性和创造性，还有利于教师与学生之间的互动交流，进而推动师生共同成长。

此外，教师还可以利用交流平台加强与其他院校的交流学习，提升自身的教学水平。当前，全国各地高校都在积极推进思想政治理论课改革创新工作。各地高校纷纷建立了思政课程教学改革创新基地，开设了思政课程网络教学资源库，教师可以利用该资源库分享教学资源、交流教学经验、探讨教学方法等。该资源库也是开展思政课实践教学的重要平台。通过该平台，教师可以将自己在课堂上讲授的内容、收集到的各种资料、搜集到的图片等进行共享。这样既可以扩大思政课程的覆盖面和影响力，又可以为教师开展思政课程实践教学提供便利条件。

3.2.2.2　实施路径

高校思想政治教育课堂教学在进行红色旅游资源育人载体拓展时，需要充分运用数字化技术，使其在思政课堂教学中发挥更大作用。在数字时代，随着网络技术、人工智能技术的快速发展，数字化技术对人类的生产、生活方式产生了巨大影响，并为高校思想政治教育工作带来了新机遇和新挑战。数字技术在红色旅游资源的传播与利用中也发挥着重要作用。比如，通过"云上延安"的网络直播形式，实现了红色旅游资源线上展示和传播；利用大数据分析技术对高校思想政治教育工作中的热点、难点问题进行分析，并以可视化形式进行呈现；利用

VR、AR 等新技术打造沉浸式红色旅游场景，增强思政课堂教学的吸引力。数字化技术在红色旅游资源育人载体拓展中具有重要作用，能够打破时空界限和传统教育模式，突破课堂教学时间限制和高校思政课堂教学空间限制，有效拓宽思政课堂教学空间，为学生营造更加丰富的学习体验。数字化技术在红色旅游资源育人载体拓展中的应用也会促进高校思想政治教育工作的创新发展。

（1）利用数字化技术打造沉浸式红色旅游场景

数字化技术是通过计算机系统将虚拟环境与真实世界相融合，使用户可以在虚拟环境中获得身临其境的感觉，具有高度的交互性和沉浸性，可以在短时间内使用户体验到现实环境中难以获得的体验。数字化技术可实现场景的三维重建，能够展现出现实世界中无法实现的信息，为学生提供更加丰富的体验。利用数字化技术打造沉浸式红色旅游场景，可使红色旅游资源更具吸引力和感染力，也有助于拓展思政课堂教学空间，增强思政课堂教学效果。例如，通过数字化技术打造沉浸式红色旅游场景，学生可以身临其境地体验革命先辈们浴血奋战的场景和不同时期面临的困难与挑战，感受到革命先辈们抛头颅、洒热血的英雄气概，从而更加深入地了解革命先辈们在不同时期做出的牺牲和奉献，并激发学生对党和国家事业发展的无限热爱。在打造沉浸式红色旅游场景时，需要将红色旅游资源中的人物、事件、地点等历史信息进行数字化处理，将其转化为数字信息并存储于计算机中。

（2）利用数字化技术分析学生的学习行为

数字化技术可以让教师、学生、管理者和社会等多方主体都参与到高校思政课堂教学活动中，为学生提供更多的学习支持服务，让学生可以更加自由地选择学习内容。以大数据分析技术为基础，对学生的学习行为进行分析，可以提高思政课堂教学的针对性。高校思政教师可以通过数字化分析技术，对学生的学习行为进行统计、整理和分析，为学生提供更加准确的教学服务。高校思政课堂需要关注不同年龄段学生的差异性，对不同年龄段学生进行有针对性的教学。

（3）利用数字化技术实现红色旅游资源的智能推荐

近年来，随着数字化技术的发展和普及，越来越多的高校思政教师开始运用数字化技术为学生提供智能化服务，这种智能化服务能够通过数据分析、智能推荐等方式提高思政课堂教学效率。比如，高校思政教师可以通过数字化技术为学生提供个性化的红色旅游资源推荐，比如相关红色旅游景区门票价格、开放时间、交通方式、参观线路等信息，学生可以根据自己的兴趣爱好和实际情况选择相应的红色旅游资源。通过这种智能化服务方式，可以为学生提供更加个性化、多样化的红色旅游资源服务。

3.2.3　在高校实践教学思政育人中的应用

新时代高校思想政治理论课教学需要将红色旅游资源与大学生实践教学结合起来，不断加强红色文化建设，使红色文化与高校实践教学相结合，并把思政教育与专业实践相结合，实现理论教学与实践教学相结合，激发大学生学习红色文化的兴趣和热情，培育大学生的爱国主义情怀。

3.2.3.1　优势

（1）有助于深化实践教学

红色旅游资源与高校实践教学相结合，可以充分利用当地红色旅游资源，通过参观考察、实地体验等方式，使学生对中国共产党在革命、建设和改革的过程中所形成的革命精神和优良传统有更深刻的认识，从而加深对党史、新中国史、改革开放史和社会主义发展史的理解，使学生亲身感受到中国共产党领导人民进行革命和建设所形成的伟大精神，感受到党的优良传统和作风，使学生更加坚定对党和国家事业的信心。在红色旅游实践教学中，还要使学生认识到中国共产党对社会主义事业所做出的巨大贡献。通过红色旅游实践教学，可以使学生更加深刻地认识到在党的领导下进行社会主义现代化建设事业所取得的巨大成就，从而加深对中国共产党为实现中华民族伟大复兴而不断奋斗的认识。

（2）有助于传承和弘扬红色文化

红色文化是中国共产党领导全国各族人民，在革命、建设和改革的过程中所形成的先进思想、理论、理念、制度等成果。红色文化具有鲜明的政治性、先进性、民族性，它既是革命和建设的历史见证，也是社会主义核心价值观的重要来源。因此，红色文化在传承过程中，需要发挥其教育作用。新时代，红色文化与高校实践教学相结合，能够实现思政教育和专业教学的相互促进和共同发展。在高校实践教学中融入红色文化，可以使学生进一步了解我国革命斗争历史，深刻认识到中国共产党领导人民取得的伟大成就和宝贵经验，激励大学生坚定理想信念、提高综合素质、培育时代新人。同时，在高校实践教学中融入红色文化能够进一步丰富红色文化的内涵。在高校实践教学中融入红色文化，可以使学生更加深入地了解中国共产党领导人民进行革命和建设过程中所形成的思想理论成果，从而激励大学生努力学习科学文化知识，提高自身综合素质。

（3）有助于思政教育工作的开展

思政课是高校立德树人的主要课程，如何创新思政课教学方法，是每一位思政教育工作者所面临的问题。高校辅导员、班主任等在思政教育过程中，既要做好教育工作，也要做好管理工作。如何利用好红色旅游资源，让红色旅游资源为思政教育服务，是一项重要的研究课题。要充分利用红色旅游资源，让大学生在参观学习的过程中接受爱国主义教育和革命传统教育，在实践教学的过程中，通过与辅导员、班主任等主体协同合作，帮助学生树立正确的世界观、人生观和价值观，培养大学生的爱国情怀和艰苦奋斗精神。在红色旅游实践教学中，不仅要引导学生参观红色革命遗址、观看红色影视作品等，还要将红色旅游资源与专业教学相结合。通过这种方式，可以激发学生的学习热情和兴趣，提高学生的学习能力和综合素质。

（4）有助于打造特色红色旅游品牌

随着我国经济社会的快速发展，人民群众的物质文化生活水平有了很大提高，越来越多的人有了旅游消费的需求，而红色旅游作为一种深受广大人民群众喜爱的旅游形式，越来越受到人们的青睐。红色旅游是红色文化与旅游业相结合而形成的一种新型旅游业态。在高校实践教学过程中，数字技术可以为学生提供更加生动、直观、形象的红色教育资源，使学生通过课堂教学和社会实践更加深入地了解党和国家所倡导的社会主义核心价值观。同时，数字技术能够为学生提供更多更丰富、更生动有趣的实践内容，使学生在参观红色旅游景点时获得更加丰富的红色旅游体验。因此，将高校实践教学与红色旅游资源相结合，既有助于打造特色红色旅游品牌，也有助于发挥红色旅游资源在大学生思政教育中的重要作用。通过实践教学，可以提高大学生的学习兴趣和积极性，将所学到的理论知识应用于实际生活中。随着时代的不断发展，科技水平的不断提高，高校实践教学可以充分利用数字化技术优势，把大学生带入更加真实、丰富、生动有趣的学习情境中。此外，数字技术还能为高校实践教学提供更多更丰富的教育资源和实践内容，提高学生在实践教学过程中的参与度和体验感。因此，将红色旅游资源与高校实践教学相结合，可以让大学生了解红色文化，学习红色精神，弘扬革命精神，传承红色基因。这样可以使大学生在潜移默化中受到社会主义核心价值观教育和爱国主义教育，有助于培养大学生成为合格的中国特色社会主义建设者和接班人。

3.2.3.2　实施路径

红色旅游资源是高校实践教学的重要内容，数字化是红色旅游资源融入高校实践教学的重要方式，也是实现传统红色教育与数字信息技术深度融合的有效路径。在数字化赋能背景下，要丰富实践教学内容，增强师生互动；提升实践教学效果，培养学生的实践能力，重视并发挥红色旅游资源在高校实践教学中的重要作用，不断创新红色教育形式，不断提升红色教育效果，为培养德智体美劳全面发展的社会主义建设者和接班人提供有力支撑。

（1）丰富实践教学内容，增强师生互动

数字化赋能红色旅游资源融入高校实践教学，首先，要以多样化的实践活动丰富红色旅游资源融入高校实践教学的内容。在数字化赋能背景下，可以根据大学生的学习特点和认知规律，在原有红色旅游资源的基础上进行合理创新和改编，充分发挥红色旅游资源的优势和特色，增强其吸引力。比如，高校可以借助红色旅游资源优势，为学生提供多种实践活动，如参观革命博物馆、纪念馆、革命旧址等，通过多种方式对学生进行爱国主义教育和革命传统教育。其次，可以依托"互联网+"的形式构建丰富多样的红色旅游资源数字化平台。在平台建设过程中可以借助现代信息技术，整合红色旅游资源，将其数字化并建立电子资源库、网络数据库等。然后根据大学生学习特点和认知规律，在数字信息技术平台上对学生进行分层化、个性化指导。最后，要重视实践教学中师生互动的问题。在数字信息技术平台上以师生互动、小组讨论、网络课堂等方式开展实践教学活动，可以有效调动学生参与到实践教学活动中来，增强学生学习兴趣，提高教学效果。

1）小组讨论。小组讨论是指在红色旅游资源数字化平台上以小组为单位开展实践教学活动。例如，在参观革命纪念馆时，教师可以将学生分成若干个小组，以小组为单位开展实践教学活动。比如每个小组可以负责一个革命纪念馆，学生通过网络学习红色旅游资源相关知识和介绍，然后在小组内对所学知识进行讨论和分析。在讨论过程中可以将学生的讨论内容进行分类，教师对讨论的内容进行点评。通过这种方式可以充分发挥学生的主体作用，调动学生学习的积极性和主动性。小组讨论还可以针对实践教学中存在的问题进行集中学习和解决。然后在每一个革命纪念馆内进行参观学习，并对所学内容进行分组讨论和分享。通过这种方式可以让学生将所学知识进行融合、消化和吸收，进而提高其综合运用能力。此外，还可以通过小组讨论的方式让学生主动发现实践教学中存在的问题，并在实践教学过程中及时解决。比如，在参观革命纪念馆时，教师可以引导学生观察每一个纪念馆内所陈列的文物、文献资料等内容，并让学生通过自己的语言将其进行总结归纳。这样可以培养学生发现问题、分析问题和解决问题的能力。

2）师生互动。在数字信息技术平台上开展实践教学，可以促进师生互动。数字信息技术平台的交互性较强，通过这种交互性可以提高学生的学习兴趣，提高学习效果。教师可以通过数字化信息技术平台实现与学生的实时互动，与学生进行平等交流，了解他们对红色旅游资源的理解程度和认识情况。同时，教师可以通过数字化信息技术平台中的问题调查问卷、留言反馈等功能了解学生对红色旅游资源的掌握情况和理解程度。在师生互动过程中，教师还可以根据实际情况调整教学策略，有利于发挥学生学习的主动性和积极性。

3）网络课堂。网络课堂是利用现代信息技术将教学内容录制成视频，并以网络课程形式展现给学生的一种新型教学模式。首先，通过使用网络课堂，可以为学生提供多种学习方式，如视频点播、网络直播、在线答疑等。其次，可以将红色旅游资源视频与大学生的学习需求相结合，使学生可以随时进行学习。再次，还可以利用网络课堂开展实践教学活动，比如利用网络课堂开展红色旅游资源知识竞赛活动等。最后，还可以利用网络课堂进行红色旅游资源实践教学活动的评价与考核。在数字化赋能背景下，要充分利用数字信息技术平台的优势，将红色旅游资源与大学生的学习需求相结合，为学生提供多种学习方式。同时，在数字信息技术平台上可以设计各种实践教学活动，比如参观体验红色旅游资源、拍摄短视频等。比如，在参观革命旧址时可以通过 3D 模型、虚拟现实技术等制作红色旅游资源的视频进行现场讲解，在参观革命纪念馆时可以拍摄短视频对其进行介绍，在进行红色旅游资源实践教学活动时可以通过在线测试系统对学生的学习情况进行评价等。通过多种实践教学活动提高学生的学习兴趣和参与积极性。

（2）提升实践教学效果，培养学生的实践能力

实践教学是高校教学的重要环节，也是对学生进行素质教育和创新教育的重要形式，更是培养学生能力和素质的重要途径。在数字化赋能背景下，要想提升红色旅游资源实践教学效果，就必须充分发挥数字化技术优势，积极利用互联网平台和移动设备，使数字化技术成为开展实践教学活动的有效载体。

1）搭建"数字化+红色旅游资源"云平台。搭建"数字化+红色旅游资源"云平台，不仅可以让红色旅游资源得以更好地传承和发扬，还可以在高校中营造浓厚的红色氛围。该平台是以信息技术为依托，利用网络技术，为学校师生提供

一个集参观、学习、体验、分享于一体的平台。"数字化+红色旅游资源"云平台以学校师生为服务对象，以学校红色旅游资源为研究内容，将红色文化和旅游资源有机结合起来，实现线上线下一体化服务。其中，线下部分主要指以参观、学习、体验、分享为主的活动形式，线上部分则指基于移动设备的应用系统，包括微信公众号、抖音等新媒体平台。学校师生既可以通过微信公众号实现浏览和查询红色旅游资源信息，也可以在移动设备上使用微信公众号、抖音等新媒体平台进行浏览和查询。具体来说：学校师生可以通过微信公众号，随时随地了解学校红色旅游资源的相关信息，并下载保存有关资料；通过抖音平台，随时观看红色旅游资源相关视频，了解其中的红色历史和人物故事。此外，该平台还可以分为红色旅游资源库和学习平台两个部分。其中，红色旅游资源库包含了全国各地的优秀红色旅游资源介绍，学习平台则为师生提供了一个交流平台。通过学习平台，师生可以在线阅读并下载相关资料图片和视频资料。同时，该平台设置了交流讨论板块、分享板块、投稿板块等功能，可以促进师生之间、师生与游客之间的互动交流和信息反馈，进一步提升教育教学效果。

2）开展线上与线下相结合的红色教育实践教学活动。在数字化赋能背景下，红色教育实践教学活动应该将线上与线下相结合，这也是新时代对高校思想政治教育工作提出的新要求。在开展线上与线下相结合的红色教育实践教学活动时，要通过线上展示、线下体验的方式开展实践教学活动。首先，要组织学生通过线上参观红色旅游景区、观看革命历史题材影视作品、聆听革命先烈的英雄事迹等方式了解红色旅游资源，并通过学生在网络上的分享和宣传让更多的人了解红色旅游资源。其次，要组织学生参加红色教育实践基地的参观学习，通过现场参观体验等方式，让学生深入了解红色旅游资源。最后，要组织学生参与线上实践教学活动，在相关课程中开设相应的红色旅游资源专题课程。总之，要通过线上线下相结合的形式开展红色教育实践教学活动，让学生能够参与到实践教学活动中来。这样不仅可以加深学生对红色旅游资源的理解和认识，还能激发学生学习红色文化和探索红色旅游资源的兴趣和热情。

3）整合各类红色旅游资源。在数字化赋能背景下，要想充分挖掘红色旅游资源的价值，就必须整合各类资源。第一，积极搭建"数字化+红色旅游资源"云平台，这不仅可以加大红色旅游资源的宣传力度，还可以推动红色旅游资源的开发和利用。第二，在红色旅游景区建立实践教学基地，组织学生实地参观学习，这是对红色旅游资源进行开发和利用的重要途径。高校要积极整合本地优秀的红色旅游资源和爱国主义教育基地等社会实践教学资源，建设好校园实践教学基地。第三，高校应该加强与本地博物馆、纪念馆、爱国主义教育基地等合作办学，开展丰富多彩的校外实践教学活动，并加强与当地政府和企业的合作交流，将红色旅游资源开发融入当地的社会经济发展中。第四，高校要积极借助本地红色旅游资源开展爱国主义教育活动、先进人物事迹报告会、优秀师生演讲比赛等活动，以提高学生的学习积极性和实践能力。

（3）重视并发挥红色旅游资源在高校实践教学中的重要作用

充分利用红色旅游资源开展实践教学活动，是提高学生思想政治素养、培养学生爱国情怀的重要手段，也是传承革命文化、弘扬革命精神的重要途径。

1）充分利用红色旅游资源开展实践教学。红色旅游资源承载着革命历史和革命精神，能够使学生感受到革命先烈的崇高品质、为国牺牲的大无畏精神，从而使学生更加热爱党和国家，更加坚定"四个自信"。在高校实践教学中，应充分利用红色旅游资源开展实践教学活动，以参观考察、体验学习、现场教学等方式，引导学生深入了解革命历史，学习革命先辈们的崇高品质。在红色旅游资源中开展实践教学活动，可以使学生身临其境地感受革命先烈的英勇事迹和崇高精神，激发学生的爱国情怀和民族自豪感。利用红色旅游资源开展实践教学活动，能够为大学生提供参观游览红色旅游景点、体验红色旅游产品等机会，从而提高学生的思想政治素养和爱国情怀。通过引导学生在实践中学习、在实践中成长，增强学生的创新意识和创新能力。

2）不断创新实践教学方式方法。新时代，红色旅游资源在高校实践教学中具有独特的优势，可以帮助大学生深入了解和认识革命历史，进而激发大学生学习党史、新中国史、改革开放史及社会主义发展史的热情。充分利用红色旅游资源开展实践教学活动，不仅可以帮助学生了解革命历史，帮助学生继承和发扬革命传统，还能为学生提供更为广阔的实践空间。此外，红色旅游资源在高校实践教学中具有极大的包容性和延展性，不仅可以采取现场参观、实地考察、互动体验等多种方式进行实践教学，还可以采取多媒体教学、网络教学、虚拟仿真技术等新型教学手段开展实践教学，使学生在亲身体验中感受革命先烈的伟大精神，进而实现高校实践教学方式及方法的创新。

3）不断提升红色教育效果。在将红色旅游资源融入高校实践教学的过程中，高校要积极创新红色教育形式，不断提升红色教育效果，使大学生对中国共产党历史、革命先辈的光辉事迹有更直观、更深入的了解。因此，高校要善于利用互联网新媒体技术，建立"互联网+红色旅游"数字化实践教学平台。平台包含线上展馆、现场教学、在线互动等功能，实现"一次参观、多重感受"的效果。在数字化赋能背景下，高校要积极引导学生利用平台上丰富的红色旅游资源进行实践活动，并通过开展丰富多彩的实践教学活动激发学生的学习兴趣。同时，高校要依托数字化平台建设，构建完善的线上教育体系和服务体系，根据不同学生群体的特点，可以开发红色教育慕课、微课等数字课程，面向不同受众群体开展有针对性的学习活动。通过运用数字化手段创新红色教育形式，激发学生参与热情，让学生在沉浸式体验中不断加深对中国共产党历史、对革命先辈的光辉事迹和伟大精神的了解和认识；通过创新红色教育形式，不断提升红色教育效果。

3.3　数字化赋能红色旅游资源与思政育人融合问题探析

红色旅游资源蕴含着丰富的思政元素，是高校开展红色教育的重要载体。在数字技术迅猛发展的时代背景下，高校可借助数字技术对红色旅游资源进行开发与利用，在实现资源合理开发的同时，实现思政教育与信息技术的深度融合。然而，当前高校红色旅游资源与思政育人融合存在数字化建设滞后、尚未形成合力、无法实现可持续发展等问题，如何充分利用数字技术挖掘和开发红色旅游资源的思政元素，使其发挥最大的育人价值是当前高校红色旅游资源思政育人数字化建设必须思考和解决的问题。

3.3.1　数字化建设滞后的原因和解决策略

3.3.1.1　原因

（1）红色旅游资源的数字化教学资源开发不足

目前，高校在红色旅游资源的数字化教学资源开发方面存在一些不足，主要体现在三个方面。首先，内容开发不够。高校红色旅游资源的数字化教学资源建设是指以红色旅游资源为载体，利用数字化技术将其转化为各类教学内容，对红色旅游资源进行收集、整理和加工，使其成为具有教学价值的数字教育资源。当前高校红色旅游资源的数字化教学内容开发缺乏系统性和科学性，其中多为理论层面的探讨，对于如何将红色旅游资源与思政教育内容结合起来还缺乏系统规划与实施路径。其次，数字化教学内容与实际情况相脱离，有的高校在开发数字化教学内容时没有充分考虑学生的认知水平和接受能力，导致数字化教学内容无法引起学生的兴趣和共鸣，影响了其参与积极性。很多高校红色旅游资源的数字化教学内容主要包括文本、图片、视频等，这些内容相对陈旧。最后，形式开发不够。目前高校红色旅游资源的数字化教学形式有开发相关数字教育产品、网络微课或慕课等在线课程、红色旅游视频或图文资料等，形式品类不够丰富。

（2）红色旅游资源思政育人数字化建设缺少针对性和有效性

红色旅游资源思政育人数字化建设缺少针对性和有效性，尚未成为高校思政教育体系中不可或缺的组成部分。在思政育人数字化建设过程中，缺乏对红色旅游资源的开发利用现状进行的调研和分析，未能从整体上把握红色旅游资源开发利用的规律和特点。部分高校在红色旅游资源思政育人数字化建设过程中，存在数字技术应用水平较低、数字资源共享机制不健全、数字技术与思政育人结合不紧密等问题。部分高校虽然建立了红色旅游资源思政育人数字化建设相关制度，但在推进过程中缺少针对性和有效性。从长远来看，如果没有有效的工作机制保障和制度保障，思政育人数字化建设也难以取得实质性成效。

（3）红色旅游资源思政育人数字化平台与思政育人的关联性不强

当前数字技术在高校红色旅游资源思政育人数字化平台建设中的应用还比较有限，思政教育的主要载体是课堂教学，数字化平台只能服务于课堂教学，不能发挥它在其他方面的作用。数字技术的应用在红色旅游资源思政育人数字化平台建设中主要体现在平台的开发与设计，以网络直播、新媒体推送、虚拟现实等形式呈现给师生，但这些形式与思政教育的关联性不强，没有实现思政教育内容的数字化呈现，没有使红色旅游资源思政育人数字化平台建设工作产生新的变化。主要表现在红色旅游资源思政教育类数字化平台无法将数字技术与思政育人融合在一起。因此，要实现红色旅游资源思政育人数字化平台建设与思政育人的结合，就要将数字技术与思政育人进行融合，并将数字技术应用到红色旅游资源思政育人数字化平台建设中。

（4）红色旅游资源思政育人数字化平台建设中的内容较为单一

当前，部分红色旅游资源思政育人数字化平台的内容建设还比较单一，不能充分满足学生的需求。高校要想充分发挥红色旅游资源思政育人数字化平台在高校思政教育工作中的作用，就必须结合当代大学生对红色旅游资源思政育人数字化平台内容建设方面的需求，从创新思想政治教育方式和提高学生学习兴趣两个方面入手，对红色旅游资源思政育人数字化平台内容进行创新。只有不断丰富和完善高校红色旅游资源思政育人数字化平台内容建设形式，才能更好地满足当代大学生对红色旅游资源在思政教育方面的需求。

（5）红色旅游资源思政育人数字化平台管理制度方面不够完善

当前高校红色旅游资源思政育人数字化平台的管理制度缺乏对数字化平台建设的经费保障。同时，缺乏对数字化平台管理人员的有效激励，导致数字技术在红色旅游资源思政育人数字化平台建设中应用的积极性不高，这直接影响到了红色旅游资源思政育人数字化平台建设工作的顺利开展。从总体上看，红色旅游资源数字化与思政育人是一个复杂的系统工程，涉及教育主体、教育对象、教育内容、教育方式等方面，需要构建一个长效机制。当前，红色旅游资源数字化与思政育人工作在总体思路上，还没有形成系统化的理论指导；在具体实践中，还存在着诸多问题；在协同育人方面，更是缺少长效机制。因此，构建长效机制、形成系统合力，对推动红色旅游资源数字化与思政育人工作高质量发展至关重要。

3.3.1.2　解决策略

（1）强化数字化思政教育平台建设，提升数字化思政教育整体效果

红色旅游资源数字化融入思政育人是一项系统工程，需要通过数字化平台建设实现红色旅游资源的宣传推广、思想教育和文化服务。要通过数字化平台建设，实现红色旅游资源的宣传推广和思想教育功能，让更多游客了解红色旅游资源。例如，可以通过线上直播的方式，让游客在观看直播的同时，了解红色旅游资源。在开展数字化思政育人工作过程中，要注重对红色旅游资源进行宣传推广。首先，可以在新媒体平台上开设"红色旅游资源"专栏，让更多游客了解和关注红色旅游资源；其次，可以利用微博、微信公众号等新媒体平台推送有关红色旅游资源的信息；最后，可以组织专门人员拍摄和录制红色微电影、红色歌曲等文艺作品。

（2）以学生为中心，提升数字化思政育人的针对性和实效性

各级各类学校要坚持以学生为中心，努力提升红色旅游资源数字化与思政育人的针对性和实效性。红色旅游资源数字化与思政育人工作的开展需要从学生的角度出发，根据不同年龄阶段学生的身心特点、认知规律、接受能力等因素，有针对性地开展教学活动。具体而言，教师要注意以下三点：一是要充分考虑学生的认知规律。开展红色旅游资源数字化与思政育人的教学活动应基于学生的认知规律，努力满足学生的学习需求。例如，教师可以根据学生对红色文化内涵与精

神的理解程度不同，采用不同的教学方法和教学内容。二是要充分考虑学生的接受能力。红色旅游资源数字化与思政育人应在遵循教学规律和学生认知规律的前提下，注重教学内容与学生认知水平、兴趣爱好和生活实际相结合。三是要充分考虑到红色旅游资源数字化与思政育人所面对的群体特征。红色旅游资源数字化与思政育人是一项复杂的系统工程，涉及多个领域、多种学科、多个部门。因此，各级各类学校在开展红色旅游资源数字化与思政育人时应充分考虑到所面对的群体特征、社会背景和接受能力等因素。例如，针对不同年龄段的学生可以采取不同的教学方法和教学内容，针对来自农村地区、偏远地区等的群体可采取更加灵活多样、生动活泼、通俗易懂的方式进行教学。

（3）充分发挥数字化教学平台的作用

红色旅游资源的数字化教学平台是指高校借助互联网、数字电视等技术，利用各类信息平台开展红色旅游教学的平台。当前，很多高校建有专门的网站或官方微信公众号，这些平台成为高校开展红色旅游教育的重要媒介。对于一些知名度较高、游客量较大的红色旅游景点，高校可以依托这些平台开展教学活动。例如，井冈山革命博物馆、毛泽东故居等红色景点可以通过微信公众号开设"学习小课堂"专栏，定期推送相关知识点；一些高校还可以在官网上开设红色旅游资源专栏，推送有关教学资源、教学课件、教学视频等。通过这些平台，高校可以扩大红色旅游资源的影响力，推动红色旅游资源与思政教育工作深度融合。

（4）促进高校与红色旅游企业的合作

目前，高校在红色旅游资源的数字化教学资源建设方面主要与红色旅游企业进行合作，而红色旅游企业的主要功能是提供相关服务，以促进红色旅游资源的开发和利用。在这种背景下，高校与红色旅游企业可以实现优势互补，具体包括以下两个方面：第一，为高校提供优质服务。目前高校在开展红色旅游资源数字化教学时主要依靠学校的相关部门或组织进行，难以调动其积极性。因此，高校可以与红色旅游企业合作，引入优秀的数字化教学资源。同时，高校与红色旅游企业可以开展多种形式的合作。例如，双方可以成立产学研联盟，高校在理论研究、实践教学和人才培养等方面为企业提供支持；双方可以成立"高校与红色旅游企业合作联盟""高校与红色旅游企业联盟"等组织，以促进双方的优势互补和资源共享；还可以联合培养学生，合作开发课程、编写教材及提供实训基地等。第二，为大学生提供实践机会。高校是培养学生实践能力的重要场所，在进行红色旅游资源数字化教学时也要注重对学生实践能力的培养。通过实践使学生了解和掌握相关理论知识与技能，在这个过程中既能强化大学生的专业素养和综合能力，又能增强大学生的爱国情怀和民族自豪感。

此外，红色旅游企业是发展红色旅游事业的重要力量，在服务社会、发展经济等方面发挥着重要作用。首先，红色旅游企业可以鼓励学生参与相关活动。例如，在"不忘初心、牢记使命"主题教育中，可以鼓励学生通过参观革命历史遗迹、参加红色实践活动、到革命遗址遗迹开展社会实践等方式来加深对革命历史和革命精神的了解与感悟。其次，红色旅游企业可以设立专门的实践基地。例如，在"红色旅游节"活动中可以通过设立专门的实践基地等方式来开展实践教学活动。最后，红色旅游企业可以提供实训基地。例如，在"互联网+"背景下开展"互联网+红色旅游"活动时，可以通过为大学生提供实训基地等方式来促进学生对红色旅游资源的了解与掌握。总之，高校与红色旅游企业开展合作能够实现优势互补、资源共享、相互促进和共同发展。高校与红色旅游企业开展合作不仅有助于提高大学生的实践能力和综合素质，还能促进高校思政教育工作的开展和完善。

3.3.2　尚未形成合力的原因和解决策略

红色旅游资源数字化与思政育人之间存在着内在一致性，在数字化的过程中，思政教育是贯穿其中的重要环节。然而，目前红色旅游资源数字化与思政育人尚未形成合力，在发展过程中存在着红色旅游资源开发与思政教育融合程度不够、红色旅游资源数字化与思政教育协同机制不健全、思政育人内容不够丰富等问题。

3.3.2.1　原因

（1）主体之间缺少协同合作

在将红色旅游资源数字化融入思政育人的过程中，不同主体间存在利益冲突和权责模糊，导致各主体的协同合作关系不明确，难以形成合力。教育主体对红色旅游资源数字化融入思政育人的重要性认识不够，红色旅游资源数字化融入思政育人缺少统一规划和设计，导致各主体之间缺乏沟通交流和合作。教育主体间缺乏协作意识，导致红色旅游资源数字化融入思政育人缺少协同合作。

（2）与数字技术的融合尚不充分

从目前情况看，红色旅游资源的思想政治教育功能与数字技术的融合还处于起步阶段，数字技术与思政教育"两张皮"现象依然存在，部分红色旅游资源的思想政治教育功能未得到充分挖掘和利用，思政育人功能在红色旅游资源开发利用过程中的作用发挥不充分，数字技术在高校红色旅游资源思政育人中的应用程度也有待进一步提升，红色旅游资源思政育人数字化建设尚未成为高校思政教育体系中不可或缺的组成部分。

（3）数字化资源建设和应用不足

当前，一些高校利用数字技术开展红色旅游资源思政育人工作还处于起步阶段，主要表现在：一是数字化资源建设不足。部分高校虽然建立了红色旅游资源数据库，但其在数据更新、数据共享等方面还存在一些问题；部分高校对红色旅游资源数字化建设的重视程度还不够，在人才、经费等方面也存在一些问题。例如，部分高校虽然设立了专门的数字文化研究所，但由于人员配置、经费保障等原因，数字文化研究所在红色旅游资源数据更新、平台建设等方面发挥的作用并不明显。二是数字化资源应用不够。例如，一些高校在利用网络平台开展红色旅游资源思政育人工作时存在一些问题，网络平台的使用频率不高、数量不足，导致网络平台上的红色旅游资源内容更新不及时，部分高校红色旅游资源在网络平台上的资料数量和内容质量无法满足师生对红色文化的需求。同时，部分高校红色旅游资源思政育人工作尚未得到师生足够重视。部分高校在开展网络平台红色旅游资源思政育人工作时缺乏相应的宣传和引导，导致师生对网络平台上的红色文化内容不感兴趣或兴趣不大。三是与现实教育教学结合不够。部分高校在开展网络平台红色旅游资源思政育人工作时缺乏与现实教育教学相结合的理念，导致教师对网络平台上的思政育人工作缺乏足够的重视和深入的挖掘。

（4）缺乏统筹考虑

随着信息技术的发展，数字化在教育领域的应用越来越广泛，然而，部分学校对数字化与思政育人的统筹考虑不够，对数字化与思政育人的重要性认识不足，导致红色旅游资源数字化与思政教育工作脱节，进而影响红色旅游资源数字化与思政教育的深度融合。学校缺乏统筹规划，也会导致红色旅游资源数字化与思政育人工作缺乏顶层设计，造成资源浪费和重复建设。同时，部分学校对红色旅游资源数字化与思政育人的协同机制缺乏认识，导致两者之间尚未形成有效的协调机制。学校应高度重视红色旅游资源数字化与思政育人的统筹，推动两者之间形成协同效应。

3.3.2.2 解决策略

（1）立足红色资源内涵，实现数字化与思政教育有机融合

红色旅游资源的内涵丰富，在很多方面都体现出深刻的思想价值。例如，很

多红色旅游资源都蕴含着对革命先烈的缅怀之情、感恩之情，这些都是进行红色旅游资源数字化融入思政教育的好素材。要想有效利用这些丰富的红色旅游资源，就必须深入挖掘其思想价值，将红色旅游资源数字化融入思政育人工作。一方面，要在挖掘红色旅游资源的思想价值上下功夫，将其思想价值内涵融入数字化教学活动中去，通过多种途径让学生深入了解红色旅游资源背后的历史故事和精神内涵，并在此基础上进行思想政治教育。另一方面，要在传播红色旅游资源数字化信息上下功夫，利用互联网、云计算等现代科技手段将红色旅游资源的数字化信息传播到全国各地。要充分利用好这些数字化信息，让学生在实践体验中受到教育和启发。此外，还要通过线上互动与线下互动相结合、线上虚拟与线下真实场景相结合等方式把红色旅游资源数字化融入思政育人工作，从而实现红色旅游资源数字化融入思政育人工作的可持续发展。

（2）设计课程体系，促进红色教育与思政教育深度融合

红色旅游资源数字化与思政育人的深度融合，关键在于设计数字化思政育人课程体系，即如何在旅游资源中融入思政教育的元素。当前，部分地区和学校的红色旅游资源数字化与思政育人课程体系建设比较滞后，甚至没有设计出红色旅游资源数字化与思政育人课程体系。因此，要设计出科学的红色旅游资源数字化与思政育人课程体系，应从以下两个方面入手：第一，要设计出科学的红色旅游资源数字化与思政育人课程体系。第二，要落实好立德树人的根本任务，确保红色旅游资源数字化与思政教育的实效性。一是要从新时代的高度出发，深刻认识红色旅游资源数字化与思政教育的重要性。各地和学校应充分利用信息技术等新技术手段，将红色旅游资源数字化与思政育人工作结合起来。例如，可以利用VR、AR、全息投影等技术手段将红色旅游资源数字化与思政教育融为一体，也可以利用大数据、人工智能等新技术手段实现红色旅游资源数字化与思政育人工作的智能化。再如，可以成立红色教育和思政育人工作领导小组、专家指导委员会等机构，对各地和学校的红色旅游资源数字化与思政育人工作进行科学指导和统筹规划。二是要严格落实立德树人根本任务。各地和学校应将红色旅游资源数字化与思政育人课程体系设计作为落实立德树人的根本任务的重要内容。

（3）完善数字化内容，促进红色旅游资源开发与思政教育相融合

在思政教育过程中，红色旅游资源的数字化可以促进思政育人的实施，而思政育人可以促进红色旅游资源的开发。因此，必须做好红色旅游资源的数字化，以更好地发挥红色旅游资源在思政教育中的作用。为此，必须做好以下工作：第

一，加强对红色旅游资源的保护和开发。要完善对革命先烈及其相关人物的生平事迹和精神的研究，科学制定保护规划，合理开发利用革命遗址等遗迹。第二，加强对红色旅游资源的数字化处理。一是要加强对数字化内容进行分类处理。在此过程中要坚持真实性原则和客观性原则。在确保真实性原则的前提下，对一些历史细节进行还原、补充和完善。二是要坚持价值引领原则，以社会主义核心价值观为引领，加强革命精神、爱国主义精神等方面的研究与宣传教育，在此过程中要避免历史虚无主义等错误倾向对社会主义核心价值观产生影响。第三，加强对数字技术的应用和创新。当前，一些红色旅游资源开发利用不够充分，主要原因是数字化技术应用不够充分或创新不够。因此，在推动红色旅游资源数字化建设过程中必须加强对数字技术应用和创新的重视，促进数字化与思政教育相融合。第四，加强对数字技术与红色旅游资源融合发展的研究。在数字技术与红色旅游资源融合发展过程中需要加强对数字化与思政育人协同作用的研究，加强对红色旅游资源数字化与思政育人协同作用路径的研究，加强对数字化与思政教育协同作用路径和机制的研究。第五，完善相关法律法规和政策制度建设。当前，我国对于红色旅游资源的保护、开发、利用等方面还不够完善，需要在相关法律法规和政策制度建设方面做出努力，健全相关法律法规和完善相关政策制度。

3.3.3 无法实现可持续发展的原因和解决策略

当前，数字经济已成为驱动我国经济高质量发展的新引擎。处于数字经济时代的旅游产业，也应顺势而为，把红色旅游资源与数字化技术结合起来，让红色旅游资源的发展具有更强的生命力。然而，当前红色旅游资源数字化融入思政育人过程中还存在诸多问题，制约着红色旅游资源数字化融入思政育人工作的可持续发展。

3.3.3.1 原因

（1）重流量轻质量，没有实现可持续发展

红色旅游资源数字化融入思政育人，需要通过多种渠道、多种形式传播和展示红色旅游资源，吸引更多的游客前往参观。然而，现实中不少红色旅游资源在数字化应用过程中出现了重流量、轻质量的问题。一方面，有些地方为了吸引游客，片面追求流量，在没有深入挖掘红色旅游资源内涵的情况下，把旅游景点打造成网红打卡地，从而导致不少游客为了打卡而去旅游。这种过度追求流量而忽视质量的做法，既不利于红色旅游资源数字化融入思政育人工作的开展，也不利于红色旅游资源数字化工作的长期开展。另一方面，有些地方在红色旅游资源数字化应用中没有注意保护好红色旅游资源。例如，有些地方将红色旅游景点打造成"人造景点""人造景观""假景观"。这些做法不但不能实现红色旅游资源数字化融入思政育人工作的可持续发展，还会对红色旅游资源造成破坏和污染。

（2）红色资源数字化应用碎片化，没有形成体系

红色旅游资源数字化应用，要从整体上把握红色资源数字化建设的发展状况，从而形成红色资源数字化体系。当前，国内红色旅游资源数字化建设不平衡、不充分，一些地区由于缺乏对红色旅游资源的深入挖掘和整体规划，导致红色旅游资源数字化建设的碎片化现象明显。由于红色旅游资源本身的多层次性、关联性、开放性等特点，使其在实际开发利用过程中存在多头管理和条块分割现象，导致了我国红色旅游资源数字化建设缺少系统性和整体性。这就要求红色旅游资源数字化应用必须从整体上进行统筹规划，避免红色旅游资源的无序开发和粗放发展。

（3）重经济轻精神，缺少传承与弘扬

红色旅游资源数字化融入思政育人缺少可持续发展，是因为各地方和学校对红色旅游资源数字化与思政育人的关系没有科学认识，主要表现在：第一，对红色旅游资源数字化与思政育人的关系认识还不够清晰；第二，对红色旅游资源数字化的内涵、外延、方法、内容等研究不够透彻，对如何更好地发挥红色旅游资源数字化融入思政育人的作用还不清楚；第三，对红色旅游资源数字化融入思政育人的具体路径不清晰。

3.3.3.2　解决策略

（1）注重红色资源保护，促进数字化思政教育可持续发展

红色旅游资源是红色文化的重要载体，对红色旅游资源的保护和传承，不仅可以促进红色文化的发展，还可以进一步巩固和提升红色文化在人们心中的地位。然而，现实中不少地方在发展红色旅游资源数字化过程中存在着片面追求流量而忽视质量的问题。因此，必须注重保护好红色资源，注重红色资源保护与思政育人工作的有机结合。只有这样才能更好地促进红色旅游资源数字化融入思政育人工作的可持续发展，使其成为新时代思政教育的重要阵地。

（2）充分挖掘红色资源内涵，创新红色旅游资源数字化的内容

红色旅游资源是中国共产党领导人民在革命、建设和改革过程中留下的重要历史遗迹和遗物，是革命精神的载体，也是中华民族宝贵的精神财富。红色旅游

资源蕴含着丰富的思政元素，是进行思想政治教育的生动教材。要充分挖掘红色旅游资源内涵，将其作为思想政治教育资源进行数字化开发利用。一方面，要挖掘红色旅游资源的内涵，特别是要注重对革命历史、革命人物、革命精神、革命故事等内容的挖掘和整理。另一方面，要结合时代特点创新红色旅游资源数字化内容，将红色旅游资源数字化与思政育人有机结合起来。比如，可以将红色堡垒、红烛先锋、红心向党的"三红"教育纳入思政课教学中，通过参观"三红"教育基地，开展"三红"体验活动等方式进行思政教育；也可以通过红色故事、红色歌曲、红色影视作品等形式对大学生进行红色精神教育；还可以把红色旅游资源数字化融入校园文化活动中，如举办以弘扬"三红精神"为主题的演讲比赛、诗歌朗诵比赛、讲党史故事比赛等活动。通过这些活动把红色文化融入大学生的学习和生活中，不断增强学生的思想政治素质和道德品质。

（3）大力推动红色旅游与信息化融合，提升红色旅游资源数字化水平

一是在红色旅游资源数字化过程中，应把互联网技术融入红色旅游资源数字化全过程，提升红色旅游资源的数字化水平。在内容方面，要大力推动红色旅游与信息化融合，将数字化技术运用到红色旅游的开发建设中，促进红色旅游景区的数字化转型升级。在开发建设方面，要将数据采集、存储、分析等技术应用于景区的数字化建设过程中，对景区的各个要素进行精准管理和智能分析。二是在红色旅游资源数字化过程中，要大力推动与信息化融合。在数字化过程中要充分利用互联网技术进行资源整合，利用大数据和云计算等技术实现数字资源的优化配置，充分发挥互联网技术在景区数字化建设中的重要作用。在互联网技术应用于景区开发建设的过程中，要充分利用好大数据和云计算等技术，实现对资源的精准管理和智能分析。在旅游信息传递和营销过程中要充分利用好互联网技术和数字信息传播手段，实现对景区游客数量、停留时间、游客结构等信息的及时准确获取和反馈。在评价指标方面，要充分考虑红色旅游资源数字化后的使用价值和社会价值。通过网络对红色旅游资源进行评价时要充分考虑到红色旅游资源的利用价值，以互联网为依托、以市场需求为导向，从景区信息化服务体系入手进行整体设计，打造涵盖信息发布、导游讲解、语音导览、智能导游等多功能的智慧景区服务体系。

（4）充分利用"互联网+"的优势，增强红色旅游资源数字化的吸引力

在"互联网+"背景下，红色旅游资源数字化不仅要运用数字化技术来呈现革命历史遗迹，还要运用数字化技术来诠释革命精神，使红色旅游资源数字化具

有吸引力。一是以新媒体技术为平台，通过微信、微博、抖音等新媒体平台对红色旅游资源进行宣传，实现红色旅游资源与游客的有效互动。二是通过 VR 和全息投影技术等虚拟技术让红色旅游资源"看得见"，通过 AR 让红色旅游资源"摸得到"，让游客身临其境感受革命历史遗迹和革命精神的魅力。三是通过网络直播、现场直播、视频回放等形式让游客不论是在线上还是线下都能感受到革命历史遗迹和革命精神的魅力。四是通过智慧旅游平台，让游客通过网络预约、网络购票、网上讲解等方式进入红色旅游景区进行游览。五是通过移动终端 APP 和微信公众号等形式让游客在线上进行红色旅游资源的参观和体验，使游客可以随时随地感受到革命历史遗迹和革命精神的魅力。六是通过搭建网络平台来促进红色旅游资源与思政育人资源的有效对接。

3.4　数字化赋能红色旅游资源与思政育人融合发展的案例和经验

随着数字化技术的不断发展，数字化赋能红色旅游资源与思政育人融合发展成为一种新的实践方式。本节从典型案例和现状分析等方面，探讨数字化赋能红色旅游资源与思政育人融合发展的实践，并总结有益的经验，为本书提出数字化赋能红色旅游资源与思政育人融合发展的模式与实施路径提供实践指导。

3.4.1　典型案例

随着文旅融合的不断深化，人们对于红色记忆作为旅游目的地的关注度逐渐上升。为了推动红色旅游的发展，各地积极挖掘和利用红色资源，并充分运用科技手段，不断创新红色旅游的呈现方式。目前，许多红色旅游目的地正积极采纳数字化技术，通过建设红色纪念场馆和推出沉浸式演艺等项目，充分发挥数字科技的力量，以激活红色资源、传承红色精神，同时激发红色旅游的新动力。

3.4.1.1　红色文化主题展览社会教育案例

位于吉林省的莲花岛教育基地，融合了丰富的红色文化资源。吉林省拥有独特的历史背景，包括东北抗日联军创建地和抗美援朝后援地等，这些宝贵的资源成为红色旅游的核心吸引力。游客们可以在这里深入了解中国近现代历史的精彩篇章，体验当年革命先烈英勇抗争的感人历程，感受到历史的厚重和革命故事的魅力。

长春莲花岛红色教育基地通过其独特的红色研学课程和活动，以体验式教学的方式，唤起了游客内心深处的爱国之情。通过数字化技术的创新运用，在莲花岛教育基地红色旅游景区和场馆中，全息技术和半景画形式的应用已经改变了游客们与展馆之间的互动体验。这些高科技手段让游客可以更深刻地理解历史时刻，仿佛亲历其中一般。通过逼真的三维重现和虚拟现实技术，游客们能够身临其境地感受历史，增强了红色旅游的吸引力和教育效果。

总之，长春莲花岛红色教育基地以其独特的教育模式和丰富的资源，成功地将抗战精神传承下来，点燃了人们的爱国之情；吉林省丰富的红色文化资源成为了红色旅游的核心吸引力；数字化技术的应用更加丰富了红色旅游的体验，使游客们能够更深刻地理解历史，这一切都为红色旅游的发展贡献了巨大的力量。这一切努力都将确保红色文化得以传承，激发人们对历史的尊重、对祖国的热爱之情。莲花岛教育基地所取得的巨大成功收获了家长和学生们的一致好评。

3.4.1.2 依托革命文物开展红色传统教育案例

位于胶东地区的牟平区博物馆，是一座备受瞩目的红色革命纪念地。博物馆一直以来积极致力于改陈更新，以适应现代社会的需要，实现了现代化展陈，并在导览方式上进行了创新，不遗余力地致力于讲好雷神庙战斗这个红色故事，以此铭记历史，传承红色精神。博物馆的杰出之处在于其深入挖掘了雷神庙战斗英雄群体的生平事迹，并建成了胶东抗战第一枪群英馆。雷神庙战斗英雄群体通过英勇的斗争，打响了胶东武装抗日的第一枪，打破了日军不可战胜的神话，坚定了胶东人民抗日必胜的信心。在雷神庙战斗中，英雄们团结一致，奋不顾身，英勇杀敌，以劣势装备抗击数倍于己且装备精良的敌人。他们的事迹激发了胶东人民的爱国热情，增强了他们的抗战意志。同时，这次战斗促进了胶东各地党组织的抗日武装起义和抗日队伍的发展壮大。牟平区博物馆这一举措构建了一个展示雷神庙战斗精神的完整闭环体系，全面、系统、生动地展示了胶东早期共产党人的辉煌历程和伟大成就。

在展示手法方面，牟平区博物馆采用了多种方式，包括实物、景观、照片、影视、音乐、解说等，以深入挖掘雷神庙战斗的历史背景，再现了70多年前的战斗历史。这种多维度的展示方式使参观者能够更加生动地感受到那段历史。

牟平区博物馆创新性地创建了"红色流动博物馆"，策划了一系列主题突出、导向鲜明、内涵丰富的陈列展览。通过移动展览的形式，红色文化被送到了校园、社区、村庄，向人民群众传达了中国共产党的伟大成就，让更多人感受到红色文化的魅力。这种创新展示方式让红色精神深入人心，也使博物馆的教育使命更加广泛而深远。

牟平区博物馆还采用了"互联网+"的方式，通过互联网平台展示革命文物。这一创新让革命文物可以在线上进行全景式、立体式、延伸式的展示宣传，不仅方便了广大网友的访问，还让更多人了解到这些宝贵的历史遗产。

总之，牟平区博物馆以其不断更新的展览和创新的展示方式，充分展示了雷神庙战斗的伟大历史，传承了红色精神，让更多的人受益，感受到红色文化的时代价值。它是胶东地区的一颗璀璨明珠，也是红色文化的生动见证者。

3.4.1.3　科技赋能加强红色文化保护案例

位于四川省石棉县安顺场的中国工农红军强渡大渡河纪念馆，是红军长征时期的重要历史见证。该纪念馆以展示红军强渡大渡河的英勇事迹为核心，通过丰富的文物、历史照片和多媒体展示手段，生动再现了红军战士们在艰难险阻面前的坚定信念和革命精神；其特点和优势在于紧密结合了红军长征的历史背景，深入挖掘了当地的红色文化资源，使观众能够身临其境地感受红军战士们的英勇与坚韧。同时，该纪念馆注重传承红色基因，通过举办各种教育活动，使年轻一代能够继承和发扬长征精神，为实现中华民族的伟大复兴贡献力量。

通过"互联网+长征"数字化展示与传播项目，中国工农红军强渡大渡河纪念馆采用了多领域、多专业的协作方式，借助先进科技的赋能手段，成功地降低了公众参与长征文物保护的门槛，以更易于社会公众，尤其是青少年接受的互联网和数字化形式，生动地展示了长征文化的历史和长征精神。这一项目充分融合了 5G、AR、大数据和 4K 直播等新技术，同时推出了"长征文物地图"小程序等功能，将长征文物的地理位置信息以可视化的方式呈现出来，并提供互动功能，引导着公众积极参与长征文物的保护工作。这不仅增强了公众对长征文物保护和利用的参与感，也让他们更深刻地获得了这一历史文化的感受，从而使科技赋能成为革命文物的有力助推器，加强了革命文化的传播。

另外，中国工农红军强渡大渡河纪念馆通过开发"强渡天险"APP，利用 5G+AR 技术，实现了红军强渡大渡河遗址现场历史场景的再现。这一举措不仅提升了遗址展示的直观性和吸引力，也使人们能够更生动地了解和传播强渡大渡河的历史故事。这种创新性的技术应用，有助于更好地保护革命文物，传承红色基因，培育家国情怀，也为广大游客提供了一种全新的参观体验，让他们能够沉浸在历史中。

通过数字化展示和先进技术的应用，中国工农红军强渡大渡河纪念馆不仅让更多的人能够近距离接触革命文物，还通过互联网和数字媒体将长征文化传播得更广更深，激发了公众的参与热情。这不仅有益于长征文物的保护，也有助于传承和弘扬革命精神，进一步提升国家认同感和文化自信心。这个项目的成功经验还可以为其他文物保护项目和文化传播项目提供有益的参考，促进中国文化遗产的传承与创新，为社会的文化进步和文化发展做出积极的贡献。

3.4.1.4 依托特色传播红色文化案例

位于沂南县马牧池乡常山庄村的山东红嫂家乡旅游区，是一处集红色旅游、绿色养生、影视拍摄、红色教育体验、餐饮娱乐等功能于一体的国家 4A 级综合性休闲度假旅游景区。由古山村、沂州城、爱国主义教育基地、山乡梦工场、沂蒙红色写生基地五部分组成。沂南县文化和旅游局以山东省文物保护单位山东省青代会会址所在的常山庄村为基础，注重对当地生态环境的保护，充分利用了古老的院落等资源，使常山庄村成为红色文化和红色基因传承的杰出代表。这一旅游区通过巧妙的情景表演、生动的讲述及感人至深的媒体影像，生动地展现了沂蒙人民当年拥军支前的无私奉献精神，真切地彰显了沂蒙精神水乳交融、生死与共的特质。

此外，沂南县还着力打造了一系列引人入胜的沉浸式演出小院，推出多个以当地历史为背景的短剧。这些短剧由当地的农民和热爱文艺的居民扮演，他们的表演朴实而充满深情，使观众仿佛回到了沂蒙儿女当年支援抗战的场景中。这种红色文化和沉浸演艺的独特模式不仅显著提升了旅游区的收入，还为当地居民提供了更多的就业机会和收入来源，使常山庄村成为沂蒙地区著名的红色之乡。

通过这一旅游区的建设和经营，沂南县实现了旅游业的全面繁荣，吸引了众多游客前来参观，感受沂蒙文化的深厚底蕴。这不仅促进了地方经济的发展，还有助于红色文化的传承和弘扬。这一旅游区的建设不仅是对历史的尊重，也是对英雄先烈的纪念，在这里，游客可以亲身体验到沂蒙人民为民族解放事业所付出的巨大牺牲，感受到他们在危急时刻的坚韧和勇敢。

总之，山东红嫂家乡旅游区的成功建设和运营是一个充分展示了地方特色和红色文化底蕴的典范。通过情景再现和沉浸式演出，它向世人展现了沂蒙人民的伟大奉献精神和红色基因，激发了游客的深刻思考，也为沂蒙地区带来了经济和文化的双重繁荣。这一成功经验不仅是对历史的致敬，更是对未来的启示，鼓舞着人们继续传承和弘扬红色文化。

3.4.2　经验总结

随着数字化技术的迅猛发展，其在红色旅游资源和思政育人领域的应用日益广泛。通过数字化赋能，红色旅游资源和思政育人实现了更深度的融合，推动了红色文化传承和思政教育的共同发展。通过分析以上红色旅游资源与育人相结合的典型案例，我们总结出了一些成功经验，以下是六个关键的实践方向：

第一，资源整合：通过利用数字化技术，红色旅游资源得以有效整合，形成了一个庞大的数据库。这不仅方便了资源的保存与查询，也为后续的开发利用提供了坚实的基础。通过数据挖掘和分析，可以深入挖掘红色旅游资源的内在价值，为游客提供更加丰富、深入的游览体验。

第二，沉浸式体验：数字化技术为红色旅游带来了沉浸式的体验方式。借助虚拟现实、增强现实等技术，游客可以融入历史情景，感受革命先烈们英勇奋斗的场景，更加深刻地理解红色精神的内涵。这种身临其境的体验方式极大地提升了红色旅游的吸引力和教育效果。

第三，智能导览：通过使用数字化技术，旅游导览得以智能化。智能导览系统能够根据游客的需求和兴趣，为其提供个性化的游览路线和建议。同时，导览系统集成了历史、文化、人物等多方面的信息，使游客在游览过程中能够获得更加全面、深入的了解。

第四，交互式学习：数字化技术为思政教育提供了交互式的学习方式。通过在线课程、虚拟展览、互动游戏等形式，学生可以在轻松愉快的氛围中学习红色历史和思政知识。这种学习方式不仅增强了学生的学习积极性，还有助于培养他们的爱国情怀和社会主义核心价值观。

第五，数据反馈：数字化技术为红色旅游和思政教育提供了数据反馈机制。通过收集和分析游客的行为数据和反馈信息，可以及时了解游客的需求和意见，为后续的改进提供依据。同时，数据反馈可以帮助教师了解思政教育的效果，为提升教育质量提供参考。

第六，跨平台传播：数字化技术使红色旅游资源和思政教育能够实现跨平台的传播。通过网站、APP、社交媒体等多种渠道，红色旅游和思政教育的内容得以迅速传播，覆盖更广泛的受众群体。这种传播方式不仅提高了红色文化的知名度，还有助于弘扬社会主义核心价值观，增强民族凝聚力。

　　总体来看，数字化赋能红色旅游资源与思政育人融合有着广阔的发展前景。随着技术的不断进步和应用领域的拓展，我们有理由相信，未来的红色旅游和思政教育将更加繁荣、富有活力，为传承红色基因、弘扬社会主义核心价值观发挥更大的作用。

第4章　数字化赋能红色旅游资源与思政育人融合发展的模式

数字化赋能的红色旅游资源主要采用活态传承的方法和路径。所谓"活态传承"，主要针对非物质文化遗产的保护与传承方式，强调"非遗"保护要依托于其产生与发展的环境，要紧随周围状态适时做出调整。红色旅游资源及革命文物作为构筑社会主流意识形态阵地与赓续红色血脉历程中必不可少的重要载体，也是思政育人过程中必不可少的自然资源和人文资源，因此如何对红色旅游资源及革命文物开展活态保护，是当前的重要任务，也是构建数字化赋能红色旅游资源与思政育人融合发展的模式的重要环节。

20世纪90年代，有学者提出了一种未来构想，认为在未来的生存空间中，会呈现一种数字化与虚拟化的形态，大众会利用数字技术从事日常的学习、工作、人际交流等社会活动。这种构想现今成为大众日常生活必不可少的重要组成部分，面对数字化浪潮蜂拥而至的今天，红色旅游资源的生存状态迎来了时代性蜕变。借助数字力量，红色旅游资源突破了传统单一的局限式空间展陈，可以看出，如何借助数字力量引导红色旅游资源激发自身的活性亦是完成活态保护的有效着力点。

红色旅游资源在数字信息技术普遍运用的新时代背景下，可以结合大众乐于接受的体验方式，拉近文物与大众之间的距离，使革命文物以崭新面貌活起来，继而将红色文化慢慢融入当前的现代生活中，与大众建立起共生共长的关系，最终让红色文化转化为一种意识形态，持续活化在大众心中，赓续红色基因，达到数字化赋能红色旅游资源与思政育人融合发展的目的。

4.1 基于特征的数字化实景
演绎的融合发展模式

本节基于 4.1、4.2 节对数字时代红色旅游资源的特征分析及数字展示技术的介绍，从媒体融合的视角出发，从时间层面、空间层面和社会互动层面三个层面探索数字化实景演绎的融合发展模式。

4.1.1 时间层面："仪式传播+传播仪式"的共建模式

从时间层面构建数字化实景演绎的融合发展模式主要是通过人们的文化记忆，利用仪式活动和个体仪式感，探索数字化实景演绎推动数字化赋能红色旅游资源与思政育人融合发展的模式。

文化记忆是一个社会群体的共同过去，具有绝对的时间结构。作为一种时间记忆，文化记忆体现在舞蹈、比赛和仪式中，这些活动都是重复性的，必须按照时间规律进行。在集体成员的参与下，文化记忆在当下被重新唤起，仪式序列及其内容在潜意识中的持续性确立了群体的规范和价值认同，同时传递了维护集体团结所必需的文化知识。这确保了仪式的定期传播和强化，使其成为创造流动性文化记忆的有效手段。仪式是创造流动性文化记忆最有效的方式之一，因为它提供了信息的定期传播和强化。

作为非物质智力文化遗产，"仪式"的记录和传播必须依托媒介，在古代，仪式往往以文字、图画的形式记录和呈现，而在当下媒介融合的时代，媒介技术的发展不仅丰富了仪式的可视化呈现和传播形式，也拓展了仪式的时代内涵。媒体技术的发展不仅丰富了仪式的可视化呈现和传播形式，也将仪式的概念扩展到了一个全新的时代。

通过借鉴人类学和社会学的研究，有学者提出了"传播仪式"的概念，认为传播是一个群体维护社会文化传统和共同信仰的动态过程。通过借鉴人类学和社会学的理论资源，进一步提出了传播即仪式的观点。该观点一方面认为，人们的日常社会生活实践往往被仪式化，即"作为传播现象的仪式"；另一方面认为，媒体传播也可以被视为一种仪式，即"作为仪式现象的传播"。

传播仪式的概念拓展了对文化记忆中仪式范畴的理解。不仅仪式本身可以成为文化记忆的一部分，仪式也可以成为文化记忆的一部分。而且媒体的仪式传播现象也可以被视为一种维系社会关系和社会生活的仪式活动，并将媒体建构为维系社会关系和社会生活的一种手段。媒体传播和推广可以说是一种仪式活动，它维系着社会关系和社会生活，并在媒体融合时代塑造着红色旅游的文化记忆。

数字时代，媒介平台的扩散拓展了传播渠道，媒介技术的发展降低了传播门槛，媒介和内容形式作为仪式传播手段的作用减弱，而流媒体的优势和模糊媒体的技术优势增强了仪式现场的表演效果。

例如，川陕革命老区通过红色旅游建构文化记忆，形成了自己的传播矩阵，利用正在消失的媒介传播重构仪式这一传播现象。中央电视台移动新闻网在川陕革命根据地红军烈士墓进行了直播，在清明节期间缅怀先烈。央视还以"青山埋忠骨，红星照后人"为题进行了现场报道，并用无人机航拍了红军烈士墓及周边乡村全景，在还原红色革命纪念仪式的同时，也再造了一个承载乡村文化记忆的乡村空间。

随着融媒体不断向纵深发展，传统的传播方式正在发生深刻的变革。仪式作为一种重要的文化现象，也在这一过程中发生着变化。媒体融合既使仪式报道更加生动、全面，也使仪式本身更加多元、开放。因此，我们需要认真思考和探索媒体融合背景下仪式的传承和创新，让它们在新的时代背景下焕发出更加璀璨的光芒。

例如，南江县民主烈士陵园现场举行祭扫仪式，通过唱国歌、诵祭文、献鲜花、立红色墓碑等仪式，现场吸引了大批群众前来祭扫。同时，该县通过政府官方网站、官方微博、官方公关服务及县级融媒体中心的公关服务，为公众提供了与宣传活动相结合的优质服务，向人们展示举行仪式的现场情况。网络延伸了现场仪式传播现象。由于主体的局限性和传播空间的有限性，现场见证仪式的人数非常有限。要形成仪式传播现象，就必须进一步增强公众的现场感和参与感。通过融合传播工具来营造作为传播现象的仪式，不仅要展示仪式现场，还要通过线上的参与来弥补仪式现场感的不足，扩大仪式传播范围。

又如，川陕地区的烈士纪念园管理处制作了一个名为"清明祭英烈"的小节目，介绍烈士纪念馆、纪念堂和其他红色旅游资源的情况。以图文并茂的形式展现了四川、陕西革命老区革命斗争的鲜活符号和历史，以及革命先烈的事迹，并且通过微信小程序上的"送花"功能进行网络祭祀，参与人数近 4000 人，加强了观众对仪式的参与感，体现了"仪式"的存在感。

再如，在 2020 年 3 月 30 日至 4 月 10 日，江苏省精神文明建设指导委员会办公室与江苏文明网共同策划并开展了一场名为"网上祭英烈"的特殊网络活动。为了确保广大青少年的参与，活动在"学习强国"江苏学习平台、中国江苏网等线上平台设置了专门的互动仪式区域。仪式活动内容丰富多样，包括但不限于在线学习、虚拟烛光献花、电子签名寄语等，旨在引导青少年们通过线上仪式来缅怀革命先烈，继承并发扬红色精神，加强了青少年对互动祭祀仪式的参与感①。

"仪式传播+传播仪式"的共建模式，从时间层面加深了公众对红色文化和革命文物的了解，是纪念过去重要和决定性事件的方式，是红色基因传承和民族觉醒的契机。该模式通过时间维度参与，使公众产生了源于历史的当下文化记忆。"仪式传播+传播仪式"的共建模式不仅复兴了中国传统的祭祖和缅怀生命终结的文化，而且强化了老一辈革命家不惧怕生命终结，勇于牺牲和甘愿奉献的红色文化记忆，强调了过去的记忆与当下社会生活的息息相关，从时间的层面开启了人们对红色文化的追忆，从历史的角度强化了红色旅游资源育人的作用。

4.1.2　空间层面："现实建筑+虚拟空间"的共建模式

由于文化记忆是以物理空间为基础建构的，以空间为媒介的仪式并不是独立于时空而呈现的，当仪式将文化记忆带入当下时，需要特定的空间环境来展示。人们将文化记忆融入现实时空，营造回忆空间，完成身份认同与认知的建构。

空间是红色旅游领域的重要研究对象，红色旅游中承载文化记忆的空间丰富多样，包括博物馆、纪念馆、农村祠堂、老屋、老街等。这些实物共同构成了叠加在乡村田园实景之上的记忆空间，在过往与当下之间架起了一座桥梁，向参观者讲述着过去的历史与文化。

20 世纪 70 年代，社会科学率先实现从时间优先转向空间优先的"空间转向"，在此影响下，旅游相关研究也开始关注物理空间，并将空间视为一种媒介。文化记忆理论提到了空间隐喻，认为记忆与空间媒介有着密不可分的联系，将能够唤起记忆行为的具体空间结构视为广义上的媒介。空间媒介是红色旅游文化记忆建构的重要组成部分。

在空间层面发展红色旅游资源，建设地标性建筑是一个有效的途径。这些建筑不仅可以提升城市的形象和知名度，还可以作为革命历史文化的载体，让人们

---

① 资料来源：江苏民政厅《鲜花代祭网络祭祀　文明祭扫推动清明更"清明"》。

更加深入地了解和体验红色旅游的内涵。因此，在发展红色旅游的过程中，建设地标性建筑是不可或缺的一环。

例如，长征国家文化公园建设以红军长征路线为蓝本，整合长征沿线省份的资源，打造红色文化遗迹。长征国家文化公园广元段，就以中国工农红军第四方面军西渡嘉陵江，策应中央红军北上为蓝本。园区内设有嘉陵江战役展示园和长征纪念园等景点，还收藏有长征时期的文物，同时，详细介绍了长征文物的保护与传承、文化与旅游的融合、研究与发掘、环境支撑、数字再现、最新聚焦点和安全措施落实等内容。通过建设一个全新的长征文化主题公园来实现空间媒介、纪念和建设功能，传承红色文化遗产。

在空间层面开发红色旅游资源，还可以通过数字化构建文化记忆的虚拟空间来实现。根据记忆理论，文化记忆并不是以其原始形式存在的，而是通过在记忆的空间编码中添加新的语境，不断修改和配置从而再生产出来的。随着数字化趋势的发展，记忆的媒介不再局限于实际的文化遗址、纪念馆和实物符号所创造的媒介空间，而是从线下空间扩展到了线上空间；随着文化记忆与媒体技术的融合，记忆的原初空间正在从现实转向虚拟，通过社会技术实践将记忆嵌入其中并加以传播。随着科技的发展，现在的红色旅游已经不再局限于实地参观，而是可以通过虚拟现实、增强现实等技术，让游客们仿佛身临其境地感受革命时期的历史场景。这种新的虚拟记忆空间，不仅丰富了红色旅游的形式和内容，也使红色文化记忆得以更好地传承和发扬。

例如，光明网与国家文物局联合推出了 VR 项目"四川通江：红军小镇风光无限"，通过在虚拟空间打造以保护长征文物为核心的全景式虚拟观赏空间，让用户感受"红军小镇"的红色魅力。通过打造以保护长征文物为重点的全景式虚拟观赏空间，在网络空间再现长征文化场景，让网友感受"红军城"的红色吸引力。又如，中华英烈网利用数字技术打造了网上云馆，并在全国范围内选取革命纪念馆、烈士墓等红色旅游景点，实施全景 VR 投影，其中包括川陕革命根据地红军烈士陵园。再如，简阳古城景区引入了万寿宫、红军行政公署、米仓古道遗址等景区建筑的全景 VR 展示，游客只需移动鼠标和键盘，就能看到相关地标的实景，体验 3D、VR 视觉效果。川陕革命根据地博物馆推出的以 AR 漫画《血色地书》《大牛火阵》为主题的虚拟空间，通过逼真生动的漫画故事和精彩的文字解说，再现中国工农红军第四方面军光辉岁月的同时，提升了现实空间的文化容量，为游客提供了身临其境的空间体验。

综上所述，从空间层面来看，红色旅游资源的开发与利用，需要结合现实建筑与虚拟空间，共同构建一个立体的教育环境。这种现实建筑与虚拟空间的共建模式，不仅可以为游客提供更为丰富和深入的红色文化体验，还能有效推动红色旅游资源与思政育人的融合。通过实地参观革命遗址、历史博物馆等现实建筑，游客可以直观地感受革命历史的厚重与庄严，进而增强对红色文化的认同感和自豪感。而虚拟空间的建设则可以利用现代科技手段，如虚拟现实技术、增强现实技术等，为游客呈现生动、立体的历史场景，让他们仿佛置身于革命时代，深入感受先烈们的英勇与伟大。这种共建模式不仅丰富了红色旅游的内涵，还为思政教育提供了一个生动的实践平台，使红色文化与思政教育相互渗透、相互促进，共同推动红色文化的传承与发展。

4.1.3 社会互动层面："线上+线下"协作共建模式

在社会互动层面，线上互动与线下互动共同构成了文化记忆的丰富性。通过在线上平台的交流与分享，人们可以跨越时空界限，共同参与和体验红色文化资源。结合线下的实地参观与学习，人们可以更好地传承红色基因，弘扬社会主义核心价值观，为社会的和谐发展注入强大的精神动力。

第一，通过社会互动的共时性确保文化记忆的当代性。仪式的固定重复及记忆在现实和虚拟空间中的巩固确保了文化记忆的永久性，然而，文化记忆并不总是指向过去，而是强调过去与现在之间的联系。一方面，文化记忆为当下共同的社会交往提供了文化意义的规范；另一方面，文化记忆的形成和持续必须植根于日常的社会交往之中。文化记忆在日常社会交往中是集体共享的，公众参与当下的生活和生产实践，因而具有共时性。要确保文化记忆的当代性，就必须依靠媒体参与社会交往，强化交往记忆。

互动记忆虽然是短暂的，局限于特定的人际交往时刻，但它可以为文化记忆提供源源不断的活力和创新。每一次短暂的互动记忆，无论是简单的对话、共享经历还是深入的交流，都通过时间的沉淀和文化的积累，逐渐在无形中融入并塑造着长久的文化记忆。因此，尽管互动记忆具有瞬时性，但它对于构建和延续文化记忆起着不可忽视的作用。正是因为有了互动记忆的滋养，文化记忆才得以传承下去，并在历史的长河中不断发展和演变。当互动记忆为集体所不可或缺时，它就成为文化记忆的一部分，起着共识和文化认同的作用，在文化记忆的建构中，互动记忆的影响不容忽视。而互动记忆必然与互动行为相联系，因此红色旅游中文化记忆的建构必须包括通过媒介参与活动，利用媒介丰富线上活动，增强线下媒介的沉浸体验。

例如，山东临沂沂南县的常山庄村，以红嫂家乡旅游区为依托，将真实的红色事迹改编为山村剧场，通过互动演绎方式向观众展示"乳汁救伤员""火线桥"等事迹，在观看的同时，让观众沉浸式地体验军队和人民之间"水乳交融、生死与共"的场景。现场观众距离舞台很近，观众不仅能近距离欣赏演员精彩演出，还能够在不同的情境中与演员进行互动，增强了观众的临场感，同时强化了观众对于红色文化的深刻理解，加深了观众的文化记忆。

第二，通过线上协作改善文化记忆。文化记忆建立在当下，需要根据现代社会的需要对过去的文化事件进行取舍，以填补文化记忆的缺失部分。然而，由于在红色革命时期，社会发生了巨大变化，许多与红色文化记忆相对应的史料并没有保存下来。例如，虽然在四川、陕西等省份的革命旧址红色旅游景区修建了许多烈士纪念碑和纪念馆，但关于在红色革命中献出生命的烈士的资料仍然匮乏，这显然不利于文化记忆的构建。而在媒介融合时代，互联网为文化资料的存储、数据管理和交流提供了服务。线上协作和共享思维渗透到日常的社会交往中，不同的个体通过互联网相互连接。红色旅游资源也利用线上协作来弥补失去的文化记忆。

通过线上协作实现的社会互动有利于释放各种话题的热度和公众的热情。革命先烈的生平、籍贯等信息被收集起来，红色记忆缺失的部分被补上，从而完成文化记忆的补全。

第三，通过线下沉浸式互动整合文化记忆。在漫漫历史长河中，意识往往是碎片化的，而记忆的体现——记忆场是唤醒这些意识碎片的关键。在媒介融合、信息扩散和信息茧房作用的时代，用户对信息的感知呈现碎片化特征，影响了文化记忆的水平。首先，缺乏对文化记忆的具体梳理。其次，缺乏对不同类型文化记忆的综合表述。以四川、陕西革命老区的红色文化、传统文化、乡村文化三种记忆为例，线下旅游交流应整合不同类型的文化记忆碎片，给游客以沉浸感和互动感。

《中国红色旅游消费大数据报告（2021）》显示，超过四成的年轻游客对红色旅游感兴趣，而新媒体技术的运用可以增强游客线下的沉浸式体验。例如，为庆祝中国共产党成立100周年，广元市夹江县剑门关华表城景区开展了红色文化、蜀道文化和剑门关历史的深度研究。通过全息投影、声光互动等科技手段在沉浸式表演中的综合运用,并结合"红色+科技演艺",将红色旅游景点的戏剧、舞蹈、音乐等艺术,蜀道文化等地方文化,采用"红色+科技演艺"的方式融为一体。

在剑门关景区举行红军攻克剑门关遗址野外拓展训练,并与沉浸式党课《剑门太阳》有机结合。白天参观红军攻克剑门关遗址,晚上观看《剑门长歌》,并针对《剑门长歌》举办一系列红色培训和研究课程。通过这种方式,开展浸入式互动培训和党性锻炼。激活剑门关红色文化基因,将优秀传统文化、田园自然风光和红色文化融为一体,实现文化记忆的全面整合。

综上所述,基于特征的数字化实景演绎的融合发展模式是一种创新的方式,可以将现实与虚拟、历史与现代、线上与线下巧妙地结合起来。在时间层面,通过"仪式传播+传播仪式"的共建模式,我们能够更好地保护和传承历史文化,让后人能够真切地感受到历史的厚重和庄严。在空间层面,现实建筑与虚拟空间的共建模式为游客提供了沉浸式的体验,让他们仿佛置身于革命时代,亲身体验历史的波澜壮阔。而在社会互动层面,线上与线下的协作共建模式使文化传承不再局限于传统的面对面交流,而是可以通过网络平台让更多的人参与到文化传承中来。这种融合发展模式,既是对传统文化的尊重和传承,也是对现代科技的创新和运用,为我们提供了一个认识和体验历史文化魅力的全新视角。

4.2 基于特征的数字化网络传播的融合发展模式

数字化网络传播的融合发展模式为红色旅游资源与思政育人的融合提供了有力支持。通过数字化技术,红色旅游资源得以在网络平台上更广泛、更深入地传播,让更多的人了解和感受到红色文化的魅力。同时,这种模式也为思政育人提供了新的途径和方式。通过线上线下互动,红色旅游资源得以与思政教育紧密结合,使学生在实地参观和学习中深入了解革命历史和红色文化,增强爱国情感和社会责任感。因此,数字化网络传播的融合发展模式和红色旅游资源与思政育人的融合是相辅相成的,有助于推动红色文化的传承与发展,培养更多具有社会主义核心价值观的优秀人才。

4.2.1　打造革命文物数字资源的平台共享矩阵

数字化不断扩大文物与公众之间的联系，逐渐消除地区之间的距离感，各地在结合自身革命文物资源优势的背景下，拓展其他地区革命文化传播的广度和深度，数字化平台成为革命文物传播的重要载体。在文物不断代的基础上，升级革命文物数字化平台，利用 5G 数字技术为文物的生存模式再添一层时空，有助于革命文化内涵传播走上"高速路"。因此，数字化既是文物保护的先行者，也是强化革命基因的增长极。

4.2.1.1　搭建红色文化数字资源库

中共中央办公厅、国务院办公厅先后印发了《关于实施革命文物保护利用工程（2018—2022 年）的意见》《"十四五"文物保护和科技创新规划》等文物保护的相关文件，指出要对红色文化资源运用数字保护技术，做好"革命文物资源目录与大数据库"等工作。革命文物是红色文化资源的载体之一，为更好地保护革命文物资源，搭建红色文化数字资源库既是现实需要也是时代要求，是当前最直接有效的保存方式。

首先，梳理并整合作为数字资源库的传播主体与内核呈现的红色文化资源。红色文化资源包括在革命岁月经过革命战斗所遗留下来的红色遗迹、旧址等红色建筑，还包括纪念馆、博物馆、档案馆等展陈的革命文物、文献、照片、声音等珍贵资源。其次，借助科技媒介将红色资源转化为数字化形式，赋予红色文化资源数字活力，运用 3D 建模、VR、AR 等数字技术实现红色文化资源与数字科技的有机融合。随着数字资源库的发展，容量与速度作为重要的技术支撑，也需要与时俱进，迭代升级，5G 的出现为红色文化数字资源库带来了强大的科技支持，与 4G 相比，5G 的高速度与大容量可以让红色资源库愈加丰富，高速度能够让革命文物的数字形态快速呈现，极大提升大众的使用率。

例如，借助庆祝献礼百年的契机，人民网官方媒体上线了"红色云展厅"作为收录绝大部分国内红色资源的云载体，亦被称为"红色基因库"。该展厅充分利用当下的 5G 科技及云端平台，数字化保存了全国各地的红色纪念馆、博物馆等党史和党建的主要内容，方便大众在网络上随时随地观看各地红色展馆中的展品现状，实现"云游"百家红色基因库的梦想。除此之外，一些单位结合现有红色资源的保存状态，搭建出符合实际情况的红色数字库。如上海外国语大学等单位举办了"继承百年传统，赓续红色血脉——红色文献整理与研究"学术研讨会，会上业界与学界携手共进，齐聚一堂，旨在保护红色文献资源，并对数字化时代红色文献的发展进行了探讨。此举既丰富了线上红色文化资源，也为红色资源保护提供了创新路径。

4.2.1.2 网络联动云媒体平台

5G时代的来临赋予了科技助力的巨大引擎，助推全媒体传播进一步发展。面向5G革命文物的传播形式，革命文物资源的挖掘需要借助网络平台，在升级红色文化数字资源库后，如何将这些宝贵的文物资源进行更大规模的传播，提升红色文化受众的广度和深度，是接下来需要考虑的问题。而网络联动云端媒介平台，即在当下的生活状态下，响应5G时代的号召，通过网络资源，搭建从"云"到"端"的媒体平台，实现手机、电脑、电视"三屏互动，同步传播"。

5G革命文物平台通过一切传播媒介形式，利用VR、AR等新形式、新技术在红色历史的呈现空间中可以增加叙事的深度和力度，将观众的感官呈现在具有视觉冲击力的虚拟空间中，让观众即使身在他乡也能随时感受到全景式、立体化、拓展化的红色教育体验，增强观看过程中的共鸣感和真实感。

例如，陕西省搭建了全国首个5G"互联网+革命文物"教育平台，与此同时，引入了娱乐互动性较强的动漫、游戏等新形式，在全民直播风口语境下再度升级了"5G+直播方式"及必不可少的VR、AR等多样化的创新科技，立足5G时代的科技视角，开辟革命文物资源传播与体验的新路径与新策略。

作为先进的赋能技术，联动5G时代的云端媒介平台还可为助推革命文物传播和提升教育质量带来美好愿景。面对当前的革命文物资源，借助移动设备5G的高带宽和可靠的、低延迟的高长期特性使大量实地操作流程得以在云端实现，远程教育更加生动活泼。场馆提供丰富的内容和学习材料，学生和教师之间可以进行广泛的远程交流，显著提高了红色教育的教学效率和质量。

4.2.1.3 建立精准化共享矩阵

5G时代，数字技术与媒介融合的发展迎来了新阶段，大数据、人工智能及云计算技术与5G网络基建的融合迭新，促使媒介信息吞吐量得到了大幅提升，红色文化在传播过程中的新特征也逐渐显现。

其一，重塑移动互联时代的传播形态和场域，"万物皆媒"的可能性使红色文化的传播不再拘泥于传统媒介，传播主场更为宏大多元。其二，虚拟与现实的互融互通，促使信息传播形态发生改变，沉浸式交互体验与云端协同操作，令红色文化传播更为生动传神。其三，推动数字技术与网络信息平台的升级建设，数字化、网络化、智能化、产业化促使红色文化在创作格局与传播态势上发生了巨变。因此，在联动手机、电脑、电视等媒介载体后，还应在传播过程中搭建多渠道精准化共享矩阵，5G 时代的延伸带动了大数据的适用范畴，扩大了内容传输空间，包括人联网、物联网、车联网等，尤其是可以通过大众使用率的高低来智能推送相关信息。比如，多家媒介平台均推出"猜你喜欢"专项红色信息推荐板块。

革命文物数字资源的网络传播应借助大数据的力量，精准化个性化向受众提供线上红色教育资源，如通过微信公众号的无距离传播途径，既减小了时空的限制，使身处全国各地的人们既可以随时掌握不同革命圣地的发展动态，也可以在特殊时期满足自身的精神文化需求。传播红色文化的媒介平台主要包括：短视频平台、社交平台、门户网站平台、官媒推介，它们均可以实现信息的精准化推送。

第一，短视频平台。在短视频风靡的当下，革命文物资源的传播有了全新的契机。将革命文物转化为数字视频形式，利用抖音、哔哩哔哩、快手等广受欢迎的短视频平台进行多媒介推广，不仅能满足大众对于视觉效果的追求，还能精准吸引相关人群的注意力。

第二，社交平台。在数字信息时代，社交平台成为大众沟通交流、传播信息的重要载体。人们既可以成为接收者，获取社会动态、热点信息等，也可以作为传播者，发表言论、传递信息等，而革命文物资源亦可以通过社交平台传输红色信息与实时动态，利用大数据技术实施精准化推送，让红色文化成为流量密码。

第三，门户网站平台。门户网站平台主要提供综合性的信息查询服务，在此类门户网站下存在一些网络信息板块，场馆可借助此页面适时推出相关红色文化资源的资讯，经由大数据整合信息资源，精准推送至大众眼前。

第四，官媒推介。积极开展革命文物资源红色教育工作，如何增强网络渠道的说服力与公信力，政府的官方话语无疑是一剂强心剂。可凭借原有媒体已建立起来的话语优势进行传播，让大量官方媒体及政府机构不断入驻线上平台，再通过大众认可的线上渠道发布红色教育知识，借助官方的话语力量来让大众精准地接收相关红色信息内容，自觉主动地接受红色教育。

4.2.2　数字时代红色旅游资源融合营销战略

"互联网+"为红色旅游资源融合营销战略提供了全局性、融合性、互动性的背景。因此，必须借助"互联网+"时代的东风，不断创新红色旅游营销方式，促进传统营销与互联网营销的融合，进一步加强旅游企业的网络建设。将所有旅游企业接入互联网，通过互联网开展全方位、多领域的旅游宣传营销，推动数字化赋能红色旅游资源与思政育人融合措施的全面实施。

当前，智慧旅游已成为旅游业发展的大趋势，随着互联网的云计算、信息时代的大数据、人工智能等技术被广泛应用于新时代的旅游营销中，红色旅游无疑迎来了新的发展机遇。在近年来发展智慧旅游的过程中，通过"互联网+"技术的深度融合，不断改进红色旅游营销策略和方法，可以更好地促进旅游行业的规范化发展，从简单粗暴的旅游管理方式过渡到更加高效的人性化管理。

4.2.2.1　数字时代红色旅游资源融合营销战略要素

智慧旅游时代红色旅游资源融合营销战略主要包括两大要素：成本控制策略和差异化战略，可以根据旅游资源的重要性实现旅游资源的应用与行动，引导旅游目的地的资源整合，进一步发展整体营销战略。

成本控制策略：是指在对旅游资源进行整合营销时，要控制各个营销联合体的各项成本，以尽可能低的成本实现最大的经济效益。为实现成本控制，可以构建"互联网+红色"旅游平台，可以加强旅游网站的升级改造，与第三方平台合作，比如与途牛、携程等旅游网站合作，加强营销渠道的推广普及，建立红色旅游网络营销联盟，扩大红色虚拟旅游营销范围，实现更大的经济效益。

差异化战略：针对红色旅游资源的实际营销状况，我们可以进一步开发出几种独具特色的红色旅游产品。这些产品不仅要充分利用各种红色旅游资源，而且注重为游客提供丰富多样的体验。例如，推出"红色历史深度游"，通过精心设计的行程，让游客深入了解某一地区的革命历史和红色文化，与当地的历史遗迹和人物进行亲密接触。此外，还可以打造"红色文化体验游"，通过组织各种活动，如红色主题讲座、革命歌曲演唱、军事训练体验等，让游客在游玩中感受到红色文化的独特魅力。为了进一步提升产品的吸引力，我们还可以对红色旅游产品进行独特的包装，如推出限量版的红色旅游纪念品、定制红色旅游文化衫等，使游客在参与过程中不仅能获得丰富的体验，还能带走独特的纪念品，从而加深对红色旅游的印象和情感联系。

4.2.2.2　数字时代红色旅游资源融合营销计划

旅游目的地的营销战略一旦确定，就应通过具体的营销计划加以实施。科学合理地使用营销工具，有效分配现有营销资源，是实现旅游营销效益最大化的途径。本部分主要从红色旅游产品构成、红色旅游产品价格组合、红色旅游产品分销渠道及红色旅游产品的营销组合四方面探索数字时代红色旅游资源融合营销策略。

（1）红色旅游产品构成

产品构成主要包含产品特色和产品质量。

首先，旅游产品特色对游客具有独特的吸引力，对游客具有较高的感知价值。以卢沟桥文化旅游区为例，卢沟桥文化旅游区由卢沟桥事变爆发地、卢沟桥历史文化展览馆、宛平古城、中国人民抗日战争纪念馆、卢沟桥事变爆发地纪念广场、中国人民抗日战争胜利受降纪念馆六大景区构成，是距市中心较近、具有抗战历史纪念意义的红色旅游经典景区，也是中国抗日战争纪念地的标志性建筑群。卢沟桥文化旅游区的旅游产品特色主要体现在：①历史文化内涵深厚。这里是中国抗日战争的重要历史节点，游客可以在此深入了解卢沟桥事变的经过，感受那段波澜壮阔的历史。无论是中国人民抗日战争纪念馆，还是卢沟桥事变爆发地纪念广场，都以其庄重肃穆的氛围，让人深刻铭记那段历史。同时，宛平古城和卢沟桥的历史文化展览馆为游客提供了了解北京地区历史文化的好去处。②旅游区内的纪念产品十分丰富。这些纪念产品，让游客在游览的过程中能够感受到历史的厚重和深远影响。③融合多种旅游体验形式。除了传统的参观展览，游客还可以在这里进行主题讲座、互动体验等多种形式的活动，让游客在参与中感受历史的魅力。

其次，红色旅游产品质量亦指红色旅游产品的品质。在互联网技术的帮助下，各红色旅游景点可以进一步提升红色旅游产品或服务的质量。一是通过定期完善红色旅游信息发布系统，进一步提高游客的旅游便利性。通过红色旅游数字平台，游客可以了解目的地的客流、交通、天气等情况以方便出行，通过红色旅游活动资讯，主动参与相关活动，增强红色旅游的娱乐性、吸引力和整体体验。二是依托不同的红色旅游资源景观，形成独特的红色旅游品牌形象，使游客对红色旅游景观的整体认知度和忠诚度稳步提升。

（2）红色旅游产品价格组合

如今，随着旅游产品和服务的增多，价格已经成为游客选择旅游目的地的重要因素。所以，相关部门在制定价格策略时，应保持旅游产品的价格差异化，在根据当前需求制定价格的同时，突出当地旅游资源的特色，以实惠的价格为游客提供便利的服务。红色旅游产品的定价应充分考虑渗透价格和市场价格。渗透价格可以帮助新兴红色旅游产品迅速占领市场。政府通过充分宣传当地标志性红色旅游景区和景点，帮助当地红色旅游产品迅速占领市场，为游客提供低成本、低价格的服务。市场价格可以根据红色旅游产品的知名度和独特性，以游客为销售对象，快速回笼资金。

差异化定价可以为不同游客定制差异化的旅游产品，同时制定合适的价格。"互联网+旅游"可以从数据库中下载数据并分析游客的偏好，为不同类型的产品制定价格。研究发现，游客对特色纪念馆及其周边环境比较感兴趣，而这些不同的旅游景点之间的价格差异又比较大，因此可以制定优质价格来吸引高端游客，同时制定优惠价格来吸引大众游客。以北京为例，在按需定价的过程中，北京旅游管理团队加强了对旅游套餐价格的监管，制定灵活、可扩展、可解决的旅游套餐价格。

总体而言，红色旅游产品在定价时，不仅要考虑针对不同的游客制定不同的旅游产品规格，制定不同的价格，还要考虑红色旅游资源所承载的社会公益效益和社会责任，在价格上不能过高。据我国目前的情况来看，大多数红色旅游景区多是免费对游客开放，这主要是基于红色旅游资源所承载的爱国主义教育意义。

（3）红色旅游产品分销渠道

在智慧旅游时代，红色旅游产品的分销渠道也应加强创新，积极拓展分销渠道，让全世界的旅游爱好者更好地了解红色中国。首先，旅游管理机构应加强自身产品销售渠道的建设，打造优秀的红色在线旅游服务平台，在展示红色旅游产品和资源的同时，向广大在线游客推荐在线产品。其次，旅游管理机构应加强与批发商、代理商等中介机构的合作。在互联网背景下，代理商推广红色旅游产品的销售渠道包括直销、一级代理商销售和多级代理商销售。在本地市场，可以采用密集型直销策略；在周边国家市场，可以通过一级代理、旅行社和多级旅行社进行销售；在较远的国内和国际市场，可采用多级代理销售模式。最后，旅游管理机构还应加强与外部旅游网站和营销平台的合作。

（4）红色旅游产品营销组合

旅游产品营销组合是指为有效地推广和销售旅游产品，而对一系列营销策略和工具的组合与优化。一个成功的旅游产品营销组合不仅要考虑产品的特性，还需结合目标市场的需求和竞争环境，以及消费者的购买行为，进行全方位的策略布局。

随着数字技术的迅速发展，红色旅游作为一种具有独特文化内涵的旅游形式，面临着前所未有的机遇与挑战。如何在数字时代中有效推广红色旅游，成为了旅游业界必须思考的重要问题。在数字时代下，红色旅游营销组合可以从以下方面发力：第一，数字平台布局。在数字化时代，充分利用网络平台是推广红色旅游的关键。红色旅游目的地和旅游企业应建立自己的官方网站、移动应用等平台，并在各大在线旅游服务平台，如携程、去哪儿等开设专区，实现多渠道、全方位的市场覆盖。第二，内容创新策划。结合红色旅游资源，创新内容策划，以吸引不同年龄层次的游客。可以开发红色故事线，结合 VR、AR 等先进技术，为游客提供沉浸式的红色体验；同时，推出与红色旅游相关的文化产品，如纪念品、书籍、音视频资料等，丰富游客的旅游体验。第三，互动体验设计。通过设计有趣的互动体验活动，让游客更加深入地了解红色文化。如开展红色主题的知识竞赛、情景剧表演、模拟体验等，增强游客的参与感和体验感。第四，大数据分析。利用大数据技术，分析游客的行为、兴趣偏好等，为红色旅游营销提供数据支持。通过数据分析，可以更精准地定位目标市场，优化产品和服务，提高营销效果。第五，社交媒体推广。利用社交媒体平台如微博、微信、抖音等，进行红色旅游的宣传推广。通过发布红色旅游相关的图文、视频等内容，吸引用户的关注和转发，提高红色旅游的知名度和美誉度。第六，移动支付优化。在红色旅游景区内提供便捷的移动支付服务，如支付宝、微信支付等多种支付方式，提升游客的支付体验。同时，通过移动支付数据分析，更好地了解游客的消费行为和习惯，为优化服务提供依据。第七，客户反馈机制建立。建立完善的客户反馈机制，通过问卷调查、在线评价等方式收集游客的反馈意见，及时了解游客的需求和意见，以便针对性地改进服务质量和产品。同时，对于提出宝贵建议的游客，给予相应的奖励或回馈，增强游客的忠诚度。

4.2.2.3　数字时代红色旅游资源融合营销传播策略

营销战略与传播的融合是一种更为具体的发展规划，其中包含了营销服务的具体内容。营销战略与传播战略的积极融合能够为客户提供强有力的营销服务，进一步促使游客了解更多具有吸引力的资源，保证游客能够从更多的产品中选择旅游景点。例如，为了提高对游客的服务水平，甘肃省博物馆将增强现实技术引入展览。游客可通过语音交互、手势交互等方式和文物实时互动，在观看展品时，文物可以进一步呈现"活态"，带给人们更好的观展体验。

整合营销传播策略包括两个方面：理性策略和情感策略。理性策略可以向游客详细介绍旅游产品，帮助他们做出理性的决策。整合营销传播的理性策略既可以在旅游网站上进行产品提升，详细介绍行程，包括景点名称、行程安排、游览时间、游览体验、周边食宿等；还可以通过赠送配套的旅游装备，提高旅游景点的品牌服务意识，在游客之间增强知名度。情感策略可以通过针对不同的游客群体提供不同的消费服务，满足游客的需求，从而使旅游产品和服务对游客更具吸引力。

基于以上论述，可以看出在大数据和智慧旅游快速发展的数字时代，红色旅游资源营销战略的首要任务是与传播战略相融合，进一步促使游客了解本地更多具有吸引力的红色旅游资源。旅游企业在确定红色旅游产品营销传播组合时可以采用理性策略和情感策略相结合的组合方案。通过多种方式，向消费者详述红色旅游产品的属性和优点，满足消费者的信息诉求。旅游企业营销策略规划者也可以利用情感策略，使用幽默、热爱、自豪与愉悦等方式提升游客的积极情绪诉求，争夺消费者的关注度，提高红色旅游产品的满意度。

4.3　基于特征的数字化展馆设计的融合发展模式

数字化展馆设计的融合发展模式是一种将传统展馆与数字技术相结合的创新方式。这种模式利用现代科技手段，为展馆注入数字化元素，为参观者提供更加丰富、生动的展览体验。通过数字影像、虚拟现实、增强现实等技术，展馆内的展品得以以全新的方式呈现，让参观者更加深入地了解展品的历史背景、文化内涵和艺术价值。同时，数字化展馆设计的融合发展模式注重线上线下的互动，将实体展馆与虚拟展馆相结合，实现展览形式的无缝对接。参观者可以在实体展馆内通过数字化设备获取更多关于展品的背景信息和拓展内容，也可以在线上虚拟展馆中随时随地欣赏展品，参与互动。这种融合发展模式不仅丰富了展览的表现形式，提高了观众的参与度，还为传统展馆注入了新的活力，推动了文化与科技的深度融合。

4.3.1　数字化设计理念下文化内涵体验式展示

在数字化设计理念的推动下，文化内涵体验式展示为红色旅游资源与思政育人的融合提供了新的思路。通过将红色旅游资源转化为数字形式，结合虚拟现实、增强现实等技术，我们能够为游客打造沉浸式的红色文化体验。这种体验式展示能让游客身临其境地感受革命历史，深入了解红色文化的内涵和价值。

与此同时，思政育人工作可以与这种数字化展示方式紧密结合。游客在体验红色文化的同时，可以受到思政教育的熏陶，培养爱国情感和社会责任感。数字化设计理念下文化内涵体验式展示不仅为红色旅游资源提供了更广阔的传播平台，还为思政育人工作创造了更有针对性的教育场景。

数字化设计理念下文化内涵体验式展示有助于实现红色旅游资源与思政育人的有机统一，让游客在游览过程中既能感受到红色文化的魅力，也能接受到思政教育的洗礼。这种潜移默化的教育方式能够更好地培养人们的社会主义核心价值观，推动红色文化的传承与发展。

4.3.1.1　红色文化内涵体验式展示

展示包括外在内容的展示和内在精神的形成。低层次的展示往往只注重内容表现的表面形式，而忽视展示的精神潜质。特别是在科技进步飞速发展的条件下，展厅不断接受各种现代化的信息展示手段，导致出现了某种"生硬感"。展示的内涵研究，重在对公众视觉体验的深入思考。

体验学习循环理论是教育心理学中的一种理论，认为学生学习效果的本质在于体验，与中国传统教育提倡的"寓教于乐"也有着异曲同工之妙。教师应让学生体验教学内容，理解教学内容背后的深层含义。现代主题展厅具有教育功能，尤其是在展示内涵方面，更注重观众的精神发展。基于这一理念，展示设计以观众的感官体验为基础，强调情感氛围的营造，培养并加强观众的感官体验，实现对展示内涵的挖掘。

与一般的主题展馆不同，红色旅游文化主题展馆有更高的精神培育目标，更多承担的是教育和职业指导的责任，这是一种正确价值观的指导。红色文化旅游展览馆既是红色文化传承的重要场所，也是传播中国共产党思想文化的重要途径。发展好红色旅游文化主题展馆，有利于丰富中国社会主义内涵，继承革命传统，推进马克思主义中国化，支持民族创新，培养人们对"中国共产党的领导是历史和人民的选择"的认识，提升党员群众的政治思想素质。

在红色旅游文化主题展馆的展示设计中，要实现目标，就必须对红色文化进行深入思考。这种思考不是单向的，而是基于对观众感官和情感准备的探索。现代观众对展览内容的精神传递非常敏感，他们的思维更加独立。展示设计必须找到展览内容与红色文化内涵的结合点，找到展览与观众的深度共鸣点，让观众在良好的观展体验中得到红色精神内涵的熏陶。

4.3.1.2　红色主题展馆精神价值的数字化升级

红色主题展馆作为承载着深厚革命历史和崇高精神价值的场所，其蕴含的精神的传承与价值的挖掘在当下显得尤为重要。如何将红色主题展馆的精神价值通过数字化手段进行升级，使之更符合当代观众的审美与接受方式，成为我们面临的重要课题。数字化升级不仅是对展馆展示形式的创新，更是对红色精神内涵的深度挖掘和传播方式的拓宽。通过数字技术的运用，我们可以让参观者更加沉浸于历史场景，深刻体验红色文化的独特魅力，同时实现红色精神的跨时空传承。因此，探讨红色主题展馆精神价值的数字化升级，不仅具有理论价值，更有着深远的实践意义。

红色主题展厅的精神价值稳步提升，数字展示技术也越来越受欢迎。数字环境以现代科学技术为支撑，将从根本上改变传统展示方式的陈旧观念和局限性。数字展示技术具有天然的包容性和感染力，能创造出整体的连贯性和个性。而传统的展览空间展品之间往往相互隔离，或者观众与展品相互隔离。展览的孤立形态意味着展览失去了一定的联想力，展览之间的协同作用不同程度地被减弱，而观众与展览空间的互动还停留在简单的视觉或触觉层面，似乎很难调动情感。在数字展厅中，公众积极参与表达展览空间的内涵，并迅速准确地理解。

数字展示技术在红色主题展馆的应用，为展馆带来了革命性的变革。这些技术的应用不仅丰富了展馆的展示手段，更提升了观众的参与度和体验感，使红色主题展馆的精神价值得到了更好的传承和展现。首先，数字展示技术为展馆提供了身临其境的沉浸式体验。通过虚拟现实、增强现实等技术，观众可以置身于历史事件的现场，亲身感受英雄事迹的感人瞬间。这种沉浸式的体验方式使观众更加深入地了解历史事件和红色文化，增强了他们的参与感和代入感。其次，数字展示技术为展馆带来了丰富的互动体验。通过触摸屏、交互式投影、动态模拟等技术手段，观众可以参与互动式游戏、模拟训练和角色扮演等活动，深入了解历史事件的背景和情境。这种互动体验不仅增加了参观的趣味性，还使观众在参与中更加深入地理解红色文化的内涵。再次，数字展示技术还为展馆的传播效果提供了新的拓展途径。通过数字化手段，展馆可以将红色文化主题展览的内容传播到更广泛的受众群体中去，实现红色文化的跨时空传播。这不仅有助于扩大展馆的影响力，还可以使更多的人了解和认同红色文化。最后，数字展示技术为展馆的数据分析和管理提供了有力支持。通过对展馆运营数据的分析和管理，管理者可以更加精准地了解观众的需求和兴趣偏好，从而优化展览内容和导览路线，提升观众的满意度和参与度。这种数据驱动的管理方式不仅有助于提升展馆的运营效率和服务质量，还可以为未来的展览策划和设计提供有益的参考。

4.3.2　红色旅游文化主题展馆数字化展示形式分析

红色旅游文化主题展馆数字化展示形式分析为红色旅游资源与思政育人融合提供了独特的视角。数字化展示形式能够以生动、形象的方式呈现红色旅游文化的魅力，为游客提供沉浸式的体验。通过虚拟现实、增强现实等技术，游客仿佛置身于革命历史场景之中，亲身体验红色文化的深厚底蕴。

这种数字化展示形式不仅增强了游客的参与感和互动性，还为思政育人提供了有力的支持。在展馆中，游客可以深入了解革命历史和红色文化，感受到革命先烈的英勇事迹和伟大精神。这种体验式学习有助于激发游客的爱国情感和社会责任感，培养他们的社会主义核心价值观。

红色旅游文化主题展馆数字化展示形式与红色旅游资源与思政育人的融合相得益彰。通过数字化展示，红色旅游资源得以更好地保护、传承和弘扬；而与思政育人的结合，则能够为游客提供更加全面、深入的红色文化体验，实现红色旅游的文化价值与社会价值双重提升。

4.3.2.1　红色旅游文化主题展馆的展示功能考量

红色旅游文化主题展馆的展示功能不仅体现在对于历史事件的再现和英雄人物的塑造上，更应着重于激发游客的爱国情怀、深化游客对红色文化的理解，以及引导游客对当代社会价值的思考。因此，考量展馆的展示功能，需要我们从多方面进行，如展示内容的丰富性、展示形式的创新性、观众互动的有效性等。在这个过程中，展馆应当充分利用现代科技手段，为游客带来更加生动、立体、全面的展示体验；同时，展馆应注重与游客之间的情感交流，让游客在参观过程中不仅能够感受到红色文化的魅力，更能够产生共鸣，从而实现对红色文化的传承和弘扬。

红色旅游文化主题展馆中的主要展品，具有内在的思想性和导向性，是爱国主义、马克思主义、社会主义等先进思想的集中体现。因此，红色旅游文化主题展馆的思想教育功能非常重要。红色旅游文化主题展馆不仅通过丰富的文物、资料和多媒体展示，向公众传递红色文化的核心价值，还通过生动的历史故事和英雄事迹，激发观众的爱国情怀和社会责任感。在参观过程中，观众能够深刻感受到革命先烈们的崇高精神和无私奉献，从而在思想上自发树立正确的历史观、价值观和世界观。红色文化主题展馆的思想教育功能，不仅有助于加强公民的国家认同感和民族自豪感，更能够促进社会的和谐稳定与文化的传承发展。

因此，红色文化主题展馆应优先发展展馆旅游。使参观者不仅可以接受展览信息，还可以接受红色精神熏陶和思想教育。比如，中国共产党历史展览馆通过展示粮票、布票退出历史舞台，冰箱、彩电、洗衣机走入寻常百姓家，城乡免费义务教育全面实现，农业税全面取消，以及打赢脱贫攻坚战、实现第一个百年奋斗目标等事件，真实记录党领导人民追求美好生活的伟大历程和光耀千秋的不朽功绩，使前来参观的干部群众深切感受到：江山就是人民，人民就是江山，党的百年奋斗史就是一部为人民谋幸福的历史，一部践行党的初心使命的历史，一部党与人民心连心、同呼吸、共命运的历史。全党必须永远保持同人民群众的血肉联系。观众要深入学习党的历史，不断深化对党的感情，不断坚定感党恩、听党话、跟党走的信心决心。

4.3.2.2　数字化展示设计下的多元表达

数字化展示设计，强调技术在展示空间中的应用。与传统图形、展品、简单场景再现不同，数字化展示形式更具多样性。这些无穷无尽的展示技术是科技的产物，也是时代演变的产物，因为单靠科技无法完成文化的丰富呈现，必须与时代的需求和时代的特质相结合，与文化的不断培育相结合。因此，丰富多彩的当代文化发展造就了各式各样的数字化表现形式。

在数字化表现形式多样的情境下，展览空间与观众之间的距离正在逐步缩小，互动形式的多媒体也在不断涌现。这种形式的精髓在于数字内容与观众之间的互动，观众比以往有了更多获取信息的机会。互动可以转化为一种展示艺术，所展示的内容可以根据目标受众的多样性有不同的选择，这样就可以向不同的人群展示不同的访问方式，让他们以自己喜欢的访问方式获取内容。

在数字化展示设计的语境下，追求多元表达的一个核心目标，即在展览空间与观众之间构建一个互动与交流的桥梁，旨在赋予观众与展览空间之间更为深刻和有意义的互动体验。通过创新的展示手法和技术应用，观众得以更加直观、生动地感知展览内容，进而在心灵深处产生共鸣，实现信息的有效传递和情感的深度交流。这不仅提升了展览的吸引力，更在无形中增强了观众对展览主题的理解和认同。红色旅游主题展馆的内容，往往聚焦于中国革命历史和红色文化，这些内容与当下往往存在一定的时间距离。因此，要在当今时代的语境和社会环境下凸显其重要性，展览设计需采取创新的策略，将历史与现实、时间与空间有机结合起来。

数字媒体可以很好地解决这一问题，比如利用多媒体技术生动地再现历史场景，将观众的情感代入其中；此外，现代互联网的发展，让红色文化在更广阔的视角里，有更多的外延。这是现代社会新特征在空间展示上的复合呈现。在展览设计中，可以通过现代科技手段，如虚拟现实技术、增强现实技术等，将红色历史场景重现于观众眼前，让他们身临其境地感受那段峥嵘岁月。同时，通过交互式展示方式，如触摸屏、语音导览等，增强观众的参与感和体验感，使他们在互动中深入了解红色文化的精神内涵。展览设计还可以结合当下社会的热点和关注点，对红色文化进行现代解读和重新诠释。例如，与观众探讨红色文化在当代社会中的价值与意义，或者将红色故事与当下人们的生活紧密结合，从而引发观众的思考和共鸣。

总之，通过巧妙的设计手法和创新的展示方式，红色旅游文化主题展馆可以在当今时代的语境和社会环境下凸显其重要性，红色文化的宝贵精神财富只有不断与时代精神对话，才能永葆青春。让红色文化在时间和空间上焕发出新的活力和魅力。

4.3.2.3　数字化展示设计下的直观表达

直观表达是展示设计的基本要求之一。展示内容要直观，展示形式的选择也要以此为基础。观众进入展览空间后，希望直接从展示内容中接收信息，感受展览氛围。

首先，数字展览空间的直观表达体现在氛围的营造上，展览空间是一个情感空间，需要调动观众的视听感官，这可以鼓励观众更主动地参与到展览中，让他们成为展览的一部分，既可以通过互动方式去探索、解读展览；也可以与其他参观者进行交流，与工作人员进行互动，共同分享和讨论展览中的内容，进一步丰富展览的内涵和意义；还可以通过亲身参与、互动体验，更加贴近展览主题和内容，获得更深入的展览体验，并且在体验中提升自身的认知水平。

在传统媒体中，视觉被认为是最重要的传播通道，而听觉通道往往被削弱，仅作为背景音乐、现场广播解说和类似小应用的单独重放。数字展示技术充分发挥视觉和听觉的重要作用，创造出类型多样的视听盛宴。

例如，位于安徽省合肥市的渡江战役纪念馆，是国内规模最大、收藏史料最全的纪念渡江战役辉煌历史的专题场馆。渡江战役纪念碑的屏幕设计采用了多种数字投影媒体，营造出了强大的视听投影氛围。渡江战役距今已有半个多世纪，那个时代的战争场面只能通过影视剧来重现。展厅的再现方式关系到渡江战役纪念馆整个展览的效果。在这个项目中，展厅结合了多媒体视频技术来呈现战场上的场景：空间里有一片漆黑的天空和一艘桅杆高耸的军舰模型，观众穿梭其中，视野被虚拟场景包围，不远处就是炸弹方阵，耳边还能不断听到枪声。展厅通过艺术地再现这一战争场面，让观众仍能感受到当年的峥嵘岁月，领略到人民解放军正义的力量。

在红色文化展示中，数字显示屏技术的运用不仅重现了历史的真实场景，而且通过数字技术的交互性，让观众能够更深入地理解和体验红色文化的丰富内涵。数字显示屏技术所展现的精准细节和生动画面，不仅增强了对观众感官的冲击力，还激发了观众对历史的敬畏之情和对红色精神的传承之愿，为红色文化的传播和弘扬开辟了新的路径。

其次，互动设计体现了数字展示空间的直观表达，展示空间与观众的直接互动既可以是震撼的视听形式，也可以是空间与观众的互动。互动设计则是空间情感表达的直接实现。出于技术等方面的原因，互动设计在传统的展览设计中并未被考虑。传统的展示空间往往更倾向于内容的单向传播，导致展览空间与观众之间的心理距离增大。尤其是以红色旅游文化为主题的展厅，展览内容的表达效果并不是很好，其思想导向功能需要与观众有更深层次的联系。而数字展示可以很好地解决这些问题。VR模拟系统可以创建一个虚拟空间，观众可以进入这个虚拟空间并进行多种互动，数字屏幕的设计以视听沉浸为基础，通过互动进一步加深观众的视听沉浸感。

4.3.2.4　数字化展示设计下的趣味表达

展览形式的趣味性一直是展览设计的一个重要方向。主题展馆作为旅游业发展的重要旅游景点，通常以满足公众兴趣和增加展览空间的趣味性为主。红色文化的展示在趣味表达方面有一定的限制，这主要是因为红色文化是先烈留给我们的精神财富，它兼具思想性和严肃性。虽然发展红色旅游的目的是促进红色文化和经济发展，使红色文化更好地融入大众文化，但红色文化的表现形式必须坚持原则，既不能过度商业化，也不能过于娱乐化。

红色文化的严肃性为展览形式的选择设定了界限，这些限制也直接决定了传统红色旅游和主题文化展馆的严肃统一。这种审美上的刻板印象会在展览空间与公众之间造成难以逾越的鸿沟，尤其是对于年轻人来说，这种鸿沟显得更加严重。根据数字展览的理念，为实现红色文化的严肃性与展览表达的趣味性的平衡，需要在设计和展示过程中从以下方面将两者巧妙地结合，使观众在获得教育意义的同时，也能享受到视觉和心灵的愉悦：一是内容策划与筛选。选择具有代表性的红色文化元素和故事，确保展览的核心内容严肃、准确，能够传达红色文化的核心价值。同时，避免过度渲染或简化历史，保持对历史的尊重。二是创新展览形式。在展示形式上，可以运用现代科技手段，如多媒体、互动装置等，增强展览的趣味性和吸引力。例如，可以通过虚拟现实技术让观众身临其境地体验历史事件，或者通过触摸屏互动让观众参与答题、了解红色文化知识。三是故事化叙述。将红色文化故事化，以更加生动、有趣的方式呈现给观众。可以通过讲述英雄人物的故事、历史事件背后的趣闻轶事等方式，使观众在轻松愉快的氛围中了解红色文化。四是视觉设计。在视觉设计上，可以运用色彩、布局、灯光等元素，营造出一个既严肃又有趣的展览空间。例如，可以采用红色和白色为主色调，象征着革命和纯洁；同时，通过巧妙的布局和灯光设计，营造出一种庄重而不失活泼的氛围。五是互动环节。在展览中设置一些互动环节，让观众能够参与其中，提高观众的参与感和体验感。例如，可以设置一些红色文化主题的互动游戏、问答环节等，让观众在参与过程中了解和学习红色文化。通过以上方式，可以在确保红色文化的严肃性的基础上，提高展览的趣味性，使观众在参观过程中既能受到教育，又能享受到乐趣。这种平衡也有助于传承和弘扬红色文化，让更多的人了解和认同红色文化的价值观。

可视化展馆是实现红色文化趣味表达的另一种重要形式，以中共中央西北局纪念馆为例，在中共中央西北局纪念馆的展览设计中，就运用了数字多媒体技术。中共中央西北局纪念馆位于陕西省延安市宝塔区，展览空间使用了窑洞的居住元素，并结合了人体识别系统和视频播放系统。当展示室附近没有观众时，它是正常的窑洞门窗；而当附近有观众时，它就变成了可视化的场景。这种有趣的展示元素不仅提升了展品的内涵，也让观众有了一个快乐探索历史的窗口，在娱乐和思考之间取得了很好的平衡。

综上所述，基于红色旅游资源特征的数字化展馆设计的融合发展模式、数字化设计理念下文化内涵体验式展示、数字化展示方式和红色旅游资源和思政育人融合等要素共同构成了具有时代特色的红色旅游文化主题展馆。这种展馆不仅为游客提供了独特的红色文化体验，还为红色旅游资源的数字化和思政育人工作的发展注入了新的动力。通过数字化设备，游客能够与展品进行互动，深入了解红色文化的历史背景和深层含义。通过沉浸式的红色文化体验，游客可以更加直观地感受到革命先烈的伟大精神，培养爱国情怀和社会责任感。

4.4 数字化旅游产品创新融合发展模式

随着科技的进步，数字化技术为旅游行业带来了前所未有的变革，而数字化旅游产品创新则成为行业发展的重要方向。数字化旅游产品创新融合发展模式为红色旅游资源和思政育人融合提供了新的思路。因此，数字化旅游产品创新融合发展模式与红色旅游资源和思政育人的融合具有广阔的发展前景和重要的社会意义。本节主要从数字化旅游产品的创新呈现、数字化旅游产品的创新设计和数字化旅游产品提升游客体验三个方面探索数字化旅游产品创新融合发展模式。

4.4.1 数字化旅游产品的创新呈现

在数字时代多媒介平台出现的背景下，涌现出了众多红色文化的新载体，红色信息开始弥漫在社会的每一个角落，创新了红色文化的当代传播路径，亦在敦促着新时代下传播格局呈现崭新面貌。

习近平总书记在关于全媒体时代和媒体融合发展的中共中央政治局第十二次集体学习中指出，推动媒体融合发展、建设全媒体成为我们面临的一项紧迫课题。中共中央办公厅、国务院办公厅印发了《关于加快推进媒体深度融合发展的意见》，明确指出全媒体时代媒体深度融合发展的重要性和紧迫性。"全媒体"不仅指传统媒体在形式上的多模态、传播渠道上的多渠道、媒体内容上的多领域，还包括社会生活的方方面面。要利用数字媒体、大数据等技术将万物真正联系起来，并运用于红色教育中，凭借各类传感器把革命文物背景、内涵价值等信息汇集起来，将革命文物赋予生命力，让受众能够与其进行深度对话，完成双向传播过程，从而扩大受众范围，拓宽受众渠道，使各地区、各民族人民对革命文物进行全方位的认识，更能深刻体会和了解革命文物背后的理想信念和伟大目标，从而补足精神之"钙"。

4.4.1.1 充分利用虚拟现实技术和增强现实技术

在呈现数字化旅游产品的时候，要充分利用 VR、AR，两者既存在共性也存在差异。VR 和 AR 的共同特性主要体现在它们为用户提供的沉浸式体验上：一是这两项技术都能够通过先进的计算机图形和传感技术，将数字信息无缝融入用户的现实世界中，创造出一种超越传统界面限制的新型交互方式。二是 VR 和 AR 都依赖于先进的显示技术，如头戴式显示器（HMDs），来呈现虚拟或增强的视觉内容。用户通过这些设备，能够身临其境地沉浸在由计算机生成的虚拟环境中，或者在他们所处的现实世界中叠加虚拟元素。三是 VR 和 AR 都强调交互性，用户可以通过头部运动、手势识别等方式与虚拟现实或增强现实进行自然、直观的交互。这种交互方式不仅提升了用户的参与度，也使用户能够更加深入地理解和体验所呈现的内容。总的来说，VR 和 AR 的共性在于它们为用户创造了一种全新的、沉浸式的交互体验，让用户能够以更加自然、直观的方式与数字信息进行互动，从而极大地扩展了人类与数字世界的连接方式。

VR 和 AR 的共性的应用在红色旅游产品中体现得尤为明显，它们共同创造了一种全新的且高度沉浸式的红色旅游体验。通过这两种技术的结合，红色旅游产品不仅将革命历史场景和红色文化以更加自然、直观的方式呈现给游客，还极大地丰富了游客与红色历史的互动方式。在红色旅游产品中，VR 和 AR 的共性使游客能够身临其境地感受革命历史的震撼和红色文化的魅力。游客通过佩戴VR 眼镜，可以进入高度逼真的历史场景中，仿佛置身于战火纷飞的年代，与革命先烈并肩作战。同时，AR 技术的运用使游客在参观过程中能够实时互动，获取丰富的多媒体信息，更加深入地了解历史背景和英雄事迹。这种交互体验不仅让游客对红色历史有了更加深入的了解和认识，还激发了他们的爱国情怀和社会责任感。游客在虚拟场景和现实场景的交织中，能够更加直观地感受到革命先烈的英勇事迹和红色文化的独特魅力，从而更加珍惜当今生活，身体力行地传承红色精神。

VR 和 AR 的差异使其在数字化旅游产品的创新呈现的过程中发挥着不同的作用。VR 是一种虚拟与现实相结合的科学技术，长期占据学界与业界的热点话题与新闻关注，也深受大众的青睐；主要立足于身体感知的目的，能够从人类的视觉、听觉、触觉三个维度让虚拟形态在客观存在下更为真实、可感，让大众身临其境地进入科技所构建的数字空间。这种体验模式亦区别于传统叙事形态，从视觉范围上消除了传统叙事空间上的视线界定感、边框感，如同肉眼真实状态下的视觉效果；在体验过程中，观众更能够以自身作为叙事主体，对周围画面形成一种意识联想，并通过画面指引，继而探索场域信息，激活全新的体验模式，完成一场数字之旅。红色旅游资源在与 VR 结合后，所孵化产生的红色虚拟空间，能够让大众从视觉上消除历史与时间的物理界限，深入探寻红色旅游资源所蕴藏的红色故事，领略革命岁月中的旧址全貌，并能够切身体会革命先烈、革命英雄人物的生活环境。

例如，位于贵州赤水的四渡赤水 VR 战争体验中心是国内首个以"四渡赤水"为主题的红色文化 VR 战争体验项目，它利用赤水市丙安古镇的历史背景，在赤水游客中心建造实体馆，并通过 VR 将红色景区在虚拟现实中予以还原，让游客穿越时间和空间限制，身临其境地深度体验当年发生的历史事件。它的优势在于以红色主题切入市场，结合红色旅游、数字旅游和体感游戏三个时尚元素，让游客感受到精彩的四渡赤水 VR 体验。在参与"四渡赤水"VR 战争游戏体验过程中，游客不仅有惊险刺激的体验，还能在整个过程中体验到设计方精心植入的潜移默化的爱国主义教育，让游客在战斗中更加有代入感，能够对红军战士和革命者的勇敢无畏感同身受，从而给游客留下深刻印象。

VR 和 AR 在技术应用和体验上有着明显的区别。首先，VR 是一种完全由计算机生成的三维虚拟环境，用户通过佩戴特殊的头戴式显示器（HMDs）或相关设备，可以完全沉浸在由计算机模拟的世界中，与外部环境隔绝。VR 强调的是完全的沉浸感，在 VR 中，用户所看到的可以是完全虚构的场景，也可以是高度逼真的模拟环境。相比之下，AR 则是在用户所处的真实环境中，叠加或融合计算机生成的虚拟元素。用户在使用 AR 技术时，通常是通过智能手机、平板电脑或特殊的 AR 眼镜等设备，看到基于真实世界的景象上叠加的虚拟信息或图像。AR 的目的是通过虚拟元素的加入，来增强或改善用户对真实世界的感知和体验。其次，VR 通常需要更为复杂的硬件设备，如高性能的计算机、专业的头戴式显示器和传感器等，以实现高度逼真的虚拟环境；而 AR 则更多地依赖于用户的现有设备，如智能手机或平板电脑，结合特定的应用程序或软件来实现虚拟元素与真实环境的融合。

总的来说，VR 和 AR 在技术应用和体验上有着明显的区别：VR 强调的是完全的沉浸感和虚构的虚拟环境，而 AR 则注重在真实世界中融入虚拟元素，以增强用户的感知和体验。这两种技术各有特点，为不同的应用场景提供了更加灵活和多样化的选择。

例如，作为我国五大革命圣地之一的西柏坡，曾由亮风台（上海）信息科技有限公司为其打造全新的 AR 游览方案，实现"一部手机走西柏坡"。该方案结合了 2D/3D 图像识别与跟踪、SLAM 等技术，从而实现 AR 导览、实景重现，并把相关影像素材与景区实景相融合，使游客通过手机扫描各场景或实物就可以重现历史，从而身临其境地感受老一辈革命家所在情景与精神。

总之，VR 和 AR 在红色文化旅游中的应用，为游客提供了一种全新的、沉浸式的体验方式。这些技术不仅使游客能够更深入地了解红色文化的历史背景和精神内涵，还激发了游客的爱国热情和奋斗精神，为传承和弘扬红色文化注入了新的活力。

4.4.1.2　开放式数字沙盘

开放式数字沙盘可以打破物理空间的展陈范围，借助数字技术延伸出展品的可利用空间并增强附加效果。红色旅游资源的开放式数字沙盘就是在实体沙盘的基础上，以声、光、电、三维动画等多重虚拟效果进行展示，继而助力对现场观众的红色教育体验，这种模式既保存了传统展览的静态特征，又添加了数字技术的动态效果，从实践意义上看也实现了传统模式与现代创新的对话互动。

例如，位于上海市黄浦区的一座国家一级博物馆——中国共产党第一次全国代表大会纪念馆，在其推出的"伟大的开端——中国共产党创建历史陈列"主题展览中，"光荣之城"全景沙盘运用多种新颖展示方式，全面展示了 1921～1933 年中共中央机关在上海期间领导全国党组织开展革命斗争的重要红色足迹和当时的城市风貌。这个全景沙盘以 20 世纪 30 年代上海主城区城市专业制图为基底，通过大型实景式微缩模型，以数字化影像、灯光、视频等多媒体手段，生动再现了当年上海的城市景象和中共中央机关的活动场景。在地块性质、建筑类别、路网走向、水文地理等诸多方面，"光荣之城"全景沙盘都尽可能地还原了二十世纪二三十年代上海城区的城市肌理，让游客仿佛置身于当时的历史时代。除了精美的模型展示，该全景沙盘还融入了新媒体技术，让游客可以通过互动方式了解更多的历史信息。这种融合传统展示方式和现代科技手段的做法，不仅让"光荣之城"全景沙盘成为一个生动、有趣的历史课堂，还让游客在参观过程中获得了更加全面、深入的历史体验。

开放式数字沙盘为游客提供了一种直观、生动的展示方式，通过多媒体集成技术、交互技术和三维可视化技术，能够将红色景区的地理位置、地形地貌、历史背景等信息以直观、生动的方式呈现出来。游客可以通过触摸屏幕或手势识别等方式与沙盘进行互动，获取详细的景区信息和历史背景介绍，有效地提升了红色旅游的体验效果和教育价值，对于推动红色旅游的发展和红色文化的传承具有重要意义。

4.4.1.3 数字触屏服务

在如今的大多数展览馆内部都有数字触屏服务，其不仅方便了观众随时找寻所需内容，还以数字形式保护了馆藏资源。革命文物的数字触屏展览同样使观众可以通过屏幕前一个个具象的红色符号和红色信息迅速定位所寻目标，获得良好的红色体验感。具体表现为建立虚拟模型，以供观众在场馆内部使用实体的电子触摸屏设备来参观体验，其包括二维平面图片、三维立体化展示及多功能查找与筛选等模式。通过此类虚拟红色资源享受更为便利、新颖的红色文化体验，亦彰显出了数字技术赋予红色文化资源的新活力。

例如，湖南省文物保护利用中心于2021年7月1日正式推出的线上展览——湖南馆藏百件珍贵革命文物数字展，充分利用了"湖湘珍贵革命文物数字化保护项目"课题的研究成果。该展从湖南省精挑细选出100件珍贵的革命文物，以数字虚拟模型为基础，借助数字触屏服务弥补传统陈列展示存在的不足，比如文物因为需要隔离保护使观众不能近距离观看，而是让观众与文物零距离接触，获得全新的观展体验，还帮助观众搜寻革命文物的数字面貌与信息，描绘出革命文物的数字生命力。

数字触屏服务为游客提供了便捷、高效的互动体验，也为红色旅游带来了新的展示和教育方式。首先，数字触屏服务可以作为红色旅游景区的自助导览工具。通过触屏设备，游客可以自主选择想要了解的历史事件、人物故事、文化背景等信息，获取详细的介绍和讲解。这种自助导览方式不仅提高了游客的自主性，也使导览内容更加个性化和丰富化。其次，数字触屏服务为红色旅游产品带来了新的更具互动性和参与性的展示方式，为游客提供了更加便捷、有互动性和丰富的参观体验。数字触屏服务不仅具有互动性优和参与性强的特点，还能为游客提供个性化的学习服务。游客可以根据自己的兴趣和需求，自主选择想要了解的内容和学习方式。比如，游客可以通过触屏设备进行互动游戏、答题挑战等，增强参与感和体验感，积极学习红色文化。这种互动式的展示方式不仅让游客更加深入地了解红色历史和文化，还能让游客在参观过程中感受到更多的乐趣；不仅增加了学习的趣味性，还能帮助游客巩固所学知识，提高他们的记忆力和理解能力，满足了游客的多样化需求，使他们在参观过程中获得更加深入、全面的学习体验。最后，数字触屏服务为红色旅游产品带来了全新的教育方式，为游客提供了更为直观、生动的学习体验。数字触屏服务通过多媒体内容，如图片、视频、音频等，为游客展现出更加直观、生动的历史场景和人物形象。游客只需轻触屏幕，就能身临其境地感受历史事件的发生和发展，深入了解历史人物的思想和行动。这种沉浸式的学习方式不仅让游客更容易理解和接受红色历史，还能激发他们的学习兴趣和动力。

4.4.2　数字化旅游产品的创新设计

随着科技的快速发展和消费者需求的不断变化，数字化旅游产品逐渐成为旅游业的重要趋势。本部分将从数字化红色旅游资源产品的创新设计的基本原则和数字化红色旅游资源产品的创新设计体系对数字化旅游产品的创新设计展开讨论。

4.4.2.1　数字化红色旅游资源产品的创新设计的基本原则

（1）游客导向原则

游客导向原则主要适用于红色旅游产品开发的 AR 系统，在建设过程中应始终响应用户的需求，并在建设过程中根据游客的需求及其评价标准不断调整和协调，尤其要重视游客的情感需求。在新技术背景下实现可视化的同时，让游客能够轻松了解红色文化的本质。鉴于游客的期望值、文化水平、经济能力等不同，他们对红色旅游产品的消费类型也有不同的偏好，应根据不同类型红色旅游产品的特点，建立针对不同层次游客的多功能红色旅游产品体系，为更多游客提供更高质量的红色旅游体验，从而促进红色文化的传播。

（2）内容导向原则

展示内容是数字化红色旅游资源产品创新设计原则的核心。要想开发具有地方特色的独一无二的红色旅游产品，就必须认真研究区域红色文化资源本身的内涵，精心挖掘红色文化内涵，恰当地提炼地方文化特质，运用科学和艺术的方法，提升红色文化展现水平，只有这样才能实现红色旅游资源产品的智慧转化，实现红色文化与旅游、科技的完美结合，以及红色文化的直观呈现和传播。

（3）保持原真原则

红色旅游产品开发应立足于红色旅游资源，深入挖掘红色文化独有的精神内涵。数字内容的设计和创作应尊重原生文化的精神和视觉表现的特殊性，精心培育文化特质，使数字内容能够真实地反映文化的物质特质和精神特质。此外，在开发增强现实文化旅游产品的虚拟内容时，还应考虑到相应文化区域的具体环境条件，以便为游客提供更真实的文化与环境融合的体验。

（4）动态更新原则

当今世界正在经历一场伟大的变局，科学技术、产品的创新和复制也日新月异。短期内，AR 文化旅游产品作为明星旅游产品能够吸引足够的关注。但由于"保鲜期"相对较短，需要用创新的软硬件手段进行系统更新，与时俱进，让 AR 旅游产品始终保持新鲜感，创新渠道，丰富游客的文化旅游体验。

（5）参与沉浸原则

红色文化环境沉浸感差、参与感不强是当今红色旅游存在的主要问题。增强现实技术在增强游客红色文化体验参与感方面具有独特的优势。虚拟界面的交互模式解放了游客的思想，让他们可以直接与红色文化互动；虚拟信息的展示，连接了过去与未来，可以为游客提供更加真实的沉浸式体验。因此，我们只有挖掘游客缺乏红色旅游参与感的痛点，充分挖掘增强现实技术的可能性，注重参与式体验的设计，才能开发出满足游客文化体验需求的 AR 红色旅游产品。

4.4.2.2　数字化红色旅游资源产品的创新设计体系

文化也是旅游产品竞争力的核心，文化特色越强，文化价值越高，旅游产品价值也就越高。AR 技术可以让游客有更直观的实时互动的红色文化体验，必将给整个红色旅游领域带来巨大的变革；从技术产品开发的角度，红色文化与 AR 技术相结合，形成基于 AR 技术的红色旅游产品，并可将该产品分为互动产品和非互动产品两大类，结合红色旅游的具体需求分类，创建基于 AR 技术的红色文化旅游产品体系。

（1）基于 AR 的互动型红色文化旅游产品

从产品设计的角度来看，互动产品的精髓应在于任务流程的设计。因为这类产品通常以一个或多个游客的目标为出发点，通过一个又一个功能点，实现一个又一个体验要求，从而满足游客对文化旅游体验的最终要求。

第一，旅游产品中的红色文化导览可以理解为在虚拟空间中，呈现特定的红色文化主体或红色文化现象，并配以简要信息，帮助游客在特定场所游览时的导游、徒步游览等功能。红色文化导览不仅具有导游和引导的功能，其交互界面的视觉设计还是现实与虚拟相结合背景下环境设计的重要组成部分，以及风貌营造和红色文化建设的重要内容，主要包括 AR 导游系统、AR 地图和虚拟文化导览等。AR 导游系统在虚拟空间中显示全景地图和导览地图，结合全球定位系统，让游客知道自己身在何处，明确方向。AR 地图以小册子和纸质地图模板为基础，游客可以使用 AR 识别每个地标。虚拟文化导览并创建了一个具有红色文化代表性的虚拟导游，在虚拟空间中向游客介绍沿途景点和红色文化相关元素，并开展相关互动活动。

第二，基于地方特色和红色文化元素的参与性红色文化旅游产品，结合增强现实技术，打造增强现实游戏等参与性活动。如利用增强现实技术开发主题性红色文化演练活动，让旅游景点"有故事可讲"；创建虚拟红色文化创意商店，在相关红色文化现象展览点植入含有增强现实技术的文化商品销售信息，让游客在参观时就能找到自己喜欢的东西。在虚拟文化社区——基于 AR 技术的虚拟社交平台，游客之间可以相互交流和分享旅游体验，并在虚拟空间中留下痕迹，主要包括打卡、登录、留言、评论、留念等功能，避免对实体文物的破坏。

第三，沉浸式红色文化旅游产品利用 AR 可视化技术营造特殊的文化环境烘托效果，让游客以第一人称视角直接参与到混合文化互动环境中，触景生情，寄情于景，融情于景，获得更深层次的文化体验，引起内心深处的情感共鸣。总的来说，利用增强现实技术，将历史场景叠加到相关场景中再现，为游客提供更为真实的感官刺激，是提供沉浸式体验的主要表现手段。利用三维建模等数字技术修复受损古迹，改变古迹只能"远观"的现状，让游客可以随时放大缩小、旋转查看古迹细节。利用增强现实技术，以真实的历史和文化物品为基础修复遗址，意味着要恢复遗址昔日的风采，让游客能够更直观地感受到红色文化的吸引力。在虚拟空间中生动形象地再现历史人物，与游客直接对话，给游客带来更加真实自然的沉浸式文化体验。此外，静态的绘画等艺术品，采用虚拟数字内容的叠加，将平面屏幕变成动态的三维场景。

（2）基于 AR 技术的非互动型红色文化旅游产品

由于非互动型产品的本质是将人与文化信息连接起来，而文化信息是单向流动的，因此信息从哪里来、到哪里去、怎么去就显得尤为重要。如果仅从产品设计的角度来看，基于 AR 技术的非互动型红色文化旅游产品的主要方面是信息流的设计，包括两类：红色文化展示旅游产品和红色文化解读旅游产品。

第一，红色文化展示旅游产品。红色文化展示旅游产品可以通过扫描文物、特定场景或特定图像，以视频的形式展示当地的红色文化和红色历史，以及具有地域特色的文化历史（历史名人、地位等），同时充分利用历史区域的特色，从而吸引消费者的好奇心，促进产品消费。红色文化转化与传播的表现形式主要包括文化宣传产品、文化展示产品和舞台表演产品。

文化宣传产品：文化宣传产品以多样化的形式和手段，有效地传播红色文化，弘扬革命精神，激发人们的爱国热情。红色主题的图书、画册和连环画等出版物是文化宣传产品的重要形式。这些出版物通过文字和图像的结合，详细介绍了革命历史、英雄事迹和红色文化，为读者提供了全面深入的了解和学习机会。例如，《红色经典连环画》系列丛书将革命历史故事以连环画的形式呈现，既具有艺术性又具有教育性，深受读者喜爱。此外，红色主题的文化创意产品，如文化衫等也受到了广泛关注。这些产品以红色文化元素为设计灵感，将革命历史、英雄形象和红色精神融入其中，既具有实用价值，又具有纪念意义。又如，一些红色旅游景区推出的纪念币、纪念章等文创产品，深受游客喜爱，并具有收藏价值。在数字经济时代，文化宣传产品主要是利用增强现实技术，充分展示景区的内在文化资源，让游客更深入地了解景区文化，如 VR 旅游手册、VR 宣传册等，将极大地丰富旅游宣传的方式。文化宣传产品在红色文化的广泛传播中发挥了重要作用。它们以多样化的形式和手段，弘扬革命精神，激发人们的爱国热情。

文化展示产品：在文化展示产品的设计中，红色文化中的许多非物质资源，如老一辈革命家的革命事迹、战地纪念馆内的历史场景等，难以通过传统的展示方式进行全面、生动的呈现。在这里，AR 展现出了其独特的优势。此外，AR 还可以用于呈现一些已经消失或难以保存的红色文化遗产。通过 3D 建模和 AR 技术，可以将这些文化遗产以数字化的形式重现，让观众能够一睹其风采。这种数字化的保护和展示方式，不仅有利于红色文化的传承和推广，还能吸引更多年轻人对红色历史产生兴趣，从而起到弘扬红色文化的作用。AR 在红色文化展示中的应用，为观众提供了更加直观、生动的学习体验。通过虚拟与现实相结合的方式，不仅解决了非物质红色文化遗产展示的问题，还有助于红色文化的传承和推广。

舞台表演产品：它主要是指在特定地域的虚拟空间中演绎相关文化现象的旅游产品。舞台表演产品在红色文化中的应用广泛且深入，其以生动、直观的方式呈现红色历史，使观众能够身临其境地感受革命时代的激情与信仰。红色舞台剧通常以革命历史为背景，通过艺术的手法再现革命先烈的英勇事迹，弘扬爱国主义精神，传承红色基因。例如，经典红色舞台剧《红岩》以解放战争时期国民党统治下的重庆为背景，讲述了共产党员为了革命信仰，在敌人面前坚贞不屈、英勇斗争的故事。舞台表演中，演员们通过精湛的表演技巧，将革命者的坚定信念、高尚品质和牺牲精神展现得淋漓尽致，深深感染了观众。此外，现代红色舞台剧也在不断创新和突破。它们不仅注重历史真实性的还原，还融入了现代元素和表现手法，使红色文化更加贴近当代观众的审美需求。一些红色舞台剧采用了多媒体、灯光、音响等先进技术，打造出震撼人心的视听效果，让观众在享受艺术的同时，也能深刻感受到红色文化的魅力。总的来说，舞台表演产品在红色文化中的应用具有重要意义。它们不仅丰富了红色文化的传播方式，还通过艺术的力量激发了观众的爱国情感，促进了红色文化的传承和发展。同时，这些优秀的舞台表演产品成为当代文艺创作的重要组成部分，为传承红色基因、弘扬爱国主义精神做出了积极贡献。

第二，红色文化解读旅游产品。它是指基于中国革命历史、社会主义建设和红色传统而开发的一系列旅游产品和服务。这些产品不仅涵盖了传统的旅游观光项目，还更加注重对红色文化精神的深入解读和传播。红色文化解读旅游产品的内涵在于通过旅游的形式，使游客能够亲身感受红色文化的魅力，加深对革命历史和社会主义建设的认识，从而进一步弘扬红色文化，传承红色基因。红色文化解读旅游产品主要利用实物、图片和文字等方式，以及衍生产品，向旅游者介绍红色旅游景观中包含的红色文化元素。例如，沂蒙地区作为抗日战争和解放战争时期的革命根据地，拥有丰富的红色资源。沂蒙红色文创系列通过设计独特的文创产品，如红色主题纪念品、艺术品等，将沂蒙红色文化融入其中，让游客在欣赏和购买的同时，感受红色文化的魅力。在虚拟空间中，红色文化解读产品是指那些运用数字技术、虚拟现实技术、增强现实技术等现代科技手段，对红色文化进行再现、解读和传播的产品。红色文化源于中国革命历史和社会主义建设实践，包含丰富的革命精神和道德传统，具有深厚的历史底蕴和时代价值。在虚拟空间中，这些红色文化元素被巧妙地融入数字产品中，使用户可以在虚拟的环境中体验到红色文化的魅力，进而加深对红色文化的理解和认识。如井冈山、延安、西柏坡等革命圣地。用户通过佩戴 VR 眼镜，可以身临其境地参观这些革命遗址，聆听革命历史讲解，甚至与虚拟的历史人物进行互动。这种沉浸式的体验方式，使红色文化的传播更加生动和有效。

（3）数字化红色文化旅游产品的创新开发策略

基于 AR 的红色文化旅游产品的开发应以游客体验为基础。如果开发的功能不能满足游客的文化体验需求，那么产品开发者的一切努力都将白费。在开发产品时，应考虑到使用过程中的方方面面。基于游客在红色旅游中的体验，增强现实产品的开发不仅要提供特定的功能，还要为游客提供最切实有效的红色文化体验，更要考虑到游客对这一功能的感知、使用过程的流畅程度等。因此，AR 红色文化旅游产品的开发不是简单地罗列 AR 功能，而是要从多方面入手。

第一，加强红色文化基础研究，深化思想文化交流。正确协调红色文化旅游与文化基础研究的关系。红色文化是红色旅游目的地的灵魂和宗旨，为游客提供精神享受和爱国主义教育。首先，在进一步深入研究的前提下，根据红色旅游文化资源的发展潜力进行分类，发展特色红色文化旅游，建立红色文化旅游资源要素内容数据库。其次，要与相关高校、科研院所合作，进一步深入研究红色文化与旅游的融合发展，深入开展红色文化研究，突出红色文化的精神内涵，赋予传统红色精神新的时代意义。

第二，加强游客体验研究，深入了解游客需求。游客只会优先选择满足其体验需求的产品。因此，通过加强对游客体验的研究和分析，加深对游客需求的了解，明确红色旅游文化产品的定位和功能范围，可以更好地提升游客体验。首先，利用问卷调查、现场调查、数据分析、访问测试等方法，对红色旅游市场现状进行评估，该评估是基于游客对红色旅游体验后实际反馈的直接信息。其次，可以对红色旅游相关数据和信息进行分类、比较和分析，并结合红色旅游发展趋势，了解游客旅游需求的变化，创造符合游客需求的旅游产品。最后，通过对红色旅游产品的功能定位和功能范围进行分析，确定基于 AR 的红色文化旅游产品的功能定位和功能范围。

第三，结合体验元素，优化红色旅游文化产品的视觉设计。在利用 AR 技术设计红色文化旅游产品时，需要考虑产品功能的实现、内容设计、交互设计和界面设计四方面。红色文化旅游产品功能的实现主要基于对文化旅游需求的基础研究、对红色文化旅游产品功能要求的研究和在红色文化旅游产品中实施的增强现实技术的路径研究。红色文化旅游产品的内容设计主要是设计红色文化资源的三维数字模型、动画视频、图像、文字、声音等数据信息，并建立标准的可视化数字内容数据库，用于 AR 实现过程中的实时对话。红色文化旅游产品的交互设计应针对每个场景选择最简单的交互方式，实现与虚拟内容的直接交互，使游客获得更真实的体验，更深入地了解旅游景点的文化内涵。红色文化旅游产品的界面设计主要以简单实用的导航结构为主，用户界面不宜过于复杂。

第四，注重游客体验，持续动态优化产品。首先，根据旅游产品生命周期理论，在利用 AR 技术开发红色文化旅游产品的初期，要通过大量的市场调研了解游客的需求及偏好，有针对性地开发并正式推出相关红色文化数字内容后再进行小范围的游客体验测试，及时进行最后的调整完善。利用 AR 技术开发红色文化旅游产品，首要解决的是地方性革命文化记忆点。这主要是以地方性遗址实物建设或革命旧址完整性保护为基础，通过打造革命旧址、红色记忆馆、革命博物馆等具有代表性的红色遗址景点，保存地方性革命文化记忆资源。与普通的文化记忆遗址和传统的历史文化博物馆相比，这类红色遗址主要具有红色教育、红色历史、红色宣传和延续红色基因等功能。其次，"体验"则是基于观众亲身经历和体验，获得革命文物的真实感和厚重的历史感，在脑海中留下珍贵的红色记忆，进而在心中扎根红色基因。5G 时代的场所体验主要以红色场域空间为主，在数字技术的支持下，让观众能够感知和感悟空间的呈现内容，更好地体验红色文物。借助数字技术，打造多维立体的红色空间，让观众在红色体验中加强与革命文化遗存的联系，以革命精神为动力，将革命英雄作为榜样，树立良好的红色概念，在回顾红色历程中拥抱现在、感悟未来。

影响游客体验的重要因素之一是公开性，其是指在展览馆、纪念馆、博物馆等公共文化场所中，通过景观展览、语言解读、历史呈现等特定的方式，营造出一种浓厚的革命文化氛围。这种氛围使观众和游客能够直观、迅速地参与到文化内容的深化与内化过程中，从而更加深刻地理解和感受红色文化的魅力。这种公开性的设计旨在吸引更广泛的群体参与，促进红色文化的传播与普及，让更多的人能够亲身感受到革命精神的熏陶和传承。

例如，位于延安市新华书店（中国红色书店）的首个 5G+VR 红色文化体验馆依托中国移动的 5G 技术优势，让观众戴上 VR 眼镜后可直接进入虚拟现实空间，在陕西各个革命纪念馆、革命旧址自由虚拟游览，进行全景参观，全方位、互动式地观看革命文物和聆听讲解，身临其境地感知革命文物价值，重温革命历史，充分增强红色文化的吸引力和感染力。同时，进行革命文物的全套互动展示，使主体与客体完成视域的深度融合，在视域的深度与局部体验两项功能的共同影响下，让文物"活起来"，营造一个体验式的互动场所，起到追溯革命记忆、延续革命基因主旋律的作用。

4.4.3　数字化旅游产品提升游客体验

4.4.3.1　红色旅游受众体验的多维感知

传统展览下的红色旅游资源是静态的、庄严的，其具备的红色力量与强大的感染力会让观者在第一时间产生肃然起敬的心理感知，但静态的展览方式及物理上的空间距离也会造成红色旅游资源未能与观者形成良好的互动交流，尤其是在参观浏览过程中，无法让观众在短时间内设身处地地体会红色旅游资源所赋予的革命精神、革命信仰等红色内涵。

数字技术的出现带来了多样化、多角度的展陈形式，在地场域的数字互动、线上平台的云端对话及媒介传播的崭新格局都让受众的体验发生了巨大变革，让传统模式下的单一角度与静态的红色旅游资源转变为全方位、立体化的动态图像，能够与观众进行主动的对话沟通，在增强观众视觉记忆的同时走进观众内心，读懂红色旅游资源背后的红色故事并领悟革命历史长河带来的精神要义。现在大量的红色场馆内部都会引入数字体验设施，能够让观众在参观实体展品的基础上，加之数字技术赋予的虚拟效果生动演绎出革命文物的红色经历，从心理上、生理上不仅能够激起对红色文化的热衷度，还能通过多维层面的体验感知唤起红色血脉。特别是在吸引青年群体的关注与保持其持久兴趣方面，红色文化的传承与创新显得尤为重要。面对数字时代的冲击和娱乐方式的多元化，我们需要结合青年群体及社会大众日益变化的审美趣味，进行红色旅游资源的创造性转化与创新性升级。娱乐体验是现代人放松身心、愉悦生活的基本需求，特别是对于好奇心旺盛、追求新鲜感的青年群体来说，更具吸引力。因此，红色教育不应仅停留在传统的教育形式上，而应顺应时代潮流，融合创新元素，结合游戏、动漫等深受青年喜爱的艺术形式，让红色文化在娱乐中得以传递，使青年群体在享受娱乐的同时，能深刻感知红色文化的魅力，从而由衷地爱上红色体验，并引发新的红色文化潮流。这样的做法不仅符合青年群体的审美趣味，还能够让红色文化在创新中焕发新的活力，实现红色文化的长久传承与长期发展。

4.4.3.2 立体式呈现的在地体验

"在地体验"是一个相对较新的概念，尤其在旅游、文化和市场营销领域中被频繁地提及，"在"表示生存、存在的状态，可以指特定的地点、时间、范围或事物，而"地"指地理角度的地点、地域，地方红色旅游资源主要是依托地方遗址设施建设，或保存革命旧址的完整性，保护地方革命文物资源，形成革命旧址、红色纪念馆、革命博物馆等具有代表性的红色遗址。红色旅游的在地体验强调的是红色文化旅游资源（即"地"），通过消费者的参观过程（即"在"），给消费者带来的深刻体验。具体而言，红色旅游的在地体验强调消费者深入当地的红色文化中，以获得一种真实、原汁原味的体验，而不是仅仅停留在表面的观光或消费。这种"体验"是以观众（消费者）的亲身经历为基础，感受文物和革命历史的真正内涵，使观众在脑海中留下珍贵的红色记忆，进而将红色基因根植于心中。5G 时代的现场体验主要集中在红色空间区域，能够在数字技术的支持下形成多维立体的红色空间，使观众能够接受和感知红色空间呈现的内容，在红色体验中加强观众与革命文化偶像的联系，以革命精神为动力，以革命英雄为榜样，自觉树立良好的红色意识，铭记这段红色历程，感知当下，拥抱未来。

立足于上述背景，针对红色旅游资源的在地体验活动亦是全国各地革命文物工作实施的聚焦点，在厘清红色旅游资源的红色脉络与现状后，寻觅红色文化与现代生活的契合点，挖掘红色元素并结合大众喜好，打造当代红色展览，充分发挥红色旅游资源在 5G 时代的活力展现，通过沉浸式体验、"实景+科技"体验、具身化的受众感知，赋能革命文物科技效力，为参观者提供新型互动空间。同时，红色旅游资源的开发与当地文物保护工作在时代语境中做出的积极探索更是息息相关，依托文物所在地的政府政策背景与实施力度，加之 5G 科技的强大驱动力，不断推陈出新，创新革命文物在地体验的形式与内容，大量红色文化体验馆在文物在地文化与时代科技手段的激活下应运而生，为大众带来了新时代红色体验的魅力。

4.4.3.3 沉浸式叙事的互动体验

"沉浸"一词最早出现在心理学研究领域，指的是当人们积极主动地聚焦某一事物或活动并因其产生高度热情时，就可以全身心投入且在情绪、心理上获得高峰体验，阐释了沉浸的效果及状态，而后研究者们又在此基础上进一步探究产生沉浸现象的主、客观因素，丰富了学界的相关研究理论。

站在数字技术与日常生活深度融合的今天，沉浸更多地指向其借助科技所带来的观感，即在人机互动的过程中，科技逐渐进入大众的精神体验层面。红色旅游资源顺应时代语境，迈入数字化门槛，加之 5G 技术的出现，更是让其站立科技风口，赋能新时代革命文物实施数字活态路径的新生动力，如 5G+VR′AR/MR 等的数字新势力使观众获得耳目一新的沉浸式体验。与此同时，从传播视角来看，沉浸式叙事的互动体验助力展览传播形式另辟蹊径，使红色场馆中观众作为沉浸式的信息接收主体，在各类新技术、新形式的视觉冲击下，更容易加深对红色文化的认知。红色场馆利用 5G 时代的全景视频、全息影像、全程直播等手段对红色场景进行立体式、全方位的展示，借助动态、鲜活又直观的表现手法向观众展现出场馆空间所叙述的主要内容，高效完成红色信息的传播任务。

另外，观众有时也会具备双重身份，在上述情况下多数观众会首先根据个人需求从受传者的视角有选择性地观看文物内容，但有时也会作为叙事者，讲述个人体验经历与情感共鸣。从体验特征上看，5G+VR/AR/MR 技术会让传播媒介的物理界限逐渐消失，在红色空间中打造出沉浸式的虚拟环境，加之动态的数字效果，能够让受众更容易沉浸其中，与革命文物进行更深层面的互动对话。可以看出，沉浸式叙事的互动体验拉近了红色文化与大众之间的距离，亦彰显了 5G 技术的重要动力，让观众的沉浸感、在地感越发强烈，为接下来的空间红色叙事奠定良好的基础。

4.4.3.4 多元化设计的具身体验

"具身性"强调身体的重要功能，从生理角度来讲，大众接受外界信息主要依靠身体器官。在革命文物的展陈设计中，能否让观众体会到红色场景建构出的革命气息，还是要通过观众自身的视觉、听觉等身体器官相互作用在场域中与革命文物互动对话所带来的真实体会与感知，具体表现为身体感官的主动性与接受性；且由于不同观众体验感知的差异，对红色在地场域的直接感受亦会表现为不同的解构与解读，最终也会形成不同的展览效果。另外，从场域设计来看，红色旅游资源的在地体验不仅蕴含着当地厚重的文化价值，还存在于日常生活中，承载了这一地区跨越空间的情感联系和文化韵味，在无形中构建了当地特色的专属特征。从当地居民的视角来看，红色旅游资源富含积极向上的能量和价值导向，生活在富有文化意义的历史地点，既能够让居民对革命文物产生深层次的理解，又能潜移默化地向大众渗透革命基因。因此，传播红色文化，在地场馆是一个必不可少的物质载体。随着近几年数字技术的快速发展，各类红色展馆也与时俱进，将数字技术充分运用在展览馆中，随着数字技术在红色展馆的出镜率越来越高，通过数字技术再现红色记忆的重要性也日益凸显。

如何依托数字技术，让观众在展览过程中具身化地感知红色文化？首先，要明确红色文化的展览主题，在弘扬红色文化主旨的基础上进行展览设计，使红色文化可以更好地传播。其次，要将红色文化展览馆的展览形式进行多元化设计，改变以往单一的方式，通过数字技术的多样性吸引观众热爱红色文化。最后，展览设计者在设计时要从观众的角度进行考虑，观众作为展览的受众主体，是红色文化的接收对象，所以展览与观众之间的互动就显得格外重要，展览设计者一定要为观众设计一个既丰富多彩，又可引起共鸣的展览，继而使红色文化及其载体都能够深入人心。

4.4.3.5 场域内感知的审美体验

科技为红色旅游资源带来的巨大变革在提升红色展陈、红色传播路径的同时提升了观众作为接收者的需求水平，创新创意化的审美需求对红色文化的多样叙事表达与展陈空间样态又提出了新的要求，"科技+实景演绎"即是为迎合红色市场与大众偏好，数字活化红色资源的新型载体。

例如，位于湖南省的韶山是老一辈革命家的革命根据地，拥有着得天独厚的红色文化资源。数字化技术推动了韶山红色旅游的转型升级，其借助智慧导览系统、智慧视频数据库等新科技的力量，讲述毛泽东同志的生平事迹，建立有关伟人红色革命历史的数字体验厅，通过结合灯光及科技元素，引入红色情景，增强与观众的互动趣味性，让观众更加全面、真切地认识这位伟人，并引导游客由过去单一的故居旅游走向了立体的数字体验旅游，不仅改变了韶山的游览路线，还打开了对外传播韶山历史和红色文化的一个重要窗口。为满足观众日益增强的审美需求与文化体验，大型沉浸式情景剧《梦回韶山》应运而生，运用全息纱幕投射、折幕等新形式，将科技与艺术深度结合，以震撼的多媒体视觉展示了一个气势磅礴的毛泽东传奇历史剧，升级变革了传统的演出方法，利用先进的舞台特效技术结合影视特技带来了文艺的全新的活力，让广大观众多视角、全身心地融入，尽享视觉盛宴。而在整个大型的沉浸式光影实景节目中，剧场通过全天候、行进式、流水线的表演模式，使观众可同时获得沉浸感受、交互感受、多感官体验的效果，感受韶山的红色历史岁月，并以此丰富了现有参观形式，使红色教育的表现形式更为丰富多元。总体来说，审美感、科技感、趣味性是观众感受的主要特征，在赋予游客视觉上的享受和高品质的文化旅游体验的同时，红色文化解读旅游产品推动了文旅消费领域的提升与发展。

综上所述，本章主要探讨了数字化赋能红色旅游资源与思政育人融合发展的模式。首先，分析了数字时代红色旅游资源的特征，包括3G、4G和5G时代的特点及数字化展示技术的应用。这些特征为理解红色旅游资源的数字化转型提供了背景和基础。其次，基于这些特征，本章提出了数字化实景演绎、数字化网络传播、数字化展馆设计和数字化旅游产品创新等融合发展模式。这些模式旨在促进红色旅游资源与思政育人的有效结合，通过数字化手段提升游客的体验和教育效果。具体而言，数字化实景演绎模式从历史、空间和社会互动三个层面出发，提出了仪式传播与传播仪式的共建、现实建筑与虚拟空间的共建，以及线上与线下协作的共建等模式。数字化网络传播模式则关注打造革命文物数字资源的平台共享矩阵和红色旅游资源的融合营销战略。数字化展馆设计模式强调文化内涵的体验式展示和红色旅游文化主题展馆的数字化展示形式。最后，数字化旅游产品创新模式探讨了数字化旅游产品的创新呈现和设计。

5G 时代的新一轮信息变革，再度升级了大众的体验方式与传播路径，其重要性是不言而喻的。站立在时代风口，红色旅游迎来了崭新的发展前景，沉浸式场景的生动诠释、具身化的受众体验以及多种多样的艺术媒介符号，都为红色旅游资源的数字升级注入了源头活水。5G 技术的加持，不仅丰富了红色数字资源库的容量，还使智能媒介信息传播拥有了个性化推荐、互动传播、可视化管理和智能化管理等特点和优势。还可以借助 5G 时代背景下数字技术的研究，尤其是聚焦数字化信息传播的变革，探讨红色旅游资源的当代传播路径与创新发展策略。通过构建数字资源矩阵，为红色教育路径提出建设性的创新发展策略，从而进一步激发大众学习红色文化知识的热情，用史实说话，为走好当代人的长征路建言献策。因此，创新与发展红色旅游资源，必须紧跟时代科技脉搏，深入挖掘红色旅游资源的精神内涵，探索红色旅游资源的创造转化，以数字技术推动红色旅游资源的生动呈现，实现红色旅游资源的数字化共享矩阵建设，让红色旅游资源在新时代焕发新活力，贴近新生活。

第5章 数字化赋能红色旅游资源与思政育人融合发展的多元化策略

数字化赋能红色旅游资源与思政育人融合发展的多元化策略，是当前旅游行业关注的焦点。数字化技术为红色旅游资源的保护、开发和利用提供了有力支持，也为思政育人工作带来了新的机遇和挑战。为了实现红色旅游与思政育人的深度融合，我们需要采取多元化的策略。首先，依托融合发展的外生性推动策略，通过政府宏观政策引导，精准扶持科技领域，建立可循环的生态产业链，加强政府与社会的监管力度，提高红色旅游资源的数字化程度，为游客提供更加便捷、高效的信息获取途径和交互体验。其次，依托融合发展的内生性拉动策略，以消费端为抓手，挖掘消费需求，细分消费市场，升级多元主体合作的产品与服务，打造参与式红色旅游资源消费，创新展示方式，利用虚拟现实技术、增强现实技术等手段，将红色历史生动地呈现在游客面前，增强游客的沉浸感和参与感。基于推拉策略，提出融合发展的系统性开发策略，从优化旅游业的组织架构、深挖红色旅游的文化价值、完善数字基础设施建设、驱动数字化融合创新、提升融合发展的服务管理和加强培养"数字+文化+思政"复合型人才六个方面开发数字化红色旅游资源，为旅游者提供丰富的思政教育素材和实践机会。

5.1 融合发展的外生性推动策略

数字化红色旅游资源与思政育人融合发展的外生性推动策略应由政府和红色景区共同实施。政府应制定相关宏观政策，精准扶持科技领域，建立可循环的生态产业链和加强与社会协同监管，鼓励和支持红色旅游数字化发展，为红色景区提供资金和政策支持。红色景区应积极开发数字化红色旅游资源，打造具有吸引力的红色旅游产品。只有政府和红色景区形成合力，才能更好地推动数字化红色旅游资源与思政育人的融合发展。

5.1.1　政府宏观政策引导

红色旅游资源要发展，必须立足于国家宏观调控的政策引导，在政策扶持的基础上，添加时代发展的要素无疑会使红色旅游资源与思政育人的融合迎来繁荣。5G 时代，国内各地各级政府纷纷应时推出 5G 红色旅游发展规划，提升红色旅游资源的基础设施建设与监管服务体系。

第一，加强红色旅游资源数字化基础设施建设与监管服务体系。5G 技术的普及化应用，也使革命文物资源丰富的地区对基础硬件设施的提升迫在眉睫，为进一步充分利用革命文物数字化资源，5G 硬件设施建设是必经之路，有利于遵守整体区域保护、集中展示、示范引领的原则。尤其对于革命老区、革命根据地等拥有着得天独厚的红色文物资源优势的地区建立数字化基础设施，在保护红色旅游资源的基础上，更能够助力当地经济实力的有效推进。在红色旅游资源与数字技术深度融合中，应结合特定区域的特色与主客观因素，包括消费市场、受众主体、人才匹配等，立足实际，探索适合当地发展的相应政策，建立数字化基础设施建设，充分发挥本地域红色旅游资源优势，在将数字化红色旅游资源与地域特色有机结合，最大限度地保证文物资源的真实性与完整性的基础上，搭乘数字化之风，创新变革现有资源，突破与弥补传统保护方式下的困境与不足，充分发挥革命文物的数字特性。如通过高清视频形式、游戏娱乐体验、智慧景区服务、多媒体技术等应用场景，以及建立革命文物数字资源监管服务体系，在整理、搜集、完善国内红色旅游资源信息的基础上，加强网络文物资源的数据收集与管理制度建设，实现国家对红色旅游资源调查管理的掌握。

第二，加大红色旅游资源数字化保护与传播支持的力度。首先，定期排查红色旅游资源，进行预防性、科学合理性的数字化措施，建立数字资源库、资产信息卡，保证现存革命文物的完整度与真实性，及时收集并整理各时代红色旅游资源的具体状况，根据反馈信息调整保护举措，并明确下一步数字化、产业化转型升级的积极价值。因此，还需要靠有关学界研究专家和相关政府部门及社会各界来共同努力，支持红色旅游资源数字化发展，达成发展共识，从实际角度研究其发展路线。其次，秉持弘扬红色文化、推行红色教育的初心，提升数字传播功能，联动线上与线下平台推介一批全国精选的革命文物，讲好红色故事，延续革命文物的价值，创新传播机制，从单一传播到多方借力，拓宽传播路径；与此同时，孵化专项红色品牌搭建与整体的运营策划方案，迎合市场规律，统筹推进红色旅游资源，促进红色旅游资源所在地经济发展。

总之，通过制定相关政策，鼓励红色景区利用数字化技术提升游客体验，加强红色旅游资源数字化基础设施建设与监管服务体系，加大红色旅游资源数字化保护与传播支持的力度，同时将红色文化与旅游资源相结合，使游客在游览过程中接受爱国主义教育和革命传统教育。这种融合不仅可以丰富思政育人的内容和形式，还可以促进红色旅游的创新发展，提升旅游业的综合效益。

5.1.2　精准扶持科技领域

科技是第一生产力，为文化提供发展和前进的动力；文化是人类活动的见证者，是人类精神文明的基石，红色文化则是记录了革命岁月的直接证据，是富含革命精神、革命信仰的精神积淀。科技的进步为红色文化的发展创造了良好的环境，每一次移动通信技术的提升，都为红色文化带来了创新发展的机会。2021 年，国务院印发的《"十四五"文物保护和科技创新规划》中就提出了加强革命文物保护利用研究，以及全面提升文物科技创新能力，切实发挥科技引领支撑作用。针对革命文物的内涵与所需表达的内容开发相应的高质量科技辅助，注重如何充分体现革命文物的内在表达，使革命精神真切地走进大众心中。而非在传统保护模式下利用大规模的建造技术打造革命旧址与红色建筑等，因为这样不仅有可能产生对环境、地域等外部资源的不利影响，也难以聚焦对革命文物本身的关注度。因此，科技推动文化发展的首要目的是发挥文化本身的内涵，借助数字技术，围绕每一处红色旅游资源营造虚拟场景、进行互动体验的真实感知，以沉浸式设计替代传统的粗放型建设，更好更有效地唤醒大众的革命基因，引发大众的情感共鸣，让大众成为场景、文化的参与者，主动学习红色文化，实现红色文化在新时代下的发展建设。

第一，加强数字化服务水平。创新是这一时代的流量密码，如短视频的出现，符合大众审美需求，创新地利用碎片化时间为大众带来了视觉享受的快感，深刻改变了大众的接受方式与审美品位。娱乐化是时代发展的产物，快感也是美感的一种体验形式。革命文物的数字创新亦应加强数字化服务水平，紧随大众审美趋向与娱乐需求，根据市场需求转换为大众可接受的数字语言，升级革命文物的呈现方式。

第二，加大数字项目的资金投入与扶持力度。5G 技术带来的一系列新形式与新科技，提升了革命文物资源创新形态，在前面也提到了革命文物的传统展陈方式难以对游客产生较强的吸引力，究其根本是展陈方式、内容形式与观众未能形成双向互动体验，单向的输出使观众产生较大的距离感。因此，应找寻更为贴近观众的体验方式，如5G+VR/AR、大数据等数字项目的落地实施，加大项目投资力度，借助科技力量让革命文物走进大众，也让大众走进红色世界，了解红色故事，获得内心感悟。

总之，政府应当精准扶持科技领域，提升数字化服务水平，加大对数字项目的资金投入与扶持力度。通过这样的方式，不仅能够推动科技与旅游业的深度融合，更能有效地将红色旅游的独特价值融入思政教育中，为游客提供更丰富、更有深度的体验，同时进一步弘扬红色文化，传承革命精神。

5.1.3 建立可循环的生态产业链

红色旅游资源的广泛应用、红色文化价值开发与"5G+"智慧景区平台的开发都离不开产业化的运营。深挖革命文物的独特价值、文化元素、经典特征等，借助5G数字技术升级传播革命文物数字资源，为游客开启红色景区的智慧玩法，搭建智慧平台，来激发大众对革命文物的兴趣，从而依托市场推广及政府对于新兴文化产业的政策扶持，打造5G红色专项旅游路线。一方面，对推进国内各地域本土产业结构调整，加快培育新型经济增长点，具有十分重要的意义；另一方面，发挥红色基因的优势，迎合年轻化、个性化的视觉因素、审美需求，如通过沉浸式体验红色游戏、红色高清动漫来激发青年群体的好奇心与探索欲，顺势让青年在红色研学、红色旅途中学好革命历史，树立革命精神，崇尚革命英雄。

5.1.3.1 激发红色消费市场，促进本土产业结构调整

经济学上认为消费是拉动经济增长的"三驾马车"之一，能够推动社会的发展进步，帮助人民精神富足，促使整体消费市场水平不断提升。现阶段中国社会主要矛盾已经转化为人民日益增长的美好生活需要和不平衡不充分的发展之间的矛盾。可以看出，广大人民的消费需求已然迈上了新台阶，映射在消费品的供应需求上，会促使市场消费结构不断升级。《中华人民共和国国民经济和社会发展第十四个五年规划和2035年远景目标纲要》颁布以来，以及建党百年的热潮涌动下，红色消费市场规模显著扩大，红色旅游产业的潜力逐渐凸显。因此，如何激发红色消费市场？各地域的红色供应结构应当积极调整，精准对焦人民红色消费结构，推动红色文旅产业结构调整。

首先，挖掘旅游资源的红色文化元素，创意开发红色文创产品，实地考察以红色旅游、红色遗产等具有代表性的地方为研究目标，如江西、陕西、河北等拥有得天独厚红色文化的资源大省，可借助本土红色资源优势，顺势孵化红色产品。通过整合此类区域对红色产品设计的突破点，从而辐射带动全国各地红色产品创意设计的研发进程。

其次，通过案例分析、使用场景再现、问卷调查等方法，研究红色产品创意设计的功能形态特征，总结当前的用户需求与数据，分析市场内部结构和特征，围绕红色产品创意发展展开探讨，以红色资源与产品创意设计融合为突破口，深度剖析两者之间的深层对话和互动形态，孵化出符合市场需求的特色产品，探索出一套符合我国红色产品创意设计的发展模式。依靠 5G 技术与网络平台，打造物化的实体红色产品与数字化的虚拟红色产品，激发相关部门开发配套设施，促进红色产品创意设计良性循环，达到红色文旅产业增值效果。

最后，联动"5G+"智慧景区，扩大受众主体，凝练出由"红色产品+科技矩阵""红色产品+区域矩阵"等组成的多矩阵产业格局，打造多维 IP 的产业环，按照游客的个性化需求，扩大受众主体，推动红色产品设计创新发展，并智能处理业务服务和互通互联各景区平台的展示传播，让各地域红色旅游资源与红色产品进一步升级宣传力度，完善服务体系，为游客带来优质服务，增强游客的红色体验感，延长红色旅游产业价值链条，在新时代形成助力红色文旅产业的良性发展机制，带动经济增长效用，促进产业结构调整。

5.1.3.2　变革红色旅游体验方式，开拓红色旅游新业态

随着时代的进步和科技的发展，红色旅游也需要与时俱进，变革其体验方式，以更好地吸引和教育新一代年轻人。青少年是祖国的未来、民族的希望，也是红色基因的主要传播者。建立红色旅游生态产业圈，最重要的是革新传统红色文化教育，开拓红色研学路线，建立产、学、研合作机制，深度厚植红色基因，挖掘红色旅游产业开发价值，让红色旅游更有意义，更有动力，也让青年群体从内心深处了解红色游、爱上红色游。

第一，变革数字化体验方式，加强革命景区、线上平台与青少年的互动。在5G 高速率技术覆盖整个红色市场的大环境下，一方面，景区可增强青年群体追捧的 VR、AR 互动体验，通过数字环境的超真实熏陶与感染，让受教育者产生内心的情感共鸣，保持积极开放的学习态度，在无形之中主动接受红色教育。另一方面，线上平台所拥有的巨大用户群体、流量效应及市场虹吸效应的特性也是促

进青年群体在玩中学的重要载体，是助力红色旅游产业链延伸的有效方式。

例如，在深圳会展中心盛大开幕的第十五届中国（深圳）国际文化产业博览交易会上，一款由华夏动漫集团自主研发的以"VR电竞，红色传承"为主题的红色VR电竞游戏《黄洋界保卫战》首次被推出。作为第一款将红色革命题材、VR电竞和AI虚拟人物对战三者结合起来的游戏，《黄洋界保卫战》蕴含了军事策略、社交互动、运动竞技等元素，加之VR令人仿佛身临其境的特性，高度还原了中国工农红军第四军在井冈山革命根据地浴血奋战的历史，带领玩家进入高度还原的革命战场，重温激情燃烧的岁月，延续红色记忆血脉。

通过VR技术，红色VR游戏可以重现历史场景，使游客仿佛置身于过去的革命历史中。这种沉浸式的体验方式可以让游客更直观地了解历史事件，感受革命先烈的英勇事迹和革命精神，从而加深对红色文化的理解和认同。同时，红色VR游戏通常具有互动性，游客可以通过与游戏场景互动，参与到历史事件中去。这种参与式的学习方式不仅提高了游客的参观兴趣，还可以帮助他们更好地理解和记忆红色知识。

第二，创建新业态市场。基于青年群体的市场需求与5G数字化变革技术的双重特质在"联姻"革命文物后，红色文旅产业迎来了新业态市场的开拓。目前，为吸引青年群体，红色消费市场不断增加行业种类，如视频直播、动漫、网红IP及攀升为市场关注焦点的电子竞技等流行领域拥有了广大青年用户，红色文化也应顺应时代潮流，将经典红色文本、革命文物、革命事迹改编成革命题材的动漫、IP等流量聚集的大众标识；立足国内各地域丰厚的红色文化资源，打造成为大众所熟知的网红革命城市，实现多元化延伸、多业态领域开发的功能价值，从而塑造特色红色旅游品牌，推出红色精品研学路线，全面地、集中地向社会大众，尤其是青年群体开放，在寓教于乐中完成红色基因的传承。

例如，电影《1921》通过讲述具有共鸣的历史故事、具有视觉冲击力的视听效果、具有音乐性的复调处理以及具有启发性的主题等方式，成功获得了青年消费者的关注和喜爱，同时带火了多个"网红"革命城市。这些城市因为电影的热播而受到了更多人的关注和喜爱。首先，上海作为电影的主要拍摄地，成为众多观众关注的焦点。电影中的上海法租界贝勒路树德里3号（现兴业路76号）是中国共产党第一次全国代表大会的举行地，这一历史地标因为电影的热播而备受瞩目。其次，上海的其他革命历史地标，如中国共产党第一次全国代表大会会址、上海工人第三次武装起义纪念地等，也因为电影的热映而吸引了更多游客前来参观。再次，延安作为电影中的重要场景之一，也受到了更多人的关注。电影中，《1921》的主创团队走进革命圣地延安，举办"一百年，薪火相传"主题观影活动，重温了伟大的延安精神。这一场景不仅展现了延安在中国革命历史中的重要地位，也让观众更加深入地了解了延安精神和中国共产党的革命历程。最后，长沙、武汉、重庆等革命城市也因为电影的热映而受到了更多人的关注。这些城市在中国革命历史上都有着重要的地位，而电影中通过展现这些城市的历史场景和人物故事，让观众更加深入地了解了这些城市的历史和文化。

总之，厚植红色基因，加强红色教育，是数字化红色旅游资源与思政育人融合的重要目标。通过深入挖掘红色旅游资源的文化内涵，结合数字化技术提升红色教育的传播力和影响力，让红色基因在新时代焕发新的生机与活力。这不仅可以丰富思政育人的内容，更有助于培养人们的爱国主义情感和民族精神，为推动中国特色社会主义事业发展提供强大的精神动力。

5.1.4　加强政府与社会监管

红色旅游资源的发展确实需要加强政府和社会的监管，这主要基于以下四个方面的考虑：第一，保护红色文化遗产。红色旅游资源具有独特的历史文化价值，是传承红色基因、弘扬爱国主义精神的重要载体。然而，随着旅游业的快速发展，一些红色旅游景区可能面临过度开发、过度商业化等问题，导致红色文化遗产受到破坏。因此，政府和社会需要共同加强对红色旅游资源的监管，确保其得到合理保护和利用。第二，确保红色旅游的教育功能。红色旅游不仅是一种普通的旅游活动，它还具有重要的思政教育功能。因此，政府和社会需要加强对红色旅游资源的监管，确保其教育功能的发挥。这包括对红色旅游景区的运营管理、讲解内容、教育方式等进行规范和监督，确保游客能够在参观过程中真正受到红色文化的熏陶和教育。第三，维护旅游市场秩序。在红色旅游资源的开发过程中，可能会出现一些不正当的市场行为，如欺诈游客、哄抬价格等。这些行为不仅损害了游客的权益，也影响了红色旅游的整体形象和声誉。因此，政府和社会需要加强监管，规范旅游市场秩序，打击各种违规行为，确保红色旅游市场的健康发展。第四，促进红色旅游的可持续发展。红色旅游资源的可持续发展需要政府和社会的共同努力：政府需要制定合理的政策规划和管理措施，推动红色旅游的绿色发展；社会各界也需要积极参与，提供支持和帮助，共同推动红色旅游事业的繁荣发展。

政府和社会监管与服务的主体是红色景区。红色景区和政府社会之间的合作对于促进红色文化旅游的发展具有重要意义。政府可以加大对红色景区的资金投入，支持景区的基础设施建设、旅游产品开发、人员培训等方面的工作。首先，鼓励社会资本进入红色旅游领域，推动景区多元化投资，形成政府引导、市场运作的良性机制。在符合国家土地政策的前提下，政府可以优先保障红色景区的土地需求。对于景区内的土地资源，鼓励通过流转、租赁、入股等方式进行合理利用，提高土地利用效率。其次，加强对红色资源的保护利用，挖掘红色文化的内涵和价值，为红色旅游提供丰富的文化支撑。对在红色景区内从事旅游业务的企业给予税收优惠政策，鼓励企业创新发展，提升景区竞争力。再次，加强红色景区人才队伍建设，通过引进专业人才、开展培训等方式，提高景区管理水平和旅游服务水平。鼓励高校和科研机构与红色景区开展合作，共同培养人才。最后，鼓励社会各界积极助力红色旅游的发展，形成政府、企业、社会组织和公众共同参与的良好局面。通过多元合作，整合各方资源，共同推动红色旅游的高质量发展。

综上所述，加强政府与社会监管对于确保红色旅游资源的合理保护和利用，推动红色旅游事业的健康发展具有重要意义。为实施数字化红色旅游资源与思政育人融合发展的外生性推动策略，政府应发挥宏观政策的引导作用，为数字化红色旅游的发展提供政策支持，鼓励并促进其与思政育人的有效融合；精准扶持科技领域，提升数字化服务水平，加大对数字项目的资金投入与扶持力度，以科技为驱动，推动红色旅游的数字化转型；建立可循环的生态产业链，整合资源，优化配置，实现红色旅游与思政育人的深度融合，形成具有持续发展能力的产业生态；加强政府与社会监管，加强红色景区和政府社会的合作，整合各方资源，共同推动红色旅游的高质量发展。通过以上策略的实施，可以有效地推动数字化红色旅游资源与思政育人融合发展的进程，实现红色文化传承与现代科技发展的有机结合，为社会培育具有爱国主义精神和民族自豪感的优秀人才。

5.2　融合发展的内生性拉动策略

数字化赋能的红色旅游资源与思政育人融合发展的内生性拉动策略应重点关注以下三个方面：首先，深入挖掘红色旅游资源的文化内涵和历史价值，通过数字化技术进行生动立体的展示，增强游客的沉浸感和体验感，使红色文化更加深入人心。其次，利用数字化技术优化红色旅游服务，提高游客的满意度和忠诚度，提升游客的参与度和黏性。最后，打造参与式红色旅游资源消费，引导人们深入了解红色文化，培养爱国情怀和历史责任感。总之，数字化赋能的红色旅游资源与思政育人融合发展的内生性拉动策略应以数字化技术为手段，以红色文化为核心，以游客需求为导向，实现红色旅游与思政育人的有机融合。

5.2.1　挖掘基于消费需求的细分消费市场

数字时代为旅游业的发展创造了新的机遇，但也加剧了市场竞争。只有与时俱进，旅游产品和服务的开发才能更具竞争力。随着收入的增加和生活水平的提高，越来越多的人认识到旅游是一种休闲娱乐方式，并对旅游质量和服务提出了更高的要求。不同的消费者有不同的需求，个性化的需求促使旅游产品和服务提供商开发出具有较高符号价值的旅游产品来满足游客的需求。为了促进旅游业的发展，必须认真识别消费者的偏好，根据消费者的需求开发旅游产品，提高旅游服务的效率和便利性，促进旅游业的发展。一方面，5G 和人工智能等数字技术创造了对沉浸式服务的新需求。随着旅游业的数字化，传统的旅游服务也将发生变化。游客将可以通过数字场景提前选择，在旅行中和旅行前分享目的地，及时分享视频、照片和旅游体验。另一方面，旅游目的地大数据平台和智能应用可实时提供数据。借助大数据平台和智能应用的数据支持，研究者可以对旅游消费综合数据进行深入的大数据分析，从而洞察游客的消费习惯、出行偏好及市场动态。这样的洞察也为产品供应商提供了宝贵的参考，他们能够根据游客的实际需求和偏好，设计并开发出更加贴心、个性化的旅游产品。在数字化转型的浪潮下，这些大数据和智能应用不仅为旅游业的发展提供了强大的数据支持，更为其创造了无限的可能性和机遇。

一般旅游资源开发主要关注自然景观和人文景观的呈现，侧重于为游客提供审美和休闲的体验。然而，红色旅游资源开发还承载着更深层的历史使命和文化价值，它不仅需要展现革命历史的真实面貌，还要让游客深刻体验到革命先烈的崇高精神和无私奉献。为了实现这一目标，数字技术的运用显得尤为重要。通过数字手段，我们可以对红色旅游资源进行全方位的数字化呈现，创造出更加生动、逼真的历史场景，让游客仿佛置身于革命年代。同时，数字技术能够对红色文化消费市场进行细分，这是一项至关重要的工作，因为它不仅有助于企业明确目标市场，为游客提供个性化的产品和服务，还能够指导企业制定精准的营销策略，从而降低成本，提升旅游业的整体效益。

对红色文化消费市场进行细分，不仅可以帮助企业确定目标市场，为游客提供量身定做的产品和服务，还可以帮助企业制定精准的营销策略，降低经营成本，提高旅游业的效益。首先，要制定精准的营销策略。红色旅游产品同质化的主要原因是市场定位不够清晰，旅游企业可以通过旅游博客、微博等形式参与新媒体营销，不断深化新媒体与旅游业的融合。其次，要关注目标市场的生产要素，在红色旅游产品的变化和开发过程中充分发挥自身优势，统筹大众旅游需求，协调目标市场的特殊性，开展重大项目管理。要实行精耕细作的策略，通过智能搜索引擎等工具招揽潜在消费者，并进行适当的广告宣传。

在挖掘消费需求和细分消费市场的策略中，要充分利用数字化技术的优势，深入挖掘消费者的潜在需求，根据不同消费群体的消费习惯，制定具有针对性的产品和服务。同时，数字化红色旅游资源与思政育人的深度融合是必不可少的。通过将红色旅游资源与数字化技术相结合，开发出具有教育意义和互动性的数字化产品，可以更好地传承红色文化，提升思政教育的实效性。

5.2.2　多元主体合作升级产品与服务

旅游业的发展与成长离不开各市场参与主体之间的分工与合作。在旅游业数字化转型的过程中，如果某项工作做不好，就会削弱整个行业转型的效果；只有链条上的各个环节都正常运转，旅游部门才能在有序发展的基础上实现数字化转型。正如数字化红色旅游资源多元主体合作升级产品与服务是一个涉及多个方面和主体的复杂过程。在这个过程中，不同主体通过合作，共同推动数字化红色旅游资源的创新与发展，以提供更加优质的产品和服务。

首先，数字化红色旅游资源的发展依赖于智慧旅游服务的发展，智慧旅游推进红色旅游景区和景区内酒店数字化。在线下红色旅游管理方面，对红色旅游景点进行实名登记，实时跟踪人流量，有效监控旅游景点的容量上限，方便旅客在线预订，促使红色旅游景点提高数字化管理水平；在线上红色旅游产品选择方面，旅游消费者可以通过线上旅游平台提供商获取旅游信息，也可以通过与其他游客分享旅游故事、信息中介等方式获取最新最实用的旅游信息。从旅游服务提供商的角度来看，旅游服务提供商可以通过在线平台提供旅游故事共享和直播等实时资源，让消费者获取最新、最实用的红色旅游消费体验。

其次，利用数字技术开发高质量的数字化红色博物馆、线上红色旅游景点和数字化红色艺术馆等文化资源。网络流行改变了人们的消费习惯，引导旅游爱好者探索新的旅游线路，促进了许多新模式的产生。数字化红色旅游资源的发展应充分利用这一消费趋势，推动数字化红色博物馆开发，深入挖掘红色文化内涵，加强红色文化与科技的融合、文化与旅游产品的融合，推出符合新型消费趋势的红色文创产品。积极开发建设重点红色旅游景区，推广"精品版"线上红色景点，利用新技术打造特色红色 IP，推广无缝红色旅游体验。同时，以数字科技为载体，以传统与创新结合为立意，打造红色数字艺术馆，让中国红色文化故事惊艳地呈现在世界眼前，有效实现革命文物的数字化保护、传播与推广，塑造生动的美育氛围。

最后，数字化红色旅游资源的发展是顺应时代发展的必然趋势。20 世纪 90 年代，游客成为旅游业发展的主要推动力，随着互联网的发展，游客对旅游产品的需求更加个性化，经营者面临着增加旅游产品和消费者需求的艰巨任务。随着红色旅游的蓬勃发展，相关旅游平台充分整合红色景区线上资源与线下资源，搭建综合性红色旅游服务平台，开展红色旅游产品的线上广告投放和线上营销，通过语音、微视等方式将原有的线下定向服务转移到互联网上，并利用大数据对红色旅游广告进行精准搜索、智能广告投放、全景营销等，为游客提供智能化服务。基于大数据的计算分析，在线平台将为游客提供在线导游自由行的优惠活动，游客通过在线平台可以直接与在线导游进行交流，实现旅游定制，满足游客的个性化需求。

要实现数字化红色旅游资源产品与服务多元主体合作升级，需要充分发挥不同主体的优势，加强合作与交流，共同推动红色文化产品与红色旅游服务的创新与发展。数字化红色旅游资源与思政育人的融合也是非常重要的。通过数字化技术将红色旅游资源转化为具有教育意义和互动性的数字化产品，可以更好地传承红色文化，提升思政教育的实效性，实现红色旅游资源与思政育人的有机融合。这种融合不仅可以丰富思政教育的内容和形式，还可以提高红色旅游的吸引力和影响力，促进文化和旅游产业的深度融合发展。

5.2.3　参与式红色旅游资源消费

5.2.3.1　数字时代消费者的跨媒介消费模式

数字时代，在知识的获取和共享中，用户更易具有可移动性，从而推动跨媒体消费。红色旅游资源通过不同媒介载体的扩展使消费者可以选择不同的媒介进入故事世界。

首先，在粉丝经济蓬勃发展的今天，跨媒介消费成为一种新的潮流，这一现象在红色文化领域尤为显著。随着红色影视作品逐渐"出圈"，越来越多的年轻人开始关注并热爱这一题材。他们通过观看影视剧，对革命先辈的事迹产生了浓厚的兴趣，进而希望能够更深入地了解革命历史。这些年轻的粉丝们，在影视剧的宣传中起到了积极的作用：他们通过社交媒体分享自己的观影体验，发表对剧中人物的喜爱和敬仰，引发了更多人的共鸣和关注。这种口口相传的方式，有效地扩大了红色影视作品的传播和影响力。粉丝们不满足于观看影视剧，他们还积极地寻求更多与红色文化相关的消费体验。一些年轻人会在看完剧后，主动去寻找相关的书籍、纪录片等进行深入学习；他们会在网络上参与讨论，分享自己的见解和感悟，与其他粉丝一起交流和成长。

这种跨媒介消费的行为，不仅有助于红色文化的传承和推广，也为相关产业带来了新的发展机遇。红色旅游、红色教育等领域都可以借助粉丝经济的力量，吸引更多年轻人的关注和参与。同时，跨媒介消费为影视产业带来了新的商业模式和盈利点，促进了产业的多元化发展。可以说，粉丝经济下的跨媒介消费为红色文化的传承和发展注入了新的活力，让更多的人了解和热爱红色文化，也让相关产业在创新中焕发新的生机。这种消费模式的兴起，无疑为红色文化的传承和推广开辟了新的路径。

其次，发展以红色文创产品为依托的跨媒介消费。文创产品是指红色旅游资源在跨媒介过程中产生的一系列文创产品，当年轻受众对红色文创产品产生了深刻的情感共鸣后，自然而然地开始用他们习惯的方式再次解读和传播。这既包括追求广度的通俗易懂的作品，也包括追求深度的分析与创作，还包括延伸红色文创产品的解说视频、补充史料的图文长帖，以及场景再现的手绘画作等，消费者们在网络上参与创造、传播的相关红色文创产品，在微博、微信等社交媒体不断发酵走红。红色文创产品中的人物形象，可以借助文创作品中的人物形象进行符号化消费，迅速地获取群体的身份。

最后，开拓以红色文化和旅游活动为契机的跨媒介消费。随着建党百年关键节点的到来与党的二十大的胜利召开，各地党委组织开展"学党史"活动，不少地方党组织都将上海中共一大纪念馆这一"党的诞生地"地标作为开展党史活动的重要场所，"不忘初心，牢记使命"成为每个党员感悟于心的箴言，由党委开展的文旅活动是红色旅游资源重要的跨媒介消费渠道。

总之，在数字时代，消费者的跨媒介消费模式为红色旅游资源开发者提供了更多的机会和挑战。红色旅游资源开发者需要深入了解消费者的需求和行为特点，通过多种媒介和渠道提供个性化的产品和服务，以满足消费者的需求。思政育人也可以借鉴跨媒介消费模式的理念，创新教育方式和手段，提升教育效果。通过数字化技术和跨媒介平台的运用，将思政教育内容与消费者的需求相结合，为消费者提供有针对性和吸引力的教育服务，能够更好地满足消费者的需求，同时为思政育人提供了新的思路和方法。这种融合可以增强思政教育的实效性和影响力，促进思政教育的发展和进步。

5.2.3.2　数字时代红色旅游资源消费者的文本生产

消费者除了在各个媒介中传播红色旅游资源的内容之外，还有一部分是内容生成型消费者，其再创造能力也不容忽视，这意味着消费者从被动的接受者变成了活跃的参与者，甚至是创造者。内容生成型消费者利用正式的文字素材，构建他们心目中的理想故事，然后通过网络进行传播和共享，使原有的文本不断地产生新的含义，使他们得到更多乐趣；观众的回馈价值日益受到关注，依靠活跃且忠诚的观众的意见与推广，保证了所呈现的内容可以充分、正确地反映观众的兴趣与需求。高质量的内容生成型消费者，不但可以让作品有更多的故事角度，还可以让原创 IP 拥有更强的生命力。他们通过二次创作的方式，以比一般观众更高的积极性，释放出了自身的生产力与创意。

在以红色旅游资源为载体的跨媒介消费中，消费者最开始并不一定被红色文化资源本身吸引，而是被各个平台上跨媒介的文本引发兴趣，最终因为红色文化资源中的精彩故事世界而产生沉浸感，将虚构与现实联系起来。红色旅游资源在影视化的过程中产生了许多评价性文本，这些文本有助于 IP 吸引更多的消费者进入故事世界中。

此外，短视频二次创作剪辑也能产生大量的红色文本。短视频二次创作是目前我国对红色文创产品进行加工和二次创作的一种流行形态，它对红色旅游资源的宣传和推广有很大的帮助，如让其拥有足够多的内容生成型消费者，从而让其站稳脚跟。基于著作权正当性的二次创作，扩大了原著的深度和传播范围，为原著注入了新的生命力。

在数字时代，红色旅游资源消费者的文本生产是一种新的文化现象，它通过文字、图像、视频等多种形式记录和传播着消费者的所见所闻和所感所悟。这种文本生产不仅可以满足消费者的表达需求，还可以成为思政育人的重要素材和资源。通过深入挖掘这些文本中的红色文化元素和教育价值，可以将思政教育融入消费者的实际体验中，提升教育的实效性和针对性。同时，这种融合可以促进红色旅游资源的保护和传承，推动红色旅游资源和思政育人的深度融合，为文化传承和社会发展做出积极贡献。

5.2.3.3 数字时代参与式 IP 消费的促进策略

在数字时代，参与式 IP 消费的促进策略是推动文化和旅游产业发展的重要手段。针对红色旅游资源，我们可以采取一系列措施来促进参与式 IP 消费的发展。首先，以文字和影像等为载体，将红色文化地标 IP 的整体内容以多种形式展现出来。其次，利用融媒体时代的技术，实现红色 IP 地标的跨媒介传播。再次，随着消费者自我意识的觉醒和媒介技术的成熟，他们利用新技术在数字内容平台上创作和分享，按照自己的喜好结合已有媒介产品创造新文本，体现了创作式的参与过程。最后，通过社交生产提升参与式 IP 消费。下面详细阐释促进参与式 IP 消费的四种策略。

第一，我们要充分利用文字和影像等多元化载体，将红色文化地标 IP 的丰富内涵以多样化的形式展现出来。通过精心策划和设计，这些展现形式不仅能够传达红色文化的核心价值，还能为观众带来独特而深刻的视觉冲击，使观众在欣赏的同时，也能深刻感受到红色文化的独特魅力和精神内涵。这样的表达方式，有助于增强红色文化地标 IP 的影响力和吸引力，进一步推动红色文化的传承和发展。例如，位于上海黄浦区兴业路 1 号的中国共产党第一次全国代表大会纪念馆是一所社会科学类历史遗址专题博物馆。在跨媒介叙事中，中国共产党第一次全国代表大会纪念馆的 IP 体现在以"党的诞生地"为主文本，在不同的媒体中，进行跨媒介互文传播，互文之间存在着多种联系，并与主文本产生着各种联系。这样的沟通方式，既能加深观众对地标 IP 的接触程度，又能加深观众对地标 IP 的接受程度，能使观众对地标 IP 的内涵有一个总体的认识。最终目的是通过广泛使用智能算法推荐技术，可以让网友们接触到有较高关联度的内容。这样，网友们就可以更好地理解红色地标 IP 的历史逻辑、时代背景和精神内核，并在不知不觉中受到与红色地标 IP 相关的价值观的影响。

第二，随着融媒体时代的持续演进，跨媒介传播已成为 IP 发展的重要趋势和普遍现象。在这个时代，各种媒体形式相互融合，为 IP 的跨媒介传播提供了广阔的空间和更多的可能性。通过巧妙地运用不同的媒体平台和传播手段，IP 可以实现跨媒介的无缝对接和高效传播，进一步拓展其影响力和受众群体。这种跨媒介传播的方式不仅有助于提升 IP 的知名度和价值，也能为受众带来更加丰富和多样化的体验。对于受众来说，受众在面对更多的媒介产品时有了更多选择的机会，故事世界的展开并不是单向线性的，而是不断交叉、具有互文性质的，受众可以按照自己的喜好选择媒介进入故事世界。而对于红色地标 IP 的宣传扩展而言，跨媒体叙事也能拓展市场，征服更多的消费群体。例如，在红色地标 IP 的跨媒介体系中，年轻男性可能偏爱游戏，而年轻女性则可能更喜欢生活化的电视剧，因此受众可以多线索地进入到故事世界，这是技术层面、受众层面、宣传层面三方合力的结果。

消费者通过这种非线性的游移进入红色旅游资源的故事世界中，他们的行动往往是无规则的，可能是首先去了中共一大纪念馆了解了相关知识，然后开始在社交平台上寻找更多的内容进行阅读；又或者是在了解了书籍上的有关内容后，随着故事世界的不断扩展去看了相关的电影，也有可能是因为喜欢出演电影或电视剧的演员去追完整部电视剧或电影等，任何个体都可以按照自己的喜好进入故事世界。只有受众被初次接触的媒介所吸引才可能进一步实现跨媒介的延伸，扩展对于故事世界的心理建构。

在这个过程中，于观众而言，对革命历史和英雄人物的认同机制在逐渐发生改变，如果一开始是被演员精湛的演技所打动，那么观众的情感机制从认同演员到认同演员扮演的剧中角色，再到认同角色所代表的革命烈士，主动了解该烈士的生平事迹，最终发挥地标 IP 的红色文化宣传引导作用；从演员层面来看亦有益处，若是一开始就对剧中角色有一定了解，通过对角色的认可，观众也认可了角色所代表的革命先烈，然后因为认可了角色，认可了烈士，又认可了演员，这就是一个良性的循环。而观众和演员都会因此而产生更深层次的理解和更多的感情。

第三，引导消费者参与生产过程促成创作式的参与，表明在消费者自我意识的不断觉醒和媒介技术不断发展成熟的基础上，消费者角色在不断地丰富，不仅可以消费媒介产品，还可以按照自己的喜好结合已有的媒介产品创造出新的文本。被新技术赋权的消费者能够在数字内容平台提供的广阔空间创作和分享，这是一种创作式的参与过程。与此同时，消费者的创作行为也在被文化生产方关注，并有意识地对其收编和吸收，逆向回馈主流媒体，成为主流媒体创造新的产品的重要参考因素，便于推出更符合消费者口味的媒介产品。

第四，通过社交生产提升参与式 IP 消费。所谓社交生产，指的是围绕一个

IP 形成的社区，受众通过社交交流加强认同感。消费者在 IP 社群中能获得身份认同，同时消费者作为红色旅游资源文本内容的获取者，既有自由解码的权利，也有重新编码的机会。他们可以影视剧的内容为基础，催生新符号、增添新元素、打开新思路，比如制作表情包、壁纸，丰富与之相关的史料等。社交生产进一步强化了受众的认同感，使具有一致的认同感的人群在文本创作和社交互动中彼此成为日常生活中不可或缺的一部分，促进他们的积极参与和交流。

在数字时代，参与式 IP 消费的促进策略是推动文化和旅游产业发展的重要手段。针对红色旅游资源和思政育人的融合，我们可以采取一系列措施来促进参与式 IP 消费的发展。首先，通过数字化技术，将红色旅游资源转化为具有互动性和参与性的数字化产品，提升游客的体验感和参与度。这种参与式 IP 消费可以成为思政育人的重要载体和平台，游客通过亲身体验和参与，可以更加深入地了解红色文化，增强文化自信和爱国主义情感。其次，加强红色旅游资源和思政育人的融合发展，将思政教育元素融入红色旅游产品和活动中，让游客在参与过程中接受思想教育和价值引领。再次，可以利用数字化技术，开展线上与线下互动的活动，吸引更多游客和青年学生参与其中，增强思政育人的实效性和影响力。最后，加强与相关产业的合作，推动红色旅游资源与其他产业的融合发展，实现互利共赢的局面。这种融合可以为思政育人提供更加广阔的平台和资源，促进思政教育的创新和发展。通过实施这些措施，可以促进数字时代参与式 IP 消费的发展，进一步推动红色旅游资源和思政育人的融合发展，为文化传承和社会发展做出积极贡献。

综上所述，在数字化时代，红色旅游资源与思政育人融合发展需要采取一系列内生性拉动策略。首先，要深入挖掘消费需求，细分消费市场，以更好地满足不同游客的需求。通过分析消费者的行为特点和需求偏好，开发出具有吸引力和竞争力的红色旅游产品和服务，提升游客的体验感和满意度。其次，要加强多元主体合作，共同推动产品与服务的升级和创新。与相关产业和企业开展合作，可以实现资源共享、优势互补，促进红色旅游和思政育人的深度融合。最后，要鼓励游客参与红色旅游资源的消费，通过亲身体验和参与互动，增强对红色文化的认同感和归属感。参与式红色旅游资源消费可以成为思政育人的重要载体和平台，让游客在参与过程中接受思想教育和价值引领。通过实施这些内生性拉动策略，可以促进数字化红色旅游资源和思政育人融合发展的实现，进一步推动红色旅游资源的保护和传承，为文化传承和社会发展做出积极贡献。

5.3　融合发展的系统性开发策略

在数字化赋能的红色旅游资源与思政育人融合发展的系统性开发策略中，我们需要从多个方面进行综合考量和布局。首先，优化旅游业的组织架构，加强行业间的合作与交流，形成协同发展的良好态势。这有助于提升整个行业的运行效率和资源利用效益。其次，深挖红色旅游资源的文化价值，弘扬红色精神，传承红色文化。通过数字化技术，将这些宝贵的文化资源以更加生动、立体的方式呈现给游客，增强其感染力和传播力。完善数字基础设施建设，为数字化融合创新提供坚实支撑。这包括建设高速互联网、完善数据存储和处理设施等，确保数字化技术能够充分发挥其优势。再次，驱动数字化融合创新，推动红色旅游与思政育人工作的深度融合。通过数字化技术，将红色旅游资源与思政课程内容有机结合，创新教学方式和手段，提高教育效果。在服务管理方面，注重场景营造，提升旅游体验。利用数字技术打造逼真的虚拟场景，使游客能身临其境地感受红色文化魅力；同时，丰富数字形式，满足不同游客的需求，提供个性化、多元化的旅游产品和服务。另外，强化生态管理，优化红色旅游发展环境。通过数字化技术对红色旅游资源进行科学合理的规划和管理，保护生态环境和文物古迹，确保可持续发展。最后，培养"数字+文化+思政"复合型人才。加强人才培养和培训工作，提高从业人员的数字化素养和专业技能，为红色旅游与思政育人的融合发展提供智力支持。通过以上策略的协同实施，我们将更好地实现数字化赋能的红色旅游资源与思政育人融合发展的系统性开发，为社会培养更多具有爱国情怀和社会主义核心价值观的优秀人才。

5.3.1　优化旅游业的组织架构

数字化转型最重要的是通过数字技术优化旅游产业组织结构，催生新的发展模式。长期以来，中国旅游业依靠景区带动产业发展，旅游产业组织结构过于分散，景区之间缺乏交流与合作，企业规模相对较小，容易形成区域垄断。在线旅游平台的出现可以打破当地旅游业的区域垄断，但也会造成"赢家通吃"的现象，形成更大范围的垄断，让当地旅游企业的竞争更加激烈。因此，旅游业的数字化转型需要优化行业的组织结构。

一是要发展大型旅游集团。随着在线旅游平台对各类旅游信息和产品的整合，提高了对旅游产值的贡献率，不断提升旅游服务，提高了消费者的便利性，使在线旅游在消费者中的认可度越来越高，对旅游产业效益的贡献越来越大。旅游企业大集团化发展，通过资本募集扩大企业规模，有助于整合大型企业上下游资源，拓展产业链，实现规模经济效益，推动旅游产业数字化转型发展。

企业集团是将中小企业聚集在一起并进行协调的大公司，通过分工协作，各自发挥不同的作用，以纵向思维和横向思维实施旅游业数字化发展的新模式。大企业在纵向分工中负责产品创新和基础研发，而中小企业则在横向分工中利用各自独特的需求。大企业与中小企业之间的分工合作和多层次竞争，可以有效缓解市场杂乱无章的激烈竞争，打造具有科技含量的集团核心竞争力，帮助企业集团实现纵向专业化分工合作水平和横向经济效益的提高，提高产业研发、创新和经营的效率，有利于优化旅游产业结构。为了创造更大的竞争力，旅游产业要整合旅游资源和数字资源，以资产为纽带，向上下游拓展产业链，扩大企业集团规模。

二是中小旅游企业要兼并重组。如今，中国旅游业的组织结构高度分散，许多中小企业依托风景名胜等自然资源和人文古迹等历史资源建立起来，有助于提升旅游市场的产品价值。然而，各地中小企业规模小，竞争不均衡，严重阻碍了旅游业的发展。旅游市场长期发展缓慢，抗风险能力不足。而通过中小旅游企业的兼并重组，优化生产结构，统一管理，可实现资源的高效配置，积极鼓励龙头企业研发关键技术，有助于降低市场风险，避免过度竞争和无序竞争。

旅游业中小企业兼并重组的主要目的是巩固管理、规范经营，而不是兼并甚至取缔中小企业。龙头企业负责研究和创新，而中小企业则负责专业化。一方面，旅游中小企业正在进行联合重组。以风景、文化和其他自然资源为依托的中小企业在本地区规模不断扩大，并在一定程度上形成了产业集群。但是，这些中小企业之间的无序竞争表明，它们缺乏统一规划和规范管理，无法有效整合区域资源。因此，各地区可以在政府的引导下，对区域内的中小旅游企业进行重组，集中生产要素，将资金、技术、人才、管理等合理安排整合到区域旅游结构中，形成旅游企业集团，加快旅游产品的研发，发展横向的区域旅游结构。另一方面，建立优胜劣汰制度，淘汰落后企业。绿色发展已成为推动经济转型和产业升级的重要举措。因此，有必要制定政策，逐步清理长期消耗自然资源的中小型旅游企业。修订旅游行业法规，明确企业清算细则，制定量化积分制度，约束企业行为；制定旅游行业资质审核制度，提高旅游从业人员素质；引进先进管理方法，聘请职业经理人，对旅游企业集团进行统一管理。

5.3.2　深挖红色旅游的文化价值

近年来，红色旅游旨在通过宣传和弘扬红色文化、通过与旅游融合所形成的红色基因、红色精神、红色历史等承载革命初心的宝贵财富的正向产物，对助力社会经济发展、产业结构调整、乡村振兴具有重要意义。特别是在建党百年的特定背景下，红色旅游景区成为游客法定节假日的首选，旅游人数实现爆发式增长，随着配套基础设施水平的提升、相关土地政策支持的完善、革命文物体系的日益丰富，红色旅游将迎来黄金发展期，成为旅游消费届的"新国潮"。

在此基础上，结合 5G 时代的科技效能，各地红色景点相继创新推出了具有中国风格、青春元素和鲜明地域特色、高品质的内容和形式，全新的游客体验视觉理念和形式，以及主体与传播客体的互动叙事内容，极大地提高了红色旅游的吸引力和影响力，让革命文物变得生动活泼，开始俘获人心。在游客爱国热情不断升温的同时，红色教育活动开展的道路也越来越顺畅，年轻游客对红色旅游市场的需求逐渐增大，越来越多的新生代年轻人爱上了红色之旅。另外，红色旅游市场面临着爆发性增长，而面对强劲的市场需求，升级红色旅游数字体验、传播红色内涵、发挥红色旅游资源的文化价值成为当前的重要目标。可以看出，中国红色旅游已进入天时地利人和的发展阶段，要充分利用新时代红色文化创新的机遇，提升红色旅游资源与公众共享的深度和广度。

在智慧旅游时代，应借助 5G 技术的数字优势，推动红色旅游资源在景区的广泛应用，继而搭建"5G+"智慧景区，推动全国各地区构建可持续发展的红色文化旅游产业链，特别是在党的百年诞辰历史征程的基础上，红色文化旅游要搭乘数字化发展的快车，升级传播路径，将互联网的创新成果与革命文物及革命文物的红色文化基因深度融合，为 5G 时代红色文化旅游的高质量创新发展注入新的活力。

深挖红色旅游的文化价值可以从以下四个方面入手：

第一，深入研究红色旅游资源。红色旅游资源包括重要的革命历史遗址、纪念馆、博物馆等，通过对这些资源的深入研究，可以更加全面地了解红色旅游的历史背景和文化内涵。

第二，创新展示方式。通过创新的展示方式，如数字化技术、虚拟现实技术等，可以让游客更加直观地了解红色旅游的历史背景和文化内涵，增强游客的参与感和体验感。

第三，推动红色旅游与当地文化融合发展。红色旅游不仅是对革命历史的了解，更是对当地文化的体验。通过推动红色旅游与当地文化的融合发展，可以让游客更好地了解当地的历史背景和文化内涵，促进文化交流和地方经济发展。

第四，注重红色旅游的文化教育功能。红色旅游作为爱国主义教育的重要载体，具有深远的教育意义。通过开展形式多样的爱国主义教育活动，可以让广大群众更好地了解革命历史和党的光辉历程，增强民族自豪感和爱国主义情怀。

总之，深挖红色旅游的文化价值需要多方面的努力和措施，从资源研究、展示方式、文化融合到教育功能等方面入手，全面提升红色旅游的文化内涵和影响力。

5.3.3　提升融合发展的服务管理

提升数字化红色旅游资源与思政育人融合发展的服务管理，是实现两者有效融合的重要保障。首先要注重场景营造，提升旅游体验，其次要丰富数字形式，满足不同需求，最后要强化生态管理，优化红色旅游发展环境，以期全面提升服务质量和效果，推动红色旅游资源与思政育人的深度融合。

5.3.3.1　注重场景营造，提升旅游体验

随着体验经济的发展，人们越来越注重精神和情感上的互动，体验也由此变得十分重要。旅游体验是红色旅游的重要组成部分，场景营造技术可以在红色旅游的体验中发挥作用。在旅游体验中，场景营造至关重要。场景营造改变了游客参观红色旅游目的地的方式，为他们提供了更多与他人互动、了解历史背景和分享体验的机会。内容质量、互动质量和临场感是影响旅游体验的三大要素。为提升游客的红色旅游体验，应从这三个方面着手。

从内容质量上看，注重内容质量的提升和视觉效果的营造，从静态展示到动态空间体验，视觉冲击可以激发游客的审美体验，唤起内心的触动和共鸣。构建场景营造体验的系统，再现红色旅游资源的真实场景，不仅能体现革命文物的真实性和生命力，还能让游客身临其境般体验原生态的革命环境，丰富和优化红色旅游场景的展示内容，确保其真实性和吸引力。

从互动质量角度来看，增强互动环节的设计，重点开发互动体验，让游客亲身参与其中，获取旅游体验，开发叙事和有趣的小游戏体验、创意手工体验、娱乐体验，不仅满足了游客的不同需求，还能使游客在虚拟体验中拥有不同于旅游的真实感。创造与游客的互动机会，如虚拟现实体验、交互式讲解等，提升游客的参与感和沉浸感。

从临场感来看，通过在内容、交互、系统等环节的设计中营造临场感，构建整体场景，比如利用材质、灯光、音响等营造真实体验的氛围，动作捕捉会让游客更容易产生真实感。如果数字技术在文化遗产中的应用能做到让人感觉不到"数字余味"，就能给游客带来更好的体验。数字化更新了遗产旅游的体验，但这种体验的设计不应偏离文化遗产的内涵和价值，而应在更新体验的同时，延续文化、传播知识、增加文化价值的生产。

综上所述，改善红色旅游体验需从内容质量、互动质量和临场感三个方面综合施策，从而提升游客的整体满意度。

5.3.3.2　丰富数字形式，满足不同需求

数字化红色旅游资源的展示形式应以最完整地展示其所包含的信息为目标。迄今为止，我国数字化红色旅游资源主要集中在非物质红色文化遗产方面，主要采用文字、图片、音视频等形式，而对物质红色文化遗产数字化的研究较少。

互动、传感和虚拟现实等技术的广泛应用为展示红色旅游资源创造了机会。已经消失或难以公开展示的物质红色文化遗产和非物质红色文化遗产，可以通过三维扫描与重建、VR 和 AR 等技术使其有形化，非物质红色文化遗产也可以有形化，从幕后"走出来"。数字化红色旅游资源作为数字技术的创新产物，应时刻关注新的数字技术，并将其应用到红色旅游资源中，丰富数字化红色旅游资源的展示形式，打造红色旅游新景点，实现文化与旅游的融合发展。数字化红色旅游资源很好地解决了红色旅游资源保护与旅游之间的矛盾，此外，数字化红色旅游资源还打破了革命文物保护的时空性，人们可以在不同的时间、不同的地点欣赏红色文化。

总之，丰富数字化红色旅游资源形式，可以更好地满足不同游客的需求，提升游客的旅游体验。首先，可以通过数字化技术将红色旅游资源转化为数字博物馆、虚拟现实体验等形式，让游客能够更加深入地了解红色历史和红色文化。其次，可以开发交互式红色旅游应用程序，为游客提供个性化的导览服务，让游客自由安排行程，满足不同游客的需求。最后，可以通过数字技术对红色旅游资源

进行创新性展示，如利用增强现实技术将历史场景再现，让游客更加深入地了解红色历史。

5.3.3.3 强化生态管理，优化红色旅游发展环境

旅游相关企业必须充分认识到生态资源在推动红色旅游发展中的作用。自然资源是用来满足人们生存和发展需要的，随着工业化的发展和人们对环境问题的日益重视，只有人类劳动与自然资源相结合才能产生物质产品的观点，以及环境资源在一定环境条件下具有价值的观点逐渐得到认可。

旅游发展以生态环境为基础，红色旅游作为旅游业的重要组成部分，离不开生态资源和生态环境。从可持续发展的角度看，生态环境保护与红色旅游发展具有相辅相成的关系。由于我国幅员辽阔、地形复杂、资源丰富，许多红色旅游目的地不仅有珍贵的文物古迹、人文景观和独特的风土人情，而且有宁静的自然景观。我国革命圣地湖南韶山，正如毛泽东主席在《七律·到韶山》中描写的"喜看稻菽千重浪"，宁静的田园风光，已成为韶山重要的生态景观和红色人文环境组成。青山、碧水、稻田、村舍、农林、蓝天……这些保存完好的自然景观和人文景观构成了红色旅游景观的自然生态和人文基础，不仅是红色旅游经济的生命线，还充分体现了中国革命"农村包围城市"的历史背景和历史底蕴。因此，要实现红色旅游产业的可持续发展，就必须充分利用生态旅游资源，保护生态环境，实现红色旅游的生态化发展。

要加强红色旅游景区的生态规划和管理。红色旅游景点自然与文化的生态保护主要通过生态规划与管理来实现。首先，在红色旅游产品和红色旅游线路的开发中要特别注重生态规划理念，避开生态敏感区。其次，要引导游客合理处理自身产生的废弃物，科学选择旅游线路，自觉保护生态脆弱的旅游环境。最后，要注意旅游配套设施的生态标准和要求。此外，旅游配套设施应本着舒适、环保的原则，突出文化和气候特色，避免对自然生态环境造成负面影响。通过加强区域内外旅游产业的一体化管理、多元化发展和资源再利用，逐步完善生态产业链，建立以城乡一体化、"红绿合作"为基础的区域红色旅游生态运营规划模式，可以在整个红色旅游体系中开展集约有效的生态活动，有效提高资源配置效率，促进生态旅游和生态产业链发展。

要营造有利于环境保护和红色旅游的文化氛围。为了营造有利于环境保护和红色旅游的文化氛围，可以从以下四方面着手：第一，加强红色文化与环保理念的融合，将环保理念融入红色旅游景点的规划和建设中，确保旅游活动不对环境

造成破坏。在红色旅游景点设置环保宣传栏，向游客传递环保知识和重要性。组织以环保为主题的文化活动，如环保知识竞赛、环保志愿者活动等，并与红色文化宣传相结合，增强游客的环保意识。第二，推广绿色旅游方式。提倡使用公共交通、骑行或步行等低碳出行方式，减少私家车的使用。在红色旅游线路中推广低碳住宿，如使用可再生能源、减少一次性用品的使用等。第三，挖掘红色文化中的生态智慧，如革命先辈在艰苦环境中的生存智慧和对自然的敬畏之心等。通过讲座、展览等形式，向游客展示红色文化中的生态智慧，引导游客尊重自然、保护环境。第四，利用媒体和网络平台宣传环保理念，通过电视、广播、报纸等传统媒体和网络社交平台，广泛宣传环保理念和红色旅游文化；制作环保主题的红色旅游宣传视频、图文等，吸引更多游客关注和参与。通过以上措施的实施，可以营造出一个有利于环境保护和红色旅游的文化氛围，促进红色旅游资源开发与环境保护的和谐发展。

此外，在数字化赋能红色旅游资源与思政育人融合发展的多元化策略中，我们需要综合考虑外生性推动、内生性拉动和系统性开发三个层面的策略，以实现全面、协调、可持续的发展。

在外生性推动策略方面，政府应发挥宏观政策引导作用，制定有利于红色旅游资源与思政育人融合发展的政策措施。通过精准扶持科技领域，推动数字化技术在红色旅游资源开发与保护中的应用。同时，建立可循环的生态产业链，激发红色消费市场的潜力，促进本土产业结构调整，厚植红色基因，增强红色教育功能。政府还应加强社会监管，确保融合发展的规范化和可持续发展。

在内生性拉动策略方面，要深入挖掘消费需求，细分消费市场，以游客为中心提供个性化、多元化的产品和服务。通过多元主体合作升级产品与服务，形成红色旅游资源与思政育人的合力。参与式红色旅游资源消费也是重要的一环，利用数字技术激发游客的参与热情和创造力，实现数字时代消费者的跨媒介消费模式、数字时代红色地标 IP 消费者的文本生产，以及数字时代参与式 IP 消费的促进策略。

在系统性开发策略方面，需要优化旅游业的组织架构，加强行业合作与交流，提升整个行业的运行效率和资源利用效率。深挖红色旅游资源的文化价值，通过数字化技术呈现红色文化内涵。完善数字基础设施建设，为数字化融合创新提供基础支撑。提升融合发展的服务管理，注重场景营造、生态保护、人才培养等方面，为游客提供高品质的旅游体验和思政教育服务。

　　数字化赋能红色旅游资源与思政育人融合发展的多元化策略需要从外生性推动、内生性拉动和系统性开发三个层面进行综合施策。通过政府引导、市场驱动、社会参与等多方合力，推动红色旅游资源与思政育人工作的深度融合发展，为社会培养更多具有爱国情怀和社会主义核心价值观的优秀人才。

第6章　数字化赋能红色旅游资源与思政育人融合发展的实施路径

6.1　数字化赋能红色旅游资源与思政育人的融合路径

6.1.1　创新数字空间载体

立足数字技术，创新红色旅游资源与思政育人融合的数字空间载体。红色旅游资源与思政育人融合需要借助数字空间载体来实现，在数字化时代，高校应立足数字技术，构建主题鲜明的网络红色文化空间，打造红色教育品牌。红色旅游资源的数字化建设应充分挖掘红色旅游资源的时代价值和精神内涵，对其进行数字化采集、储存和分析，并在此基础上构建网络红色文化空间。网络红色文化空间应以红色为主题，融入中华优秀传统文化、革命文化、社会主义先进文化等内容，通过线上与线下相结合的方式打造网上红色文化教育阵地。在红色旅游资源数字化建设过程中，要加强数字空间载体的创新，例如利用 VR、AR、全息投影等数字技术，为学生提供沉浸式学习体验。网络红色文化空间还应设置红色旅游资源教育专栏，使学生在浏览页面时就可以看到相关内容，从而更好地了解红色旅游资源的基本信息和蕴含的精神内涵。网络红色文化空间还应设置红色宣传板块和红色互动板块，为学生提供互动交流的平台。

6.1.1.1　构建红色教育空间，营造红色学习氛围

在网络红色文化空间中，要通过构建红色教育空间，营造红色学习氛围，让学生通过沉浸式的学习体验来感受红色文化精神内涵。利用数字技术，可以为红色旅游资源的数字化建设提供基础平台，使学生可以在手机或电脑上随时随地进

行学习。例如，学校可以依托高校数字图书馆建设网络红色文化空间，并开发出红色文化资源的虚拟展览系统。学生在展览系统中观看并学习相关红色旅游资源的数字化信息，从而获得身临其境的感受。学校还可以利用数字技术开发红色文化资源 VR 虚拟场景展示系统。例如，在 VR 虚拟场景展示系统中设置学校与周边地区的地图，学生可以通过点击地图上的地点进入相应的红色旅游资源展厅进行参观学习，通过该虚拟场景展示系统，学生可以更加直观地了解红色旅游资源的基本信息和蕴含的精神内涵。

另外，高校还可以建设以红色为主题的主题网站、微信公众号、微博账号等数字宣传阵地。这些数字宣传阵地主要通过网络新媒体平台进行宣传，使学生了解与学习相关的红色旅游资源。例如，红色专题网站主要展示与红色旅游资源有关的知识内容，包括红色旅游资源所在地的基本信息、红色旅游资源、红色故事等内容。微信公众号则主要发布与红色旅游资源相关的文章和视频内容。微博账号则主要发布与红色教育相关的信息和评论等。通过这些数字宣传阵地，可以让学生了解红色旅游资源相关知识。

6.1.1.2 打造红色故事专栏，增强学生红色精神体验

网络红色文化空间要立足数字技术，将红色故事数字化，打造红色故事专栏，使学生在浏览页面时就可以看到相关内容。网络红色文化空间还应通过在"红色故事"专栏中呈现经典故事、革命精神等，使学生在学习党史和革命史的同时受到精神洗礼。网络红色文化空间还应设置红色互动板块，学生可以在板块中与其他用户进行互动交流，为网络红色文化空间增添活力。例如，高校可以利用网络平台开展线上知识竞赛、红色歌曲演唱等活动，增强学生的参与感和积极性；高校还可以开展网上访谈活动，邀请优秀校友或革命前辈分享他们的奋斗故事和人生经历，让学生能够更加直观地了解红色历史、学习革命精神。此外，高校还可以将网络平台与线下活动相结合，组织学生参观革命纪念馆、体验红色旅游线路等。

6.1.1.3 建立"红色档案"，掌握学生思想动态

网络红色文化空间的建立是一个长期的过程，因此高校需要建立学生的"红色档案"，掌握学生的思想动态。"红色档案"内容包括学生在学校的政治态度、学习成果、生活状况等，并可通过线上与线下相结合的方式对学生进行动态跟踪。通过建立学生的"红色档案"，教师可以及时了解学生思想状况，了解学生在红色旅游资源学习过程中遇到的问题和困惑，并及时进行相应的解答和引导。

高校要建立专门的"红色档案"管理人员，并加强对"红色档案"管理人员的培训和指导。同时，要为"红色档案"建立专门的数据库，在数据库中设置"思想动态""学习动态""生活动态"等方面内容，以便及时了解和掌握学生动态。此外，高校还可以建立师生互动交流平台，如"微课堂""微访谈"等，通过线上线下相结合的方式与学生进行交流。此外，高校还可以通过新媒体平台来建设网络红色文化空间。例如，通过微信公众号、微博等新媒体平台对红色旅游资源进行宣传和推广，吸引更多人关注并参与到红色文化空间中来。

6.1.1.4　开设红色课堂，丰富思政教育资源

高校红色旅游资源思政教育的开展，离不开丰富的思政教育资源，包括红色历史文化和革命精神、红色故事和英雄事迹、红色旅游景点等。这些资源相对分散，而在数字技术的加持下，可以实现红色旅游资源数字化建设。高校可充分利用互联网技术，开设红色课堂，以优质课程和优质活动为载体，实现对学生思想政治教育的目标。红色课堂主要包括线上和线下两种教学形式。线上课堂可以借助互联网技术，利用网络红色文化空间和公众号等数字化平台开设直播、录播课程、主题班会、小组讨论等活动。线下课堂可以采取实地教学、参观学习、体验式教学等方式进行。例如，在参观革命圣地时，可以让学生穿上红军服装，佩戴红军徽章，以直观的形式学习革命先烈的精神品质；在参观红色博物馆时，可以组织学生前往革命历史纪念馆开展沉浸式学习；在体验式教学中，可以安排学生来到革命旧址和纪念馆等地进行现场实践。在开展"红色课堂"时要注意结合学生的兴趣爱好和专业背景，对课程进行合理编排。同时，要不断丰富红色课堂的内容和形式。在教学过程中要突出活动性，增加课堂趣味性，让学生参与其中。此外，要不断提升教师的专业素养和教学水平。

6.1.1.5　举办红色竞赛，激励学生主动参与

红色旅游资源的宣传与推广需要借助一定的平台载体，这就要求高校充分利用数字技术，打造基于网络红色文化空间的线上竞赛活动。红色竞赛是红色旅游资源宣传与推广的重要途径，也是大学生喜闻乐见的学习形式。高校可以根据实际情况设计不同主题的红色竞赛活动，例如党史知识竞赛、"红色歌曲大家唱""党史故事我来讲"、党史知识竞答等。各高校应组织学生积极参与红色竞赛活动，使学生在参与过程中能够深刻体会到红色文化的精神内涵，并以此为契机将中国共产党精神传递给更多人。同时，高校可以借助数字技术搭建网络平台，举办红色主题演讲比赛、红色主题书法比赛等。通过举办各种形式的红色竞赛，激

发学生对红色文化的热情，从而使大学生在竞赛中主动学习并传播红色文化。此外，高校还可以设计推出与红色旅游资源相关的线上表情包，吸引学生参与制作让学生在游戏中感受到中华优秀传统文化中蕴含的自强不息、团结奋斗、艰苦奋斗等优秀品质。

6.1.1.6 设置红色景点，提升思政教育实效

红色旅游资源蕴含着丰富的精神内涵，在革命战争年代，这些历史遗存为中国共产党领导中国人民取得新民主主义革命的伟大胜利发挥了重要作用。因此，红色景点不仅是历史的见证，也是革命精神的载体，蕴含着丰富的文化内涵和精神内涵。高校要充分发挥红色景点在思政教育中的作用，将其作为大学生开展思政教育的重要载体。高校可依托红色旅游资源在校园内建设红色景点，并开展相关主题活动，通过实地参观等方式提高学生的参与度。同时，高校可以将红色景点作为大学生开展党史学习教育和理想信念教育的重要场所，通过网络直播、录播等形式展现红色景点内的革命先烈事迹。学生在参观学习过程中可以了解革命历史、感悟革命精神，从而提升其对党史和理想信念的认知水平。此外，高校还可结合党史学习教育要求，通过线上与线下相结合的方式开展红色旅游资源思政育人活动，这样可以让学生通过网络平台参与到党史学习教育中来，使学生对党史和革命历史有更深入的了解，从而更好地理解中国共产党在百年奋斗历程中所体现出的"坚持真理、坚守理想，践行初心、担当使命，不怕牺牲、英勇斗争，对党忠诚、不负人民"的伟大建党精神。

6.1.2 挖掘教育场景

数字技术在教育领域的应用，能够将场景教育应用于高校红色旅游资源与思政育人融合中，构建全新的教育场景。如何在新时代下创新红色教育场景、打造思政育人品牌，融入数字技术，挖掘红色旅游资源与思政育人融合的教育场景，是摆在高校面前的重要课题。

要完善数字化教育场景设计。数字技术是建立在数字空间之上的一种新的传播媒介，在利用现代信息技术将高校红色旅游资源与思政育人有机结合的过程中，必须遵循规律、立足实际。要针对不同受众群体对红色旅游资源与思政育人融合的需求，设计出不同特点的数字化教育场景。例如，针对高校学生特点，可以设计出具有校园文化特色的数字化教育场景；针对不同受众群体，可以设计出符合个人喜好的数字化教育场景也可以设计出具有地域特色的数字化教育场

景等。

要对红色旅游资源进行数字化处理，将其转化为数据资源。高校首先可利用数字技术对红色旅游资源进行价值挖掘和数据分析，以深度挖掘其文化内涵、思想价值及精神价值等。其次要对红色旅游资源进行可视化处理，将红色旅游资源进行数字化处理后可生成虚拟现实等可视化产品，通过互联网技术呈现出来。再次要利用大数据分析技术、人工智能技术等对高校红色旅游资源与思政育人融合进行智能化处理，利用智能化手段提升红色旅游资源与思政育人融合的精准度、丰富性和有效性。最后要对数字化教育场景进行持续性更新。高校可定期更新数字化教育场景内容、开展数字化教育活动及与学生建立数字化沟通渠道等。

同时，高校应建立数字馆、虚拟博物馆等载体来促进红色旅游资源与思政育人融合。通过将数字馆、虚拟博物馆建设成为高校思政育人的主阵地，能够不断增强大学生对数字化红色旅游资源与思政育人融合的认同感和归属感。

6.1.2.1 构建数字化教育场景

构建数字化教育场景，引领大学生深入了解红色旅游资源。红色旅游资源与思政育人融合是一项系统性工程，需要不断更新和丰富教学内容，提升教育效果。高校要充分利用互联网等信息技术构建数字化教育场景，引领大学生深入了解红色旅游资源。高校可以通过视频、图片、文字等方式对红色旅游资源进行介绍，或者组织大学生参观红色旅游资源，以使其深入了解红色旅游资源的内涵和价值。例如，高校可以组织学生观看视频节目，让大学生通过视频了解红色文化和精神；高校也可以通过拍摄短视频，以短视频形式对红色旅游资源进行介绍，让大学生对红色旅游资源有更深入的了解。此外，高校还可以组织学生观看《建党伟业》《建国大业》等影视作品，以影视作品的方式展现中国共产党的奋斗历程。在影视作品中融入红色旅游资源与思政育人融合的相关内容，能够使大学生在观看影视作品时受到红色旅游资源与思政育人融合的深刻影响。

6.1.2.2 打造虚拟博物馆

打造虚拟博物馆，促进大学生更好地了解红色文化。虚拟博物馆是基于现实社会和虚拟网络相结合的一种新型博物馆，是基于网络技术构建起来的一种文化空间，具有数字化、网络化、虚拟化等特征，能够极大地丰富人们的精神文化生活，是红色旅游资源与思政育人融合的新载体。

打造高质量的红色文化虚拟博物馆对促进大学生更好地学习红色文化具有多

方面的意义:

首先,红色文化虚拟博物馆是一种创新的教育模式,它通过 VR 等技术手段,让大学生沉浸式体验那段峥嵘岁月,既增强了学习体验的直观感和深刻性,也增强了学生学习的主观能动性,让红色文化以一种更容易被接受的方式得到传承和弘扬。

其次,它打破了地域的限制,使原本分散在全国各地的红色基地、博物馆等可以集中地呈现给学生,使红色文化的学习更具有连续性、持续性,通过这样的学习,更容易激发大学生的爱国热情,培养正确的价值观和世界观。

最后,虚拟博物馆的建设和维护成本相对较低,拓展内容的方式相对便捷,可以实现持续发展,长期服务于教育和文化传播。

目前,我国已建成一批虚拟博物馆,如中国共产党第一次全国代表大会纪念馆的"红船精神"展厅等。高校可结合自身红色旅游资源特色与优势,利用数字技术打造出具有自身特色的虚拟博物馆。如北京理工大学利用现有条件打造出以"北理工之星"为主题的虚拟博物馆,将"北理工之星"精神融入学校红色文化中。清华大学、上海交通大学、浙江大学等高校也推出了以相关历史人物、革命精神为主题的虚拟博物馆。高校还可以根据红色旅游资源和思政育人的特点与优势打造出具有地方特色和文化特色的虚拟博物馆,如常州大学建成了以新四军在常州活动为主题的虚拟博物馆。通过打造虚拟博物馆能够让大学生更加直观地了解我国红色文化和红色旅游资源。

6.1.2.3　创新开展线上与线下结合的红色教育活动

结合数字馆、虚拟博物馆,创新开展线上与线下结合的红色教育活动。创新开展线上与线下结合的红色教育活动。线上与线下结合的红色教育活动是指通过互联网技术、数字化手段等对传统红色教育活动进行创新,打破时间与空间限制,使教育内容更加丰富多元,并能够提供多元化的学习渠道,从而实现传统红色教育活动的优化升级。高校要激发大学生在体验中获得思政感悟。例如,高校可以通过线上虚拟博物馆、VR 等来创设红色旅游资源与思政育人融合的教育场景。在虚拟博物馆中,可以让大学生利用 VR 设备等虚拟现实技术来进行体验,以真实的情景再现历史事件,通过虚拟现实技术使学生能够身临其境地感受红色旅游资源所蕴含的情感、文化内涵及精神价值等。通过线上与线下结合的红色教育活动,大学生能够在更深层次上感受红色文化、接受红色熏陶。要将数字馆、虚拟博物馆等数字技术应用于大学生日常生活中。例如,高校可以将大学生日常生活中的图片、视频、音频等内容导入数字馆中；高校可以在数字馆、虚拟博物馆中通过设置网络课堂、发布微信公众号等，让大学生随时随地都能通过网络技术来学习相关知识；高校可以通过电子邮件等方式将大学生学习过程中遇到的问题及相关经验进行分享，从而让大学生能够获得更多的学习体验。

6.1.2.4　持续开展红色旅游资源与思政育人融合的研究

依托数字馆、虚拟博物馆，持续开展红色旅游资源与思政育人融合的研究。高校可通过建立数字馆、虚拟博物馆等载体来实现红色旅游资源与思政育人融合，让学生在沉浸式体验中加强对红色旅游资源的理解，提升大学生的思政素养。一方面，高校可以借助数字馆、虚拟博物馆等载体，挖掘红色旅游资源的文化内涵、思想价值及精神价值，并将其以可视化的形式呈现出来；另一方面，高校可以利用虚拟现实等技术打造沉浸式体验环境，以沉浸式体验强化大学生对红色旅游资源的理解。例如，高校可定期组织线上党史学习教育、"云上思政"专题活动及"弘扬爱国主义精神，做新时代好青年"主题演讲比赛等活动，以线上平台不断强化大学生对红色旅游资源与思政育人融合的认同感。

6.1.2.5　积极推进"互联网+"新媒体建设

积极推进"互联网+"新媒体建设，打造红色旅游资源与高校思政育人融合的线上品牌。新媒体作为一种新兴的信息传播媒介，是当今社会不可或缺的传播手段。新媒体在高校红色旅游资源与思政育人融合中发挥着重要作用，高校应积极推进"互联网+"新媒体建设，打造高校红色旅游资源与思政育人融合的线上品牌。首先要建立线上宣传平台。高校应利用新媒体技术对红色旅游资源进行全方位、多角度、立体式宣传，为红色旅游资源与思政育人融合搭建线上平台，打造品牌。其次要完善新媒体宣传机制。高校应建立起一套完整的"互联网+"新媒体宣传机制，通过微信、微博、抖音等平台与大学生建立沟通渠道，并积极开展"互联网+"新媒体宣传活动，形成线上与线下互动的良好局面，为红色旅游资源与思政育人融合搭建平台。最后要丰富新媒体传播内容。高校应根据红色旅游资源与思政育人融合的要求，对红色旅游资源进行重新定位与规划，使其成为具有思想性、教育性、艺术性及趣味性的红色文化产品。高校还应充分发挥"互联网+"新媒体的优势，如借助抖音、微信公众号等平台进行宣传推广，使其成为高校红色旅游资源与思政育人融合的重要载体和平台，进而不断提升大学生对高校红色旅游资源与思政育人融合的认同感和归属感。

6.1.2.6 加强数字化赋能红色旅游资源与课程思政的融合

课程思政是立德树人的核心课、灵魂课，也是高校为实现培养目标而选择的教学内容及进程的总和，更是实现党和国家育人目标的重要载体。高校课堂教学是课程思政建设的"主渠道"，红色文化资源在高校人才培养中具有重要价值。数字化赋能红色旅游资源与课程思政的融合，有利于丰富教学资源、拓展教育途径，提升课程思政教学的亲和力、吸引力和感染力，能够凝聚大学生的青春力量。不断增强高校在人才培养中课程思政的育人功能，也是全面提高人才培养质量的重要任务。

（1）数字化赋能红色旅游资源与课程思政的"三个融合"

课程思政在构建高校思想政治工作大格局中意义重大，促进专业课与思政的融合。

红色旅游资源的思政元素与专业课程互融互通。一方面，任课教师把红色旅游资源的思政元素、世界观、人生观、价值观、职业理想和职业道德等相关内容通过数字化技术融入公共基础课程、通识课程或专业课程之中。另一方面，任课教师根据教学班专业领域，在课程思政教学中有针对性地融入红色旅游资源、我国科技工作者艰苦奋斗历程等相关内容，将课程思政的人本取向归纳起来：课程思政即为教师将专业内容与思政元素相结合，传授给学生达到了思政内容与专业内容的互促互融的效果。

一是教师与课程思政融合。合格的老师，首先应该是道德修养上合格的人，有这样的老师才有可能培养出具备良好道德素质的学生，所谓"育人先律己，为师先为人"，任课教师应始终以课程思政为前提，将师德、师风、师魂等优良的品质融入课程思政的教学过程中，从而润物细无声地影响学生。如会计学院任课教师通过数智课程传授专业课程的同时传授红色旅游资源的红色文化，培育大学生职业道德理念、为国为民理财等。

二是"师生相长"与课程思政的融合。在课程思政教学过程中，首先，师生之间可通过数字化技术和平台与同学们进行交流想法和见解，积极地去发现问题、提出问题、共同探讨解决问题，实现师生的共同成长。其次，师生可以把有突破见解的内容和想法加以淬炼，补充和更新课程思政数字化资源共享库。当有新的教学需要时，课程思政数字化资源共享库就可以发挥循环教学的作用，将课程思政知识转化为创新教学成果。

现实中，大连理工大学教授胡涛于2020年11月在上海举行的"新时代思政课程与课程思政协同育人"高端论坛中提出了将"三融合""两渠道""一团队"作为理工化学类课程思政的教学模式，其中"三融合"即找准科学教育、人文教育和思政教育相融合的"点"；"两渠道"是指在课程思政教学过程中，借助线上和线下两个渠道进行；"一团队"即打造高素质课程思政教师团队，该教育模式我们可借鉴。

（2）数字化赋能红色旅游资源与课程思政的"三个关系"

一是知识传授与红色旅游资源的引领关系。在课程思政数字化教学过程中，教师要从思想上来认识红色旅游资源中思政原色的重要性，又要避免将其生硬的嵌入课程思政内容中。应将红色文化相关的事迹、遗址和红色文化景点通过数字化技术逐步渗入大学生课程思政教学当中，将理想信念通过知识传授给当代青年，使他们在专业学习过程中实现人生价值的塑造。

二是显性课堂与隐性课堂的关系。课程思政作为显性课堂，需充分发挥其主渠道作用，在育人过程中达到"润物无声"的效果，在各学科教学过程中通过数字化技术嵌入红色旅游资源，从而实现思政教材与专业教材的联动呼应，形成特色鲜明、优势突出、交融互补的数字化红色旅游资源文化课程思政教学体系。

三是常态评价与动态评价的关系。在课程思政教学评估体系的构建上，既要注重对专业水平、学习能力的评价，又要将红色旅游资源融入课堂教学中，将大学生的理想信念、家国情怀、核心价值观等纳入评估体系中，充分反映在专业课教学中知识传授与思政引领的紧密结合，真正把数字化赋能红色旅游资源与课程思政融合落到实处。

（3）数字化赋能红色旅游资源与课程思政融合的"四个注重"

在教育过程中，立德树人是中心环节，教师要把思想政治工作贯穿教育教学全过程中，从根本上实现全程育人、全方位育人的目标，开创我国高等教育事业发展新局面。数字化赋能红色旅游资源文化融入课程思政教学应注重四个方面：

一是注重课程思政理念认知升级。课程思政建设的基本载体和主战场是专业教育课程。在课程思政数字化建设过程中，教师需注重目标要求和重点内容两方面。确定课程建设的重点，根据公共基础课程、专业教育课程和实践类课程的特点，科学合理地构建课程思政教学体系。不同的专业课程具有不同的课程思政的特点，需结合不同专业各自的思维方法和价值理念，通过课程思政元素的深入挖掘，将红色旅游资源融入课程思政教学中，关注课程思政的文本取向、实践取向及人本取向。数字化的赋能，把课程思政打造成学习内容丰富多样、师生关系和谐融洽、教学形式生动活泼的大学生成长成才平台，实现课程思政育人的最佳成果。

二是注重师德师能建设。教师作为课程思政建设的"主力军"，承担着教书育人的神圣使命。提高教师思想政治素质和职业道德水平是重要的，把提升教师教学学术能力作为教师发展的核心。在思政课的讲授过程中，不能生搬硬套或是只宣读文件内容，那么就会让思政课失去了生机活力。想讲好思政课不容易，教师是办好思政课的关键，因此对思政课教师的素质要求很高。教师在课堂上把知识融入道理之中，讲得深入浅出，同时把思政课程案例融入其中，让学生感同身受，那么就达到了很好的教学效果，这样的课程可以称为"金课"。

三是注重课程思政教学。课堂教学是课程思政建设的"主渠道"，为了达到将红色旅游资源融入课程思政教学全过程的目的，在课程思政教学环节中，需将管理升级，即从专业课程的设置、教学大纲的审核、教案的评价等方面，将课程思政的融合作为考核标准。在整个教学过程中，需关注课程思政的设计目标、教学大纲的修订、教材的编审和选用、教案课件的案件等方面。在课程思政教学过程管理方面，建立健全课程思政教学管理体系，提高数字化红色旅游资源融入课程思政教学的水平。在课程思政教育教学方式方法方面，要进行改革和创新。在课程思政教学中，推进现代信息技术在其中的应用，激发学生的学习兴趣，引导学生深入思考。

四是注重典型经验和特色品牌推广。爱国主义教育基地、红色教育基地、红色遗址在红色旅游资源的时间跨度上和空间维度上、数量上和质量上、内容上和形式上都具有独特的优势。通过数字化技术综合运用"第一课堂""第二课堂"，实习实训、志愿服务、社会实践等多种形式，不断拓展数字化课程思政建设的途径。要选树课程思政教学示范团队、示范网络课程、示范网络课堂，提炼一些可复制、可推广的数字化红色文化课程思政教学特色品牌，以榜样的力量带动更多的教师和学生加入课程思政建设中，形成社会关注课程思政教学、师生共享课程思政教学的良好氛围，实现"显性思政教育""隐性思政教育"的同向同行，行稳致远。

（4）数字化赋能红色旅游资源与课程思政教学融合的"三项创新"

充分运用数字化赋能红色旅游资源提升专业课程思政课教学效果，关键在于增强感染力和吸引力，应着力推进"三项创新"。

一是教学内容创新突出鲜活。引用红色旅游资源中的相关元素，在课堂中融入数字化红色旅游资源、视频，引导大学生对红色文化的认同，通过丰富多彩的数字化内容让课堂活起来。

二是教学方法创新突出实用。课程思政教学方式方法多样，如情景式、互动式、专题式、体验式、案例式等，需将多种数字化教学方式方法与红色旅游资源相结合，同时采用实践教学、"移动教学"等形式，将课堂教学转化成数字化云教学，通过生动鲜活的数字化情景模拟、情感体验、现实体会、深情对话等模式，让大学生深刻感悟红色旅游资源的内涵。

三是教学手段创新突出科技支撑。充分运用"互联网+"、云计算、物联网、大数据、区块链等新媒体和新技术，实现红色旅游资源和课程思政教学相融合。从多学科、多角度、多维度、多层面创新课堂模式、混合式教学等新媒体技术在课程思政教学中的运用，推动传统教学与信息化高度融合，增强课程思政教学的时代感和吸引力。

6.1.3　完善制度保障

推进数字化改革，完善红色旅游资源与思政育人融合的制度保障。高校可以借助数字化技术，推进红色旅游资源与思政育人的深度融合。首先，通过数字化技术对红色旅游资源进行挖掘，可以在一定程度上解决高校红色旅游资源内容的丰富性问题，如在开发过程中可以将不同地区、不同时期的红色旅游资源进行分类，使红色旅游资源的内涵更加丰富。其次，在数字空间载体中，可以对不同高校红色旅游资源进行数字化呈现，并通过数字化技术的创新使用来突破高校红色旅游资源与思政育人融合的时间与空间限制。再次，可以借助数字化技术将不同地域、不同时期的红色旅游资源进行整合，搭建区域红色旅游资源共享平台，促进区域间优势互补和协同发展。最后，高校可以借助数字化技术对区域内高校红色旅游资源进行统一规划和管理。

6.1.3.1　建立健全红色旅游资源数字化管理机制

高校需要根据学校实际情况建立健全红色旅游资源数字化管理机制，加强顶层设计，通过对红色旅游资源的整合、开发与利用，将红色旅游资源融入校园文化建设当中，构建红色文化育人体系；健全红色旅游资源管理机构，设置专门的部门负责高校红色旅游资源的开发与管理；同时，建立高校与政府部门、社区等联动机制，共同打造具有校园特色的红色旅游品牌，提高高校红色旅游资源的开发利用效率。健全高校红色旅游资源数字化建设的运行机制，将学校的各项政策与举措落

实到位。建立健全学生参与制度，实现学生与高校在数字空间中的有效互动，充
分发挥学生的主体作用。健全高校红色旅游资源数字化管理责任机制，强化各级
党组织书记及相关工作人员对高校红色旅游资源数字化管理工作的重视程度。

6.1.3.2 打造"互联网+红色旅游"融合发展格局

高校可以依托大数据、云计算、人工智能等信息技术，以"互联网+红色旅
游"为发展理念，打造红色旅游新媒体矩阵，如通过微博、微信、抖音、快手等
新媒体平台，利用信息技术打造移动端数字空间载体，强化红色旅游资源的数字
化呈现。高校可以依托信息技术搭建红色旅游资源数据中心，对全国范围内的高
校红色旅游资源进行数据分析与整合，实现不同区域间高校红色旅游资源的交流
与共享。同时，通过对高校红色旅游资源进行整合，建立红色旅游资源大数据
库，可以为进一步推进高校红色旅游资源与思政育人的深度融合提供基础支撑。
高校可通过红色文化大数据分析平台，将高校内所有红色文化资源进行整合与分
析，实现对不同地区、不同时期的红色文化资源的系统梳理和总结。高校还可以
通过数字空间载体加强对不同地区不同时期的高校红色文化资源进行数字化呈
现。总之，打造"互联网+红色旅游"融合发展格局，可以有效推进高校与社会
各界的交流与合作。

6.1.3.3 形成"线上+线下"协同联动的教育教学模式

高校可以通过线上平台，把红色旅游资源与思政育人有机融合起来，形成
"线上+线下"协同联动的教育教学模式，为学生提供更多更好的思政教育资源。
一方面，可以充分发挥线上平台的作用，以"中国梦"主题教育活动为契机，
借助线上平台对大学生开展红色旅游资源的教育教学，比如将全国各地的红色旅
游景点录制成微视频或微电影，将其上传至线上平台供学生学习和观看；还可以
通过网络直播平台举办"云课堂""云参观"等活动，让学生以多种形式参与到
红色旅游资源的教育教学中来。另一方面，可以充分发挥线下基地的作用，通过
线下教育教学活动将红色旅游资源与思政育人有机融合起来，如组织学生到革命
圣地、英雄纪念馆开展现场参观学习和红色主题班会活动等形式。同时，高校可
以将红色旅游资源与思政课程相结合，以红色旅游资源为依托搭建线上虚拟空间
载体，让学生通过虚拟空间载体来深入了解红色旅游资源。此外，高校还可以发
挥网络平台作用，利用网络平台建立起教师、学生与红色旅游资源之间的联系纽
带。教师在线上空间载体上给学生讲解红色旅游资源内容时，可以通过网络平台
让学生观看相关视频并与其进行互动交流。

6.2　深化对数字化赋能红色旅游资源与思政育人融合的理解和认同

红色旅游是一种中国特有的旅游形式，红色旅游资源是中国革命精神与中华优秀传统文化的具体体现。在数字化时代，数字技术的不断发展与进步为红色旅游资源的开发与利用提供了新思路和新手段。大学生群体是数字化赋能红色旅游资源价值认同程度的重要影响因素。大学生群体对数字化赋能红色旅游资源价值认同程度的高低不仅决定着他们对红色文化的理解与领悟程度，而且决定着其能否将自身所学应用于实践中。

6.2.1　加强价值认同程度

6.2.1.1　大学生对数字化赋能红色旅游资源的认知现状

大学生作为社会发展的主力军，在数字化赋能红色旅游资源开发与利用过程中扮演着重要角色。大学生群体不仅是数字化赋能红色旅游资源开发与利用的重要主体之一，还是数字化赋能红色旅游资源开发与利用过程中最为活跃和最具创新精神的主体。在大学生群体中，虽然大部分学生了解数字化赋能红色旅游资源，但是对其认知程度并不高。尽管近年来随着数字技术与经济社会发展深度融合，数字技术对高校教育教学、学生学习生活、社会治理等方面带来了深刻的变革和影响。但不可否认的是，在数字化赋能红色旅游资源开发与利用过程中，仍然存在着诸多问题。通过近年的走访和对比发现：我国不同地区红色旅游资源数字化赋能效果存在明显的地区差异，东部地区最高，西部地区次之，中部地区最低，这一结果与红色旅游资源开发程度呈正相关；由此可见，不同地区红色旅游资源数字化赋能效果存在差异，同时从侧面反映出红色旅游资源数字化赋能效果与大学生群体的价值认同程度存在紧密联系。

6.2.1.2　数字化赋能红色旅游资源与大学生价值认同的关系

我国红色旅游资源数量众多，类型丰富。目前，很多地区都已经对红色旅游资源进行了数字化赋能，通过将红色旅游资源与数字技术进行融合开发与利用，为游客提供更加便利、多样化的服务，使红色旅游资源的价值得以充分发挥。

大学生作为接受高等教育的群体，他们具有较强的学习能力、较高的思维能力及较强的探索精神。新时期，数字化技术为红色旅游资源的开发与利用提供了新的思路，也为大学生群体提供了全新的学习体验。大学生对数字化赋能红色旅游资源的价值认同程度越高，说明其自身对红色文化的理解与领悟程度越高，其运用自身所学对红色旅游资源进行开发与利用的能力也越强，因此大学生是数字化赋能红色旅游资源价值认同程度的重要影响因素。

但是，这并不意味着数字化赋能就能够完全提升大学生对红色旅游资源价值认同程度，这只是一种手段。数字化赋能在提高大学生对红色旅游资源价值认同程度方面只能起到一定作用，其发挥作用的程度还取决于大学生群体的自身认同程度及其对此项工作的重视程度。如果大学生群体不能够从内心深处认可和接受数字化赋能对红色旅游资源所发挥的作用，则会影响到其对这一新事物接受与学习的积极性与主动性。

6.2.1.3 加强大学生对数字化赋能红色旅游资源思政育人的价值认同路径

在数字化赋能红色旅游资源思政育人的时代背景下，加强大学生对数字化赋能红色旅游资源思政育人的价值认同，是进一步提高高校思想政治教育工作质量的关键。大学生作为数字化赋能红色旅游资源思政育人的重要群体，对数字化赋能红色旅游资源思政育人产生价值认同，不仅要对红色旅游资源本身的价值属性和内涵有着深刻了解，而且要对数字化赋能红色旅游资源思政育人的意义有着深刻认识。

（1）提升大学生对数字化赋能红色旅游资源的情感体验

大学生作为数字化赋能红色旅游资源价值认同的主体，其对数字化赋能红色旅游资源的情感体验是影响其自身对数字化赋能红色旅游资源价值认同程度的重要因素。在数字化时代，大学生可以通过网络、视频等多种形式加强对红色旅游资源的了解与认识，例如通过网络视频观看革命历史题材的影视作品，但是大学生在进行数字化赋能红色旅游资源的学习时，仍然无法感受到其所需的情感体验，且这些信息并不能代替传统文化。因此，大学生也需要通过传统的方式来获取信息，如通过书籍、报纸等了解相关信息。这些都可以使大学生对红色文化产生一定的了解。要想提高大学生对数字化赋能红色旅游资源的情感体验，首先，要将红色文化融入大学生日常生活中，使大学生在日常生活中感受到红色文化，从而实现对其价值认同的情感体验。其次，可以将革命历史题材创作成文艺作品，如电影、电视剧等多种形式。最后，要引导大学生通过网络了解更多关于数字化赋能红色旅游资源的知识，例如观看相关影视作品、书籍等，能够使大学生在潜移默化中受到影响，从而提升其对数字化赋能红色旅游资源价值认同程度。

（2）提升大学生对数字化赋能红色旅游资源的兴趣度

高校可以依托互联网平台，将红色旅游资源的内容融入新媒体平台当中；用生动有趣的形式向大学生介绍红色旅游资源背后的历史故事，进一步提高大学生对红色旅游资源的关注度，增强大学生对数字化赋能红色旅游资源思政育人的价值认同。

高校要充分发挥红色旅游资源的育人价值，必须要加大对红色旅游资源的投入力度，不断提升大学生对红色旅游资源的兴趣度。兴趣是大学生进行学习的基础，大学生对数字化赋能红色旅游资源的价值认同程度在很大程度上取决于其自身对数字化赋能红色旅游资源的兴趣程度。大学生在对数字化赋能红色旅游资源产生兴趣时，便会主动探索相关信息，从而更好地接受所学知识。因此，要想提高大学生对数字化赋能红色旅游资源的兴趣，首先，要提高大学生对数字赋能红色旅游资源的关注度，将数字化赋能红色旅游资源纳入大学生的学习计划中；其次，要鼓励大学生进行相关知识的自学，使其掌握更多数字化赋能红色旅游资源的知识；最后，要鼓励大学生在学习过程中进行实践，使其在实践过程中体会到数字化赋能红色旅游资源时所蕴含的情感。在发展过程中，不仅要关注数字化赋能与传统红色旅游资源之间的差异，还需要注意两者之间的相互结合及相互融合。只有充分发挥好数字赋能与传统红色旅游资源的优势，才能够有效提高大学生对其价值认同程度。

（3）提升大学生对数字化赋能红色旅游资源思政育人的价值认同

针对大学生对数字化赋能红色旅游资源思政育人的价值认同还存在一些问题，教师要以大学生的认知发展规律和接受心理为基础，以数字化赋能红色旅游资源思政育人的价值认同为目标，以教育教学理念创新为引领，优化高校数字化赋能红色旅游资源思政育人的教学设计，提升大学生对红色旅游资源的接受度。在教学内容设计方面，教师要挖掘红色旅游资源中蕴含的革命精神和价值，选取与大学生思想政治教育密切相关的红色文化、革命精神等内容，打造具有较强针对性和吸引力的课程体系。在教学方法设计方面，教师要改变过去传统课堂讲授为主的教学方式，充分利用“线上+线下”的教学模式，利用大数据、互联网技术和云平台等数字化技术开展线上教学活动，并注重线下实践环节，加强对大学生参观学习、体验感悟、社会调查、志愿服务等实践活动的指导和监督。同时要以网络文化为载体开展线上思想政治教育活动，引导大学生用正确的立场和观点分析问题。从教育目标角度而言，大学生对数字化赋能红色旅游资源思政育人的价值认同就是要让大学生在参与的过程中获得情感共鸣、精神满足及心灵净化，从而更好地理解党和国家的方针政策、传承红色基因、担当时代重任。

6.2.2 提高参与意愿

数字化赋能红色旅游资源的重要性日益凸显，高校要充分认识到数字化赋能红色旅游资源与思政育人融合的必要性，树立正确的数字化赋能红色旅游资源思政育人观念，进而提高大学生的参与意愿。在数字化赋能红色旅游资源与思政育人融合的实践中，要加强对大学生的引导与管理，充分发挥新媒体平台的宣传作用，提升大学生对数字化赋能红色旅游资源与思政育人融合的认知，进而增强大学生的参与意愿。

6.2.2.1 大学生和思政教育主体实现双向互动

大学生对红色旅游资源的兴趣点主要集中在以下三个方面：一是革命遗址、革命纪念馆和革命博物馆等具有纪念意义的场所；二是以先烈事迹和革命英雄事迹为代表的烈士精神；三是以红色精神为内核，以革命文化为主题的爱国主义教育基地。以上三个方面具有很强的同构性，大学生对这三种红色旅游资源都比较感兴趣。大学生在参观红色旅游资源时，对其参观内容、形式和内容等会有不同程度的需求，这种多样性不仅体现在"去哪里参观"方面，还体现在"怎么看"方面。"去哪里参观"主要包括对革命遗址、纪念馆等场所的参观，而"怎么看"主要是通过互联网和实地参观对红色旅游资源进行浏览和观看，了解革命历史、革命人物、革命精神等内容。大学生通过数字化赋能红色旅游资源接受思政教育，一方面要有良好的网络环境，即网络信息平台要通畅、稳定、可靠；另一方面要有便捷的学习方式，即数字化赋能红色旅游资源需要一套完善且便捷的数字化学习平台，即可以根据学生需求对平台进行定制化设计。同时，数字化赋能红色旅游资源可以整合社会资源、高校教师和大学生志愿者等多方力量进行合作，从而更好地满足大学生对思政教育的需求。在数字化赋能红色旅游资源过程中，要充分调动大学生的参与积极性、主动性和创造性，思政教育主体要对大学生进行正确引导，大学生也要积极参与到思政教育主体中来。思政教育主体通过数字化赋能红色旅游资源实现与大学生之间的互动交流和情感共鸣，达到更好的育人目的，从而提高大学生对数字化赋能红色旅游资源思政育人的参与意愿，使大学生和思政教育主体实现双向互动。

6.2.2.2　建立多层次思政教育体系

开展红色旅游资源思政教育，必须在充分了解大学生群体思想特征和时代发展特点的基础上，建立多层次红色旅游资源思政教育体系，从而提高大学生对数字化赋能红色旅游资源思政教育的参与意愿。要通过理论学习和实践活动等形式，使大学生深入了解红色旅游资源蕴含的红色基因和思政理念。同时，要不断完善高校、地方政府和相关部门的合作机制，在推动数字技术与红色旅游资源的深度融合中实现双赢。

第一，高校层面。要不断加强对红色旅游资源思政教育的理论研究和实践探索，使大学生深入了解其中蕴含的实践意义以及时代价值；同时，要通过开展相关主题活动等方式，提高大学生的参与积极性。此外，高校还可以将数字化赋能红色旅游资源融入大学生思想政治教育课程中，让大学生更好地理解和掌握其中的基本内容，在无形之中接受爱国主义教育和革命传统教育，实现教育主导与学生主体的良性互动、理论阐释与实践探索的互融互通、教育内容与教育形式的双向构建，提升教育质量，实现入脑入心的教育效果，提升思想政治教育的实效。

第二，地方政府层面。要加强与地方政府、企业和相关部门之间的沟通协调机制，推动数字技术与红色旅游资源的深度融合；同时，可以通过打造"互联网+""数字+"等模式，不断完善与政府合作机制。此外，还要不断加强与相关部门的沟通协调机制以及数字技术应用情况交流机制等，用心用力保护好、管理好红色资源，实现红色文化遗产的传承，发挥其在大学生教育中的作用，增强文化自信，进一步推动红色旅游、生态旅游、文化旅游等业态的融合发展，实现红色旅游的全域发展。

第三，相关部门层面。要不断加强与高校、地方政府和相关部门之间的沟通协调机制。通过建立"互联网+""数字+"等模式，积极推动红色旅游资源与高校、地方政府和相关部门之间的沟通协调机制；同时，要积极构建数字技术应用情况交流机制。

第四，红色旅游资源地区层面。要积极构建数字化赋能红色旅游资源思政教育网络平台和渠道，通过建立教育网站、公众号，组建数字技术应用团队、建立数字技术应用培训基地、举办相关主题活动等方式来推动网络平台和渠道的建设。运用现代信息技术将红色旅游资源转化为文化创意产品，增强互动性和体验性，打造特色鲜明、内容丰富的红色旅游线路，拓展红色文化的传承方式，构建政府、学校、红色景区、社会等多个方面协同配合和有效衔接的工作机制，落实铸魂育人任务，进一步提升红色旅游的吸引力和教育功能。

6.2.3　激发学习的主观能动性

在数字化时代背景下，红色旅游资源数字化学习应以实现其教育价值为导向，将大学生作为主体对象，通过激发其主观能动性，实现对红色旅游资源的认知、认同和传播，激发大学生对红色文化的热爱和对革命先烈的崇敬。然而，目前大学生在利用红色旅游资源进行数字化学习时还存在着主动性不强、学习深度不够等问题，大学生学习红色旅游资源数字化学习时应具备主观能动性，充分发挥大学生的主观能动性是实现思政教育价值的关键环节。

6.2.3.1　从主体层面增强大学生的主动参与性

红色旅游资源数字化学习是将红色旅游资源的思想内涵和教育价值通过网络平台和移动终端实现传播的过程。大学生作为学习的主体，其主动参与学习的程度与学习效果密切相关。为提升大学生对红色旅游资源数字化学习的主动性，在红色旅游资源数字化学习过程中，可从以下三个方面激发大学生对红色旅游资源数字化学习的主观能动性：

（1）强化教师的引导作用

教师在红色旅游资源数字化学习过程中是引导者与组织者的角色。因此，教师要充分认识到数字化学习对大学生全面发展的意义，明确自身在红色旅游资源数字化学习过程中应发挥的作用。一方面，教师要充分利用数字化平台和移动终端，采用在线互动、线上与线下联动等形式引导大学生主动参与到红色旅游资源数字化学习中来。如线上与线下联动可采用线上互动、小组讨论等方式，引导大学生主动思考如何更好地发挥主观能动性。另一方面，教师要在数字化平台上开设专题课程，通过视频、音频等形式讲解红色旅游资源的相关知识，帮助大学生更好地理解和掌握红色旅游资源的内涵、意义和价值，实现知行合一。例如，以"红色足迹"为主题开设专题课程，引导大学生从不同角度了解革命历史，体会革命先辈们的崇高精神和高尚品质；又如，以"建党伟业"为主题开设专题课程，引导大学生深入了解党在各个历史时期的重要决策、重要事件和重大成就，进一步增强其对党和国家的政治认同、思想认同和情感认同。教师可将课堂搬到革命圣地延安，开展红色旅游资源数字化学习，通过现场教学、情景再现等方式向大学生展示中国共产党延安时期的活动和相关文献资料。通过教师的引导，大学生不仅可以更深入地了解党在各个历史时期领导中国革命所取得的伟大成就，而且可以增强其对中国共产党领导下的中国革命道路、奋斗精神等内容的了解。

（2）关注大学生主体的需要

高校作为红色旅游资源数字化学习重要主体之一，其参与程度对大学生对红色旅游资源数字化学习效果有重要影响。如高校师生可通过微视频、微课、慕课等方式组织学生参与到红色旅游资源数字化学习中来。在微视频方面，高校师生可通过录制微视频、制作微电影等方式向大学生呈现革命历史、英雄人物及党和国家带领人民取得伟大成就的全过程。在微课方面，高校师生可通过录制红色旅游资源相关的历史故事、知识要点和相关人物等内容进行网络课程教学。

（3）创新大学生的学习方式

学习内容要符合大学生身心发展规律及认知特点。教师可以采用丰富多样、生动形象、易于理解和接受的方式对大学生进行红色旅游资源数字化学习内容的讲授。如在讲解《长征》这一历史课题时，教师可以将革命历史事件和革命人物的事迹融入教学内容中，通过生动的故事讲述，增加学生的兴趣和情感共鸣。在教学方式上，要以学生为中心，鼓励他们主动参与和探索，培养他们的自主学习能力。同时要结合当今的时代特点，采用多样化的教学方法，以适应不同学生的接受方式和学习需求。

在课余时间，要恰当地利用互联网平台和移动终端，通过组织丰富多彩的互动活动，为学生提供形式新颖的学习资源和学习方式。如开展"我是小小讲解员"等活动，让学生在讲解过程中穿插与红色旅游资源相关的历史事件和革命人物内容，提高他们的参与感和实践能力，帮助学生更深刻地理解红色文化，从而提升他们对红色旅游资源价值的认同感。

这样的学习方式可以让大学生设身处地地去认识历史事件、去理解革命人物的事迹和思想，使大学生能更主动地去思考、去讨论、去了解，从外驱转为内驱，势必会让学习的效率事半功倍。

6.2.3.2　从意志层面激发大学生对红色旅游资源的情感归属

红色旅游资源数字化学习的本质是在以互联网为载体的学习平台上，以大学生为主体进行的学习过程。这种学习过程往往需要大学生根据自身的学习情况、接受程度，选择自己最感兴趣、最想了解的内容进行学习。但对于大部分大学生来说，他们在红色旅游资源数字化学习中往往存在着一定程度的畏难情绪和消极态度，既不知道如何开始，也不知如何选择。因此，在红色旅游资源数字化学习过程中，应从意志层面激发大学生对红色旅游资源的情感归属，让大学生在这个过程中真正地感受到红色旅游资源数字化给他们带来的积极影响，这样他们才能从内心深处激发出对红色旅游资源的情感归属，从而自觉主动地参与到红色旅游资源数字化学习中去，为实现自身的学习目标而不懈努力。

（1）构建合理的数字化学习目标

红色旅游资源数字化学习的目的就是让大学生在学习过程中，通过红色旅游资源数字化学习平台，能够了解到有关中国共产党历史、中国革命历史及党领导人民群众进行革命斗争的相关知识。因此，在红色旅游资源数字化学习中，要结合大学生对红色旅游资源的认知程度和所学专业，以及他们对中国共产党历史、中国革命历史和党领导人民群众进行革命斗争的相关知识的掌握情况，制定出符合大学生自身特点，能够激发大学生对红色旅游资源数字化学习兴趣的科学合理的目标。通过对大学生进行合理、科学的目标设置，能够使大学生在进行红色旅游资源数字化学习过程中获得成就感和满足感，从而激发出他们对红色旅游资源数字化学习的主观能动性。

（2）注重激发大学生的红色情感

红色旅游资源数字化学习，不是简单的知识传授，而是在教育和引导大学生树立正确的思想观念和价值取向的同时，应注重激发大学生对红色旅游资源情感的产生和培养。红色旅游资源所蕴含的爱国主义精神、革命精神、奉献精神等是激发大学生积极参与红色旅游资源数字化学习的重要动力。但在现阶段，部分大学生对红色旅游资源并没有形成正确的情感，因此在开展红色旅游资源数字化学习时，应注重激发大学生的红色情感。在开展红色旅游资源数字化学习时，教师应充分发挥互联网优势，将优秀的红色旅游资源数字化学习资源通过网络平台推送给大学生，如采用慕课、翻转课堂等多种形式进行教学。通过这些方式，可以激发大学生对红色旅游资源情感的产生，也可以培养大学生对红色旅游资源情感的表达能力和学习能力。只有当大学生真正地体会到参与红色旅游资源数字化学习后所带来的积极影响时，才能进一步激发他们对红色旅游资源的情感。

（3）加强引导大学生学习实践

当前，部分大学生对红色旅游资源的了解仅停留在书本上，缺乏真正的亲身体验和感受。具体而言，就是通过学校或学院组织的红色旅游资源数字化学习实践活动，引导大学生在参与活动中亲身体验红色旅游资源数字化学习过程中所遇到的困难和问题，从而使大学生切实感受到自己对红色旅游资源数字化学习的价值目标是否实现。例如，在组织开展红色旅游资源数字化学习实践活动中，学校可以定期邀请相关领域的专家学者举办专题讲座或报告，帮助大学生了解红色旅游资源数字化学习所涉及的理论知识以及实践应用方法。另外，还可以邀请相关领域的优秀共产党员作为活动导师进行指导，帮助大学生更好地参与到红色旅游资源数字化学习中去，使其真正地感受到自身参加红色旅游资源数字化学习所带来的积极影响。

新时代赋予红色旅游资源更多的内涵和价值，大学生对红色旅游资源的学习要充分发挥主观能动性，将所学的知识融入实践中，并将其转化为解决问题的能力。教师在教学中要增强对大学生的情感关怀，通过教学手段激发大学生的主观能动性，提升学生的学习兴趣和学习效率，从而使学生更加积极主动地投入红色旅游资源数字化学习中。此外，教师还应引导学生积极参与到红色旅游资源数字化学习中来，丰富学生的精神生活，以社会主义核心价值观为指导思想，不断提升自我修养，弘扬爱国精神，为实现中华民族伟大复兴的中国梦贡献力量。

6.3　搭建红色旅游资源与思政育人融合的数字化平台

6.3.1　创建数字化学习平台

创建红色旅游资源思政育人数字化学习平台，需要结合现代信息技术与传统红色教育资源，构建一个融合教育、文化传承与互动体验的综合性平台。通过创建这样的平台，可以更有效地利用红色旅游资源，实现红色教育的目标，同时结合现代科技手段，提高教育的质量和效果，培养出更多有责任感、有理想信念的时代新人。

6.3.1.1　强化数字化思政教育平台建设

红色旅游资源与思政育人融合是一项系统工程，需要通过数字化平台建设实现红色旅游资源及其文化的宣传推广、思想教育服务。要通过数字化平台建设，实现红色旅游资源的宣传推广和思想教育功能，让更多游客了解红色旅游资源。例如，可以通过线上直播的方式，让游客在观看直播的同时，了解红色旅游资源。在开展数字化思政育人工作过程中，要注重对红色旅游资源及其文化进行宣传推广。首先，可以在新媒体平台上开设"红色旅游资源"专栏，让更多游客了解和欣赏红色旅游资源；其次，可以利用微博、微信公众号等新媒体平台推送有关红色旅游资源及其文化的信息；最后，可以组织专门人员拍摄和录制红色微电影、红色歌曲等文艺作品。

6.3.1.2 利用数字化平台开展思政教育

将数字化平台应用到高校传统课堂教学中去，就是要将数字技术与课堂教学深度融合起来，利用数字化平台开展思政教育。这是因为，基于数字化平台开展思政教育需要借助网络技术，而网络技术是数字时代的产物，也是数字技术的重要组成部分。在数字时代中，网络技术已经成为人们生活中必不可少的一部分，同时是推动人类社会进步的重要力量。在当前阶段，我国各高校都建立了网络平台，如"互联网+"教育平台、校园网、微信公众号等。这些数字平台对于促进大学生学习具有重要作用，同时能推动思政教育工作的开展。因此，高校要想通过数字化平台开展思政教育，就必须将数字化技术充分应用到思政教育工作中去。

6.3.1.3 建立红色旅游资源数据库

通过建立红色旅游资源数据库，高校教师可以全面了解当前红色旅游资源的数量、种类、分布区域、价值等基本信息，这为红色旅游资源的利用提供了坚实的基础。同时，高校教师可以通过数据库中的信息了解当前红色旅游资源所存在的不足之处，从而更好地开展红色旅游资源后续的利用工作。建立数据库既是高校教师开展红色旅游资源了解工作的基础，也是高校教师开展思政教育工作的前提，对于高校教师开展思政教育工作具有重要意义。

6.3.1.4 搭建网络思政教育平台

网络平台作为思想的重要载体，可以有效推动高校思政教育工作的开展。在当前数字化背景下，高校可以通过数字技术搭建网络思政教育平台，为学生提供更加丰富的思政教育资源。因此，高校教师要充分利用互联网平台开展线上与线下融合的教育。线上方面，教师可在日常教学中积极引导学生使用网络平台开展学习。在具体实践中，可以通过线上教学平台让学生参与到与红色旅游资源相关的活动中，以此来加强学生对红色旅游资源的了解和认识。同时，高校教师可以通过网络平台来开展红色旅游资源的相关专题讲座，以此来帮助大学生树立正确的价值观和人生观。线下方面，教师可组织学生实地参观红色旅游资源，以此来增强学生的学习兴趣，帮助其在活动中树立正确的价值观念。通过数字技术构建网络思政教育平台可以让高校学生更好地参与到红色旅游资源的相关活动中，从而有效提升大学生学习红色知识的积极性。

6.3.1.5　利用数字技术搭建学习社区

数字化时代，以网络为载体的红色旅游资源数字化是思政育人的新场景。利用网络平台搭建学习社区，将红色旅游资源与思政育人有效结合起来，能丰富学生的学习与生活，推动学生的全面发展。红色旅游资源数字化学习社区可以是基于移动终端、云计算、物联网等现代信息技术建立的数字化平台，也可以是基于网络平台与线下学习体验馆相结合而建立的数字展示空间。具体而言，红色旅游资源数字化学习社区包括网络学习空间、校园实践空间、研学旅行空间等。网络学习空间可以是各学校的网络教室、学生自主学习室，也可以是高校学生自主创建的虚拟博物馆、革命历史纪念馆等。校园实践空间则包括红色旅游体验馆、红色旅游主题广场等，旨在帮助学生亲身体验红色旅游资源，让学生在实地感受中形成思想自觉和行动自觉。研学旅行空间可以是由红色旅游资源点、爱国主义教育基地、革命历史纪念馆等组成的研学旅行基地。在具体实施过程中，各地和学校应根据自身情况，选择合适的平台和空间建立数字化学习社区，并与当地的红色旅游资源相结合，开展相关活动。通过创建学习社区，可以促进思政教育与数字化学习空间的有机融合，从而激发学生对红色文化的兴趣和热情。

6.3.2　建设数字化校园

6.3.2.1　深化数字化校园建设，增强思政工作的针对性和实效性

当前，信息技术和大数据发展迅速，数字化校园建设已成为推进教育教学改革、促进教育现代化的重要举措。高校要加强顶层设计，把握时代潮流，不断提升高校数字化校园建设水平；要充分发挥数字化校园优势，推动各类数据的整合共享，实现教学科研、管理服务、校园文化等各方面的数字化，推动思政工作取得新成效；要结合高校实际和师生特点，不断优化应用场景和功能模块，为广大师生提供优质的数字化服务；要强化技术支撑，运用大数据、人工智能等技术手段，对学生思想政治教育学习情况进行分析研判，动态调整思政工作重点和方式方法；要创新工作机制，强化数据开放共享和开发应用，提高数据利用效率。

（1）整合各类数据，完善数据资源体系

高校数字化校园建设既是教育信息化发展的必然趋势，也是促进教育教学改革、提升育人质量的有效途径。当前，我国高校普遍存在数据资源分散、整合共享不足、系统不稳定等问题，影响了学校信息系统功能的发挥和应用水平的提

升。这就需要我们加快推进数据资源体系建设，实现教育信息由数字化向智慧化的转变。要积极推动各级各类教育数据的整合，以学生、教师、科研等各方面需求为基础，围绕教育教学管理、科研创新和校园文化建设等，建立包括学校基本信息、学生学习和发展信息、教师科研信息等内容在内的综合数据库，为加强数据管理和分析应用提供基础支撑。整合不同业务系统的数据，形成统一的数据平台。

（2）优化场景应用，提升思政工作成效

近年来，在持续深化推进"智慧校园"建设的基础上，学校不断加强和完善数字化校园建设，形成了"一中心、一门户、五系统"的数字化校园框架体系。其中，"一中心"是指学校统一的数据中心，是数据采集、存储、管理和分析的基础；"五系统"是指统一的服务平台、统一的身份认证系统、统一的数据标准、统一的权限管理系统和统一的数据交换平台。通过加强数字化校园建设，构建了开放、共享和安全可控的服务体系，提升了信息管理服务能力，为师生提供了便捷高效的服务。同时，学校坚持将红色旅游资源融入数字化校园建设之中，通过整合各类教育资源，优化教育场景，提高思政工作成效。

（3）强化技术支撑，实现思政工作升级

在信息化时代，技术已成为思政工作的重要支撑。高校要充分发挥数字化校园优势，打造高水平思政工作平台，促进思政工作的优化升级。要利用互联网平台，将思政工作的相关数据开放共享给学生群体和社会各界，激发更多社会力量参与到思政工作中来，形成全社会共同育人的良好格局。

6.3.2.2　深化数字化校园建设，推动思政教育与校园文化融合

推动思想政治工作传统优势同信息技术高度融合，增强时代感和吸引力，以"互联网+教育"推动思政教育供给侧改革，构建网络思政大格局，用好互联网这一思想政治工作的重要有效载体。以数字化校园建设为抓手，推动思想政治教育与校园文化深度融合，是推进思想政治工作传统优势同信息技术高度融合的重要举措。在深化数字化校园建设，推动思政教育与校园文化深度融合的同时积极探索数字思政教育方面的创新实践和先进经验，努力打造成为具有鲜明时代特色和示范引领作用的党建教育新阵地、思想政治教育新平台、人才培养新载体。

6.3.2.3　深挖红色旅游资源，打造思政教育新阵地

坚持将思想政治工作贯穿办学治校的全过程，通过打造红色网络文化阵地和主题网站等方式，传播社会主义核心价值观和学校的办学理念。坚持把培育和践

行社会主义核心价值观作为思想政治教育的根本任务，坚持用校园文化影响人、熏陶人、塑造人。坚持把立德树人作为根本任务，引导师生知史爱党、知史爱国。通过丰富多彩的校园文化活动，弘扬爱国主义精神和社会主义核心价值观，增强民族自信心、自豪感和凝聚力。

6.3.2.4　运用信息技术，构建网络思政大格局

要将网络信息技术深度融入思想政治教育工作，构建网络思政大格局，积极培育和践行社会主义核心价值观，推动形成积极向上的网络文化，营造清朗的网络空间。建设高校网络思想政治工作平台，建设集党建、思想政治教育、学生工作、文化活动于一体的高校网络思想政治工作平台。建设网络舆情管理平台。建立高校网络舆情管理系统，实现对学校各类网站、论坛、微博、微信等各类舆论阵地的实时监控和动态管理。建设教育资源共享平台。整合校内外优质教育资源，建立统一的在线学习与教育资源库，提供优质网络教学资源及在线学习服务。构建以虚拟仿真实验室为支撑的校园安全虚拟仿真实验教学体系，实现学校各类实验室仿真化管理和安全应急演练模拟演练，增强学生的自我保护意识和能力。

6.3.2.5　用好新媒体平台，打造数字思政新品牌

新媒体时代，校园网络空间正成为大学生学习与生活的重要场域。面对大学生群体对网络信息和网络素养的高期待、高要求，高校不断创新思政教育的形式和载体，积极探索新媒体与思政教育的深度融合之路，全力打造数字思政新品牌。建设网络思政教育阵地，打造线上与线下"同频共振"的育人模式。充分发挥新媒体矩阵作用，聚焦广大师生关注的热点问题，通过有针对性、有实效性的内容和形式创新，打造具有鲜明时代特色和示范引领作用的党建教育新阵地、思想政治教育新平台、人才培养新载体。注重数字思政人才培养，着力加强思政教育师资队伍建设，持续推进教师队伍数字思政能力提升计划。

6.3.2.6　立足学校特色，深化数字化校园建设

当前，我们正处在全面建设社会主义现代化国家、向第二个百年奋斗目标进军的新征程上。思想政治工作关系到"培养什么人、怎样培养人、为谁培养人"这个根本问题。工作中我们要立足学校实际，深化数字化校园建设，以育人为本、以学生为本，构建红色旅游资源与思政育人融合的数字化校园。坚持党的全面领导，牢牢把握社会主义办学方向的主动权，做到坚持马克思主义指导地位不动摇，坚持把立德树人作为中心环节不偏离，坚持为党育人、为国育才的根本要

求不偏离。结合学校办学特色，把红色旅游资源融入思想政治教育内容体系中，大力推进红色旅游资源思政育人数字化校园建设，增强思想政治教育的针对性和实效性。高校要充分挖掘红色旅游资源蕴含的思想政治教育资源，并与学校德育工作紧密结合起来，让学生在游览中接受教育，在参与中受到启发和激励，在体验中得到熏陶和感悟；充分发挥学校党委的领导核心作用，进一步完善领导体制、工作机制和相关政策，把红色旅游资源思政育人数字化校园建设与学校其他工作有机结合起来，形成协同效应。

6.3.2.7　全面推进，完善顶层设计

结合学校实际，进一步完善顶层设计，明确目标任务，细化工作措施，强化责任落实。要把红色旅游资源与思政育人融合的数字化课程体系建设纳入学校"十四五"发展规划和年度工作计划，作为加强党的政治建设、推动全面从严治党向纵深发展的重要举措和有力抓手；要将红色旅游资源与思政育人融合的数字化课程体系建设纳入学校党委中心组学习内容，推动各项任务落地见效；要加强组织领导，成立以党委书记、校长为组长的工作领导小组，各职能部门和二级单位要紧密配合、通力合作，共同推进红色旅游资源与思政育人融合的数字化课程体系建设。要加强项目管理，统筹协调好相关部门和单位的合作，明确分工、责任到人、加强沟通和配合；要加大经费保障力度，及时解决工作中遇到的困难和问题；要强化制度保障，建立健全相关制度机制，为红色旅游资源与思政育人融合的数字化课程体系建设提供有力制度支撑；要加强宣传引导，及时总结推广各单位工作中的好做法、好经验、好典型。

6.3.2.8　提升质量，打造精品课程

为确保红色旅游资源思政育人数字化校园建设高质量推进，我们要围绕"一条主线、两个平台"的建设目标，打造精品课程。"一条主线"即围绕红色旅游资源思政育人数字化校园建设，开发具有时代性、实践性和开放性的精品课程，将思政元素融入每门课程的教学中。"两个平台"即建设红色旅游资源思政育人数字化校园教学资源平台、红色旅游资源思政育人数字化校园网络学习平台。以教学资源平台为基础，构建一套科学的红色旅游资源思政育人数字化校园建设管理体系和质量保障体系。以网络学习平台为载体，充分利用网络教学优势，打破时间和空间限制，实现红色旅游资源思政育人数字化校园线上教育与线下教育相结合的模式。红色旅游资源思政育人数字化校园建设是一个长期而艰巨的任务，我们将积极探索新形势下学校思想政治工作的新途径、新方法，进一步推动红色

旅游资源思政育人数字化校园建设向纵深发展。

6.3.3　构建数字化保障体系

红色旅游资源是中国共产党领导人民进行革命、建设、改革的生动写照,蕴含着丰富的思想政治教育资源。红色旅游资源作为承载中国革命精神的重要载体,是高校开展思想政治教育的优质资源。高校通过数字化手段,依托红色旅游资源,建立和完善红色旅游资源思政育人数字化保障体系,有助于增强学生对党和国家的情感认同及文化自信。完善的红色旅游资源思政育人数字化保障体系可以有效解决红色旅游资源思政育人存在的问题,提升高校思想政治教育的实效性。

6.3.3.1　构建组织机制,形成联动推进机制

建立健全组织机构,强化保障体系,是推进红色旅游资源思政育人数字化保障体系建设的基础。高校领导小组要加强顶层设计,将红色旅游资源思政育人数字化保障体系建设纳入学校总体发展规划,完善管理制度,形成领导小组,下设办公室和技术团队,负责规划、设计、实施和管理,统筹协调相关部门推进红色旅游资源思政育人数字化保障体系建设。技术团队要充分发挥支撑作用,成立以学科带头人、骨干教师为核心的研发团队,负责红色旅游资源思政育人数字化保障体系的研发和应用。高校要以红色旅游资源思政育人数字化保障体系建设为契机,以红色文化传承与创新、社会实践、综合素质教育为目标,以红色旅游资源为抓手,将思政教育贯穿到学生学习、生活的全过程中去,进一步提升思想政治教育的实效性。

（1）建设红色旅游资源数据库

高校要立足学校实际,以红色旅游资源为核心,把红色旅游资源作为思政教育的重要载体,将红色旅游资源与思政教育有机结合,构建具有特色的红色旅游资源数据库。高校要积极组织校内各部门、各院系、各年级参与到红色旅游资源数据库建设中来,共同推动红色文化资源数据库内容的丰富。首先,高校要制定相关的建设方案,明确具体的建设内容、建设方式和建设进度。其次,高校要明确各部门职责分工,在学校领导小组的统一领导下,各部门要分工协作、共同配合,形成齐抓共管、合力推进的良好局面。再次,高校要组建专业团队对红色文化资源数据库进行统一规划、统一设计、统一标准和统一管理。在建设过程中要充分利用校园网络平台和各类 APP 软件开展线上与线下相结合的教育活动,以

便学生通过互联网平台开展学习活动。最后，高校在建设红色旅游资源数据库过程中要根据实际情况进行修改完善和统一管理。高校可以建立一个红色旅游资源数据库管理系统，对红色旅游资源进行统一管理；也可以建立一个红色文化资源数据库共享平台，以校园网络为载体开展红色文化宣传活动；还可以利用微信公众号、微博等新媒体平台，对红色文化进行宣传推广。在建设过程中要不断完善数据库的各项功能和管理制度，通过数字化的技术手段把红色旅游资源和思政教育有机结合起来，从而提高思政教育的实效性和针对性。同时能为学生开展网络学习活动提供便利条件。

（2）构建红色旅游资源信息共享平台

红色旅游资源思政育人数字化保障体系建设的重点之一是整合红色旅游资源信息，形成信息共享平台，将红色旅游资源的开发利用与思政育人有效对接起来。红色旅游资源信息共享平台是指基于高校红色旅游资源的管理、开发、利用，通过整合各相关部门、高等院校、研究机构和社会团体等红色旅游资源开发利用单位的红色旅游资源信息，通过"互联网+"技术，构建一套集"数字资源+数字展示+数字体验"于一体的红色旅游资源思政育人数字化保障体系。高校要充分发挥政府在红色旅游资源信息共享平台建设中的主导作用，积极推动高校、相关政府部门及各大高校之间的信息共享和联动，实现信息互联互通，打破传统的"单兵作战"模式，促进思政育人与红色旅游资源开发利用的有机融合。在构建信息共享平台时要注重以下三点：

一是建立数据采集机制。数据采集是平台建设的基础工作，在建设过程中要综合考虑学校、各大高校、社会团体等多方需求，通过数据采集的方式将学校与其他单位之间的信息共享起来。在平台建设过程中要注重对数据进行严格审核，确保所有数据真实有效，提高平台运行的可靠性和稳定性。

二是高校要将红色旅游资源开发利用单位、政府部门及社会团体等相关单位纳入平台建设中来，实现信息共享和信息联动，促进高校与其他单位之间的互动交流和合作。

三是平台建设过程中要注重对平台运行效果进行评估分析，根据平台运行情况不断调整完善平台设计方案。高校要建立专门的反馈机制，及时听取学生、教师，以及各大高校、研究机构等相关单位的意见和建议。

（3）开发红色旅游教育数字教学资源

红色旅游资源是高校开展思政教育的重要载体，可以为大学生提供丰富的红色教育资源。红色旅游数字教学资源是以红色旅游资源为素材，运用现代信息技术开发的，用于数字化教学的虚拟仿真项目。高校要依托红色旅游资源，充分挖掘红色旅游资源中蕴含的思想政治教育元素，依托相关专业课程将红色旅游资源融入思政教学中。比如，运用数字化技术建立虚拟仿真项目，为大学生提供生动、形象、直观的教学环境和学习方式。可以将红色文化融入专业课程中，为大学生提供更加直观、生动、立体的学习体验，让他们在学习专业知识的同时，更好地了解革命的历史背景和革命先烈的故事。又如，开发以中国革命历史为主线的数字化教学资源，将红色旅游教育融入课堂教学，可以依托现有的课程资源，制作与课程相关的数字化课件，也可以依托网络平台和数字化平台开展虚拟仿真项目建设，将线下实践活动搬到线上。此外，还可以开发建设红色旅游教育数字化平台，让大学生能随时随地进行在线学习。

（4）开发红色旅游资源数字导览系统

高校应充分利用红色旅游资源开发数字导览系统，促进红色旅游资源的可视化展示和互动体验。在红色旅游资源的开发和展示方面，要将红色旅游资源与互联网技术相结合，推动红色旅游资源数字化建设。高校要运用 VR、AR 等技术手段，将红色旅游资源以数字方式呈现在学生面前，让学生身临其境地感受历史人物的鲜活形象，以及革命历史场景和革命精神。开发红色旅游资源数字导览系统，可以将红色旅游资源的红色历史故事、人物形象、革命事件等数字化，通过虚拟场景展示、3D 立体动画等方式，增强游客对革命历史场景的直观感受，让学生身临其境地了解革命历史事件的发展脉络和精神实质。数字导览系统也是一种直观的教育方式，高校可以通过 VR 将红色旅游资源数字化，形成集文字、图片、声音、视频等于一体的多元化展示效果。高校还可以在校园网络上搭建"红色旅游数字导览系统"平台，利用网络技术将革命历史场景及相关信息通过数字方式呈现出来，游客可通过手机 APP 或网站浏览系统。

开发红色旅游数字导览系统有利于发挥红色旅游资源在思想政治教育中的作用。高校可以运用虚拟现实技术与三维立体动画相结合的方式让学生身临其境地感受革命历史场景，学习革命历史知识和革命精神。此外，数字导览系统还可以为学生提供更多的学习渠道。例如，教师利用手机 APP 软件或网站等平台可以通过在线互动的方式为学生提供思政教育课程，学生可以利用碎片化时间学习党史知识、观看红色电影等。这要求高校根据学生的需求进行个性化定制开发，有针对性地为不同年级、不同专业的学生设计不同内容的红色旅游资源思政育人数字化保障体系。

（5）开发微课堂等网络教学平台

红色旅游资源的开发与利用，应充分发挥新媒体在弘扬红色文化中的重要作用。

一方面，开发"微课堂"网络教学平台，组织学生开展红色旅游资源网络教学，充分利用新媒体的传播优势，制作以红色文化为主题的专题讲座、影视作品、知识竞赛等，利用新媒体进行线上与线下互动交流，拓宽红色文化资源在学生中的传播渠道。另一方面，建设线上红色旅游资源与思政育人专题网站，设置专题专栏，展示红色旅游资源中的文化内涵和价值取向。开设"红色旅游资源与思政育人"公众号、微信小程序等网络教学平台，推送与红色文化相关的时政新闻、优秀影视作品、知识竞赛等内容。高校可以利用微信公众号等网络平台开展线上教育活动，组织学生深入了解革命先辈们的革命事迹，提高学生的思想觉悟和道德修养。同时，高校可以依托学校红色文化资源思政育人数字化保障体系建设领导小组办公室开发微课堂网络教学平台，组织师生开展线上和线下的互动交流活动，加强师生之间、教师之间、学校与社会之间的互动交流，增强学生对红色文化的认知与认同。

6.3.3.2 创新教学模式，丰富教学资源内容

依托高校校园网，创新教学模式。通过网络教学平台，可以丰富思政教学内容，同时利用网络平台的交互性，鼓励学生在网上发表将红色旅游资源融入思政育人的相关评论和看法，拓展红色旅游资源思政育人的新渠道。通过网络教学平台，高校教师可以根据学生需求，在网络教学平台上发布有关红色旅游资源的视频、图片和音频等资料，学生可以利用碎片化时间随时随地进行学习。同时，通过网络教学平台上的交互功能，教师可以为学生进行在线互动、答疑解惑、提供个性化学习指导等服务。此外，依托高校信息技术平台，开展丰富的线上互动活动与线下互动活动。教师可以结合学生特点设计线上及线下互动活动，如开展"我为红色旅游资源代言"主题班会、红色经典电影展播、"红色之旅"微视频大赛等活动；学生可以利用网络教学平台进行线上学习打卡、完成实践作业等。通过线上互动活动及线下互动活动的开展，提升高校师生对红色旅游资源思政育人数字化教学平台的使用效果。

（1）创建红色旅游资源思政育人数字化教学平台

红色旅游资源思政育人数字化教学平台是指运用现代信息技术手段，将红色

旅游资源的思政育人内容与新时代的教学需求相结合，其内容包括：红色旅游资源思政育人内容数据库，以红色旅游资源为主体的历史故事、革命故事、英雄人物事迹、革命遗址、红色旧址等资料；并在数据库中搭建网络教学平台，将这些红色旅游资源的资料整合起来，让学生在学校就能看到全国各地的红色旅游资源。平台建设要突出以下四个特点：一是运用多媒体技术，以图片、文字、视频等形式展现红色旅游资源的丰富内容；二是将各地红色旅游资源融入思政教育课程体系，通过网络教学平台向学生展示各地的红色旅游资源，同时设置导学模块，引导学生进行自主学习；三是对思政教育内容进行深度整合，构建红色旅游资源与思政育人融合的数字化教学体系；四是采用现代信息技术手段，以网络教学平台为载体，搭建学生自主学习的网络环境。在构建平台时要充分考虑课程定位、学生特点和课程设计等方面因素。同时，要考虑到思政教育内容的完整性和系统性，既要体现红色旅游资源的思政内涵，又要将其与国家课程体系相融合。

（2）构建一个有效的运行机制作为保障

高校要健全相关管理制度，确保红色旅游资源思政育人数字化教学平台的科学管理，完善教师、学生和学校三方之间的责任机制，保障教学平台的安全运行。首先，学校要定期对红色旅游资源思政育人数字化教学平台的使用效果进行评估，定期开展相关的教师培训活动，提升教师在红色旅游资源思政育人数字化教学平台使用方面的能力。其次，学校要建立监督机制，及时发现并解决平台运行中存在的问题，并定期对红色旅游资源思政育人数字化教学平台的使用效果进行评估，确保其能更好地服务于学生。

（3）确保教师授课内容所选资料具有思想性、知识性和趣味性

高校开展红色旅游资源思政育人数字化教学平台建设的工作，需要教师进行深度备课，有针对性地选择与红色旅游资源相关的视频、音频、图片和文字资料，确保教师授课内容所选资料具有思想性、知识性和趣味性。

一是教师要根据红色旅游资源的特点，有针对性地筛选相关资料，并对这些资料进行深入分析，对其中的故事背景、历史背景和发展历程进行深入了解；还要充分认识红色旅游资源所承载的历史故事和革命精神，确保所选资料具有思想性和知识性，使学生能够更好地理解红色旅游资源的内涵和意义，提升对红色旅游资源的认知度和认同感。

二是教师要根据教学需要将原始资料进行必要的剪辑，使其内容和呈现方式更符合学生的接受习惯和学习需求，促使学生从被动听课转换为主动学习。

三是可以邀请相关专家学者对相关视频、音频和图片等资料进行点评，指出其存在的问题，并指导修改的方向。

四是教师要让学习资料有机融入课程教学过程中。在线上，可以将相关资料发布到网络教学平台上；在线下，可以进行相关红色旅游资源的视频及图片展览或现场解说等，使线上与线下的内容遥相呼应、互为补充，让思想意识中的红色文化看得见、摸得着，真正植根于学生的心中。

6.3.3.3 完善评价体系，强化正向激励引导

（1）评价指标和方法

高校思想政治教育的对象是学生，教师在红色旅游资源与思政育人融合过程中的评价指标主要有两个方面：一方面是对红色旅游资源内容本身进行评价，另一方面是对思政教育主体和客体的行为表现进行评价。在内容评价方面，红色旅游资源与思政育人融合的内容不仅包括对红色旅游资源本身的价值挖掘和提炼，还包括对思政教育主体和客体在红色旅游资源与思政育人融合过程中的行为表现进行评价。通过数字化手段，可以将思政教育主体和客体的行为表现以客观、科学、可量化的形式予以记录和展现；在评价指标体系构建方面，可通过建立红色旅游资源思政教育效果的评价指标体系，实现红色旅游资源思政教育效果量化评估；在评价方法方面，可通过专家评价法、问卷调查法和实地访谈法等方式，对红色旅游资源思政教育效果进行科学客观的评价。通过建立完善的红色旅游资源思政教育评价体系，可以将思政教育主体和客体在红色旅游资源思政教育过程中的行为表现及时准确地记录下来，从而激发思政教育主体和客体的积极性、主动性。

（2）设置红色旅游资源与思政育人融合的正向激励引导机制

在红色旅游资源与思政育人融合的过程中，为了使大学生更好地了解红色旅游资源，达到思政教育目的，应建立正向激励引导机制。建立正向激励引导机制要注意以下四点：第一，发挥榜样力量。通过挖掘、收集大学生在红色旅游资源与思政育人融合过程中的榜样案例，采用数字化手段进行展现和宣传，从而激发大学生的榜样意识，促使大学生在红色旅游资源与思政育人融合的过程中向榜样看齐。第二，鼓励红色旅游资源创新发展。在开展红色旅游资源与思政育人融合的过程中，要充分挖掘和利用红色旅游资源的人文价值、历史价值、社会价值、科技价值等，发挥红色旅游资源的思政教育特色和优势。第三，弘扬红色精神。要将红色精神融入大学生的学习与生活中，让大学生在学习和实践中感受到红色

精神的强大力量。第四，激发大学生的爱国热情。高校要通过开展爱国主义教育活动，使学生将爱国主义精神内化于心、外化于行。高校还要依托数字化手段创新红色旅游资源与思政育人数字化平台功能设计和功能布局，丰富教育内容，创新教育形式，拓展教育时空，提升教育效果。

（3）将评价结果转化为实际的教学改进成果和资源优化成果

强化红色旅游资源与思政育人融合的评价结果应用，意味着要确保评价过程不仅是为了评估，更重要的是要将评价结果转化为实际的教学改进成果和资源优化成果。在评价结束后，首先，对收集到的数据进行深入分析，找出教学中的优点和不足。其次，将这些分析结果以清晰、具体的方式反馈给教师、学生及相关的教育管理者，确保每个人都能理解评价结果及其背后的含义；并基于评价结果，制订针对性的教学改进计划。这可能包括调整教学内容、改进教学方法、更新教学资源、增加实践活动等。计划应具体、可行，并设定明确的时间表和责任分配表。再次，根据评价结果，对红色旅游资源进行优化配置。例如，如果发现某些红色教育基地对学生的教育效果特别好，可以考虑增加学生参观这些基地的次数，或者开发与之相关的合作教学项目。最后，利用评价结果来指导教师的专业发展。对于表现优秀的教师，可以提供更多的培训和发展机会，如参与红色文化研究项目、担任教学示范等；对于需要提升的教师，提供个性化的指导和支持；对于在红色旅游资源与思政育人融合方面做出突出贡献的个人或团队，给予适当的激励和认可，方式既可以是物质奖励，也可以是荣誉证书、职称评定加分等非物质激励。在改进措施实施后，应持续跟踪其效果，并定期进行评估。这有助于了解改进措施的实际效果，以及是否需要进一步调整。将评价结果中发现的优秀教学实践和成功案例进行整理，通过研讨会、工作坊、在线平台等方式分享给更广泛的教育工作者，以促进知识和经验的传播。确保评价结果的应用是一个持续反馈的循环。这意味着每一次的评价和改进都应该为下一次的评价提供基础，形成一个不断进步的过程。

6.3.3.4　建设技术平台，拓宽数字育人途径

在信息技术飞速发展的今天，数字技术正在改变着人们的生活方式和学习方式。利用信息技术建立红色旅游资源与思政育人融合的数字化保障体系，一方面可以丰富思政育人的形式，拓宽思政育人的途径；另一方面可以扩大思政育人的范围，使思政教育深入红色旅游资源所在地区的各个领域。要充分发挥信息技术在思政育人中的作用，一方面要充分运用网络新媒体技术，通过网络平台展示红

色旅游资源、革命精神和红色文化；另一方面要积极建设红色旅游资源思政育人数字化保障体系，运用大数据、云计算等数字技术手段，以线上与线下相结合的方式进行教学活动，使思政教育在虚拟空间中开花结果。

（1）建立红色旅游资源展示平台

红色旅游资源展示平台是建立思政育人保障体系的基础。通过互联网、微信、微博、短视频等新媒体形式，对红色旅游资源进行全方位的宣传。例如，在微博上发布红色旅游景点的相关信息，或邀请专家进行讲解；在微信公众号上发布相关红色旅游景点的历史背景、红色文化等内容；在短视频平台上发布相关红色旅游景点的短视频，吸引更多游客参与其中。这样不仅能够让更多游客了解红色旅游资源，还可以让游客通过观看短视频对红色旅游资源产生更深刻的印象，从而提高对红色旅游资源的兴趣。此外，也可以在网络平台上开设一些线上思政教育课程，如在某一时间段开展一个有关爱国主义教育的线上课程。

（2）打造红色旅游资源思政教育教学平台

红色旅游资源思政教育教学平台的建设是红色旅游资源思政育人数字化保障体系的重要组成部分，它可以通过多种方式对红色旅游资源进行展示，从而使红色旅游资源得以更好传播，激发广大师生的爱国情怀。

一是建设红色旅游资源思政教育教学平台的网络新媒体技术，以网络新媒体平台为载体，让学生能够随时了解依托红色旅游资源的思政教育教学动态。二是建立红色旅游资源思政教育教学平台，将学生拉进红色旅游资源思政教育教学平台之中，以网络新媒体平台为载体，让学生在虚拟空间中进行红色文化和革命精神的学习。三是建立红色旅游资源思政教育教学平台的自媒体技术，利用微信公众号、微博等自媒体平台进行思政教育。

红色旅游资源是中国革命精神的重要载体，也是高校开展思想政治教育的优质资源，更是高校思政工作的宝贵财富。在数字化时代背景下，高校应积极利用好红色旅游资源这一思政教育资源，构建以红色旅游资源为载体、以数字化为支撑的思政育人数字化保障体系。通过构建组织机制、教学模式、评价体系和技术平台等内容，整合各类红色旅游资源，不断提升红色旅游资源的开发质量和利用效率，使之成为高校开展思政教育的优质资源，并推动其融入高校思想政治教育体系。同时，高校要注重从红色旅游资源中挖掘革命精神，引导大学生坚定理想信念和使命担当，培养中国特色社会主义事业的合格建设者和可靠接班人。

（3）持续更新与维护技术平台

高校应建立一个内容更新计划，确保平台上的红色教育资源保持最新。这包括添加新的红色历史资料、革命故事，以及补充新的研究成果等。高校可以与红色文化研究机构、历史学者和教育专家合作，获取最新的研究成果和资料；建立一个用户反馈系统，鼓励学生和教师提供对平台内容、功能和服务的反馈，通过用户反馈来识别平台的不足之处，及时进行改进。随着技术的发展，平台可能需要进行技术升级以适应新的教学需求和用户习惯。高校应定期进行技术维护，确保平台运行稳定、用户体验良好。利用数据分析工具监控用户行为，分析用户对平台内容的偏好和使用习惯，并根据分析结果，优化内容布局、推荐算法等，在提高平台的个性化服务水平的同时，定期进行安全检查，防止数据泄露和网络攻击，增强用户对平台的信任，确保平台的数据安全和用户隐私保护。

为教师和学生提供必要的培训和技术支持，与其他教育机构、文化机构建立合作关系，共享资源和信息，帮助师生更好地利用平台资源。比如，可以举办线上或线下的培训工作坊，解答师生在使用过程中遇到的问题。这样既可以丰富平台的内容，也可以扩大平台的影响力，确保有足够的资金支持平台的持续运营和更新。这可能包括政府资助、企业赞助、用户付费等多种资金来源。随着教育政策和互联网法规的变化，平台需要及时调整以符合最新的规定。这可能涉及内容审查、版权管理等方面。平台也要制定长期的发展规划，明确发展方向和目标，这有助于确保平台能够持续发展和创新。

参考文献

［1］Aboush S M, Lim M, Megicks P. Internet Adoption by Travel Agents：A Case of Egypt ［J］. International Journal of Tourism Research, 2013, 15 （3）：298-312.

［2］Alves H, Fernandes C, Raposo M. Value Co-creation：Concept and Contexts of Application and Study ［J］. Journal of Business Research, 2016, 69 （5）：1626-1633.

［3］Assaf A G, Tsionas M. Measuring Hotel Performance：Toward More Rigorous Evidence in both Scope and Methods ［J］. Tourism Management, 2018 （69）：69-87.

［4］Chuanfang S. Governance Innovation in the Implementation of School Sports Policy ［J］. Frontiers in Economics and Management, 2020 （11）, 257-259.

［5］Neghina C, Caniels M C, Bloemer J M, et al. Value Co-creation in Service Interactions：Dimensions and Antecedents ［J］. Marketing Theory, 2014 （10）：1-22.

［6］Prahalad C K, Ramaswamy V. Co-creation Experiences：The Next Practice in Value Creation ［J］. Journal of Interactive Marketing, 2004, 18 （3）：5-14.

［7］Ramaswamy V. Experience Co - creation：The New Frontier of IT ［J］. Leading Edge Forum Journal, 2005 （6）：41-53.

［8］Swann W B. Personality Psychology's Comeback and Its Emerging Symbiosis with Social Psychology ［J］. Personality and Social Psychology Bulletin, 2005, 31 （2）：155-165.

［9］杜改仙. 红色旅游资源开发、文化传承及其育人研究 ［M］. 北京：九州出版社, 2020.

［10］樊友猛, 谢彦君. "体验" 的内涵与旅游体验属性新探 ［J］. 旅游学

刊, 2017, 32 (11)：16-25.

[11] 龚娜. 我国红色旅游经济亟待转型升级 [J]. 人民论坛, 2017 (32)：112-113.

[12] 顾婧, 诸诣. 创造连接、转向内在、超越线上：后疫情时代, 博物馆的形状 [J]. 上海艺术评论, 2021 (6)：32-34.

[13] 何依, 刘曙光, 李耀申, 等. 笔谈：革命文物的内涵解绎、保护运用与传播传承 [J]. 中国文化遗产, 2021 (6)：4-16.

[14] 洪黎民. 共生概念发展的历史、现状及展望 [J]. 中国微生态学杂志, 1996 (4)：50-54.

[15] 胡潇文, 陈芊骊, 黄代吉, 等. 红色旅游资源开发利用新路径：数字赋能、多元认同与价值共创 [J]. 中国市场, 2022 (3)：21-23.

[16] 姬玉玺. 红色文化资源的数字化保护与创新发展 [J]. 文化创新比较研究, 2021, 5 (24)：128-131.

[17] 简兆权, 肖霄. 网络环境下的服务创新与价值共创：携程案例研究 [J]. 管理工程学报, 2015 (1)：20-29.

[18] 李伯华, 谭红日, 杨馥端, 等. 红色旅游资源数字化保护：理论认知与技术路径 [J]. 资源开发与市场, 2022, 38 (2)：135-141.

[19] 李雷, 简兆权, 张鲁艳. 服务主导逻辑产生原因、核心观点探析与未来研究展望 [J]. 外国经济与管理, 2013, 35 (4)：2-12.

[20] 李丽娟. 城市公园游客参与价值共创意愿倾向研究——以北京香山公园为例 [J]. 生态经济, 2013 (12)：145-148.

[21] 李丽娟. 旅游体验价值共创影响机理研究——以北京香山公园为例 [J]. 地理与地理信息科学, 2012, 28 (3)：96-100.

[22] 李响. 红色文化和旅游产业：文旅融合的困境与路径 [J]. 学术交流, 2021 (7)：119-129.

[23] 李晓琴, 银元, 何成军. 新时代红色文化资源的价值重构：驱动、内涵与科学问题 [J]. 西南民族大学学报 (人文社会科学版), 2022, 43 (1)：46-50.

[24] 刘林青, 雷昊, 谭力文. 从商品主导逻辑到服务主导逻辑——以苹果公司为例 [J]. 中国工业经济, 2012 (9)：57-66.

[25] 刘明. 交互语境下红色文化主题展馆展示设计研究 [D]. 南昌：南昌

大学硕士学位论文，2020.

[26] 刘云鹤. 新媒体时代红色旅游教育元素融入高校思政教育研究 [M].
广州：广东旅游出版社，2020.

[27] 麻钱钱，卢丽刚. 大数据背景下高铁沿线红色旅游资源的融合创新
[J]. 南昌师范学院学报，2019，40（5）：39-43.

[28] 马勇，唐海燕. 红色旅游产业生态圈的构建与创新研究 [J]. 旅游论
坛，2021，14（6）：41-52.

[29] 苗文宇，卢焱. 沉浸式艺术：独特形式与新鲜体验 [J]. 华北水利水
电大学学报（社会科学版），2022，38（1）：108-114.

[30] 欧阳雪梅，檀斯琦. 中国共产党用好红色资源赓续红色血脉的历史考
察 [J]. 中国井冈山干部学院学报，2021，14（6）：44-51.

[31] 宋昌耀，厉新建，张琪. 红色旅游的高质量发展 [J]. 旅游学刊，
2021，36（6）：3-5.

[32] 田龙过，贺晓薇. 5G 时代下"互联网+革命文物"平台的应用与发展
[J]. 新闻知识，2021（5）：85-89.

[33] 王贞. 韶山红色文化旅游实景演艺的数字化设计研究 [J]. 装饰，
2017（9）：136-137.

[34] 吴必虎. 旅游系统：对旅游活动与旅游科学的一种解释 [J]. 旅游学
刊，1998（1）：20-24.

[35] 吴泓，顾朝林. 基于共生理论的区域旅游竞合研究——以淮海经济区
为例 [J]. 经济地理，2004，24（1）：6.

[36] 吴志才，黄诗卉，张凌媛. 数字人文：红色旅游发展的新路径 [J].
旅游学刊，2021，36（6）：7-9.

[37] 武文珍，陈启杰. 价值共创理论形成路径探析与未来研究展望 [J].
外国经济与管理，2012（6）：66-73.

[38] 谢忠强. 山西抗战文化资源的数字化旅游宣传与开发 [J]. 社会科学
家，2021（1）：61-67.

[39] 徐琳. 基于虚拟现实的韶山红色文化展演设计研究 [D]. 长沙：湖南
师范大学硕士学位论文，2017.

[40] 杨博文，黄恒振. 共生理论：组织演化研究的新基础 [J]. 电子科技
大学学报（社会科学版），2010（2）：29-32.

［41］杨明珠．红色文化如何搭"数字中国"快车［J］．人民论坛，2019（10）：130-131．

［42］张洛阳．新媒体视域下革命文物保护现状及发展研究［J］．新媒体研究，2019，5（15）：44-45．

［43］张艳，杨识意．广东红色旅游外宣数字化现状及对策研究——兼谈广东革命历史文化双语语料库的建设［J］．佛山科学技术学院学报（社会科学版），2021，39（6）：56-62．

［44］张意．城市参与式艺术的"在地实践"与"场域感知"［J］．广州大学学报（社会科学版），2021（5）：109-117．

［45］赵红颖，张卫东．数字人文视角下的红色档案资源组织：数据化、情境化与故事化［J］．档案与建设，2021（7）：33-36．

［46］周雯，徐小棠．沉浸感与360度全景视域：VR全景叙事探究［J］．当代电影，2021（8）：158-164．

［47］周莹．全媒体语境下沂蒙红色文化的场景传播策略［J］．青年记者，2021（24）：90-91．

［48］左德遥，高峰．一种VR/AR红色文化虚拟仿真教育系统设计与实现［J］．计算机时代，2022（2）：66-68+79．